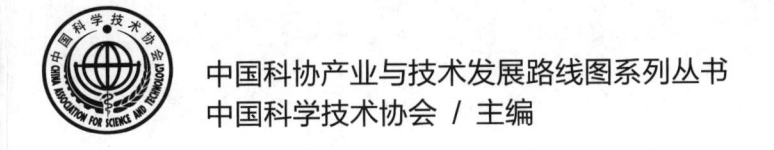

中国科协产业与技术发展路线图系列丛书
中国科学技术协会 / 主编

# 航天产业与技术发展路线图

中国宇航学会　编著

中国科学技术出版社
·北 京·

图书在版编目（CIP）数据

航天产业与技术发展路线图 / 中国科学技术协会主编；中国宇航学会编著 . -- 北京：中国科学技术出版社，2023.2

（中国科协产业与技术发展路线图系列丛书）

ISBN 978-7-5046-9618-2

Ⅰ. ①航… Ⅱ. ①中… ②中… Ⅲ. ①航空航天工业 – 工业发展 – 研究 – 中国 Ⅳ. ① F426.5

中国版本图书馆 CIP 数据核字（2022）第 085307 号

| | | |
|---|---|---|
| 策　　划 | 秦德继 | |
| 责任编辑 | 李双北 | |
| 封面设计 | 中科星河 | |
| 正文设计 | 中文天地 | |
| 责任校对 | 张晓莉 | |
| 责任印制 | 李晓霖 | |

| | | |
|---|---|---|
| 出　　版 | 中国科学技术出版社 | |
| 发　　行 | 中国科学技术出版社有限公司发行部 | |
| 地　　址 | 北京市海淀区中关村南大街 16 号 | |
| 邮　　编 | 100081 | |
| 发行电话 | 010-62173865 | |
| 传　　真 | 010-62173081 | |
| 网　　址 | http://www.cspbooks.com.cn | |

| | | |
|---|---|---|
| 开　　本 | 787mm×1092mm　1/16 | |
| 字　　数 | 230 千字 | |
| 印　　张 | 12 | |
| 版　　次 | 2023 年 2 月第 1 版 | |
| 印　　次 | 2023 年 2 月第 1 次印刷 | |
| 印　　刷 | 河北鑫兆源印刷有限公司 | |
| 书　　号 | ISBN 978-7-5046-9618-2 / F・1017 | |
| 定　　价 | 82.00 元 | |

（凡购买本社图书，如有缺页、倒页、脱页者，本社发行部负责调换）

# 《航天产业与技术发展路线图》编委会

**首席科学家**

吴燕生　袁　洁

**顾问组**

王礼恒　魏毅寅　包为民　王　巍　刘永才　李　陟

**专家组（按姓氏笔画排序）**

王　兵　王一然　王久东　王中阳　王洁刚　贝　超　申志强
史克录　刘　洋　孙丽琳　孙国江　孙胜凯　严卫钢　李　明
李小娟　李立新　李宪强　何建炜　张　兵　张　巍　张险峰
陆书宁　陈　杰　岳富占　周晓纪　郑　辛　孟　刚　胡长伟
骆　剑　郭建宁　唐　燕　蒋宇平　韩凤宇　焦泽兵　谢良贵
肇启明　潘旭东

**编写组（按姓氏笔画排序）**

于龙江　马　芳　王　辰　王立中　王兆琦　方　越　尹　钊
石仲川　付　娆　丛　飞　朱林崎　刘金山　刘隽康　孙　艺
孙为钢　牟　宇　杜林霏　李　虹　李云飞　李文清　李正举
李龙龙　李希媛　李俊宁　李超兵　杨　志　杨振荣　何　颖
何青松　沈永言　张东雪　张召才　张泽根　张孟阳　张拯宁
张思光　陈士强　陈缇莹　范全林　周自宽　郑伯龙　孟　斌
柳　震　禹　航　姜　军　姜　彬　高冉捷　郭　健　黄莉茹
曹　梦　崔　彪　彭昊良　蒋清富　魏海燕

# 序

当今世界正经历百年未有之大变局，新一轮科技革命和产业变革重塑全球经济结构，全球范围内的产业转型调整不断加快，产业竞争已成为大国竞争的主战场。我国产业体系虽然规模庞大、门类众多，但仍然存在不少"断点"和"堵点"，关键核心技术受制于人等问题突出。科技是产业竞争力的关键。解决制约产业发展的关键核心技术，建设现代化产业体系，需要强大的科技支撑。

党的二十大开启了全面建成社会主义现代化强国、实现第二个百年奋斗目标，做出加快构建新发展格局，着力推动高质量发展的重大战略部署。习近平总书记在党的二十大报告中强调，必须坚持科技是第一生产力、人才是第一资源、创新是第一动力，深入实施科教兴国战略、人才强国战略、创新驱动发展战略，开辟发展新领域新赛道，不断塑造发展新动能新优势。这些重要部署为我国依靠科技创新引领和支撑经济社会高质量发展进一步指明了方向和路径。

中国科协作为国家推动科技创新的重要力量，积极探索新形势下促进科技与产业深度融合的工作新品牌和开放合作新机制，推动提升关键核心技术创新能力，助力打赢关键核心技术攻坚战。2020年，中国科协首次启动产业与技术发展路线图研究，发挥跨学科、跨领域、跨部门和联系广泛的组织和人才优势，依托全国学会组织动员领军企业、科研机构、高等院校等相关力量，汇聚产学研各领域高水平专家，围绕车联网、智能航运、北斗应用、航天、电源、石墨烯等重点产业，前瞻预见产业技术发展态势，提出全产业链和未来产业发展的关键技术路线，探索构建破解关键技术瓶颈的协同创新机制和开放创新网络，引导国内外科技工作者协同攻关，推动实现产业关键核心技术自主可控。

综观此次出版的这些产业与技术发展路线图，既有关于产业技术发展前沿与趋势的概观介绍，也有关于产业技术瓶颈问题的分析论述，兼顾了科研工作者和决策制定者的需要。从国家层面来说，可作为计划投入和资源配置的决策依据，能够在政府部门之间有效传达科技政策信息，识别现有的科技能力和瓶颈，为计划管理部门在公共项目选择中明确政府支持的投入导向。从产业层面来说，有助于产业认清所处的经济、社会、环境的变化，识别市场驱动因素，确定产业技术发展的优先顺序，突破产业共性技术的瓶颈，提高行业研究和应用新产业技术的能力。从企业层面来说，通过路线图可与企业战略和业务发展框架匹配，确定产业技术目标，识别达到市场需求所必需的产业技术，找到企业创新升级的发展方向。

在此次系列丛书付梓之际，衷心地感谢参与本期产业与技术发展路线图编写的全国学会以及有关科研、教学单位，感谢所有参与研究与编写出版的专家学者。同时，也真诚地希望有更多的科技工作者关注产业与技术发展研究，为路线图持续开展、不断提升质量和充分利用成果建言献策。

中国科协党组书记、分管日常工作副主席、书记处第一书记<br>
中国科协学科发展引领工程学术指导委员会主任委员<br>
张玉卓

# 前　言

　　航天事业关乎国家的战略利益，是国家意志的重要体现，是国家综合实力和大国地位的重要象征，是国家科技水平和科技创新能力的重要标志，在带动科技进步、推动经济发展、提升国际竞争力、服务外交战略等方面具有十分重要的地位和作用。

　　探索浩瀚宇宙，发展航天事业，建设航天强国，是我们不懈追求的航天梦。随着航天技术的快速升级及其与经济社会的不断融合，在航天事业发展过程中逐渐形成了有影响力、牵引力的产业形态。促进航天产业发展，对促进经济社会发展和民生改善、增强我国的综合国力、推进人类探索宇宙的事业具有重大意义。

　　在当今世界百年未有之大变局背景下，如何更好地贯彻和落实党中央和国务院关于建设航天强国战略的指示精神，是现阶段航天人亟待回答的问题。有必要围绕建设航天强国的战略目标，在研究总结航天产业链及产业特点的基础上，从航天运输、航天器研发制造、卫星应用、载人航天与空间探索领域预测航天产业与技术发展趋势，提出发展方向与重点，制定航天产业技术发展的路线图，为更好地实施创新驱动发展战略、促进建设航天强国目标的实现提供决策支撑。

　　制定产业与技术发展路线图以满足航天未来发展为目标，确定优先发展的若干关键技术，是世界航天强国普遍采用的管理工具。国外制定产业与技术发展路线图，较多采用德尔菲法、技术路线图法、专家咨询法、头脑风暴法、关键技术选择法等，也采用诸如情景分析法、文献计量法、专利分析法、实地考察法等。本路线图借鉴国外航天技术预见实施方法和流程，结合我国实际，综合运用多种方法，制定我国航天产业与技术发展路线图。

　　本书首先从总体角度提出航天产业概念，分别界定所提出的航天运输产业、航天器研发制造产业、卫星应用产业、载人航天与空间探索产业的概念。梳理国内外航天产业发展形势，回顾航天发展历程，总结归纳航天产业发展的内在需求、动因和规律，为形成航天产业发展路线图奠定理论基础。其次，从产业链角度梳理产业基本情况，筛选关键技术并分析其瓶颈、突破口与抓手。最后，在上述研究基础上，从市场需求、国家战略需求、研发需求出发，论述航天产业与技术的发展瓶颈与发展目标。最后，制定航天产业总体路线图和各领域路线图，并提出相关政策建议。

本路线图面向智能化、信息化、网络化时代，探讨新技术、新领域、新应用、新机制对未来航天产业与技术发展的影响，注意学科间的交叉，把握技术发展前沿和方向，抓住产业发展最新趋势，力争提供科学、准确、清晰的研究成果。

中国宇航学会<br>
2022 年 5 月

# 目录

第一章 国内外航天产业与技术发展历程及现状分析 / 001
  第一节 背景与意义 / 001
  第二节 航天产业发展历程 / 011
  第三节 我国航天产业发展现状 / 018
  第四节 航天产业关键技术发展与评述 / 034
  第五节 航天产业发展环境分析 / 040

第二章 航天产业与技术发展趋势和需求分析 / 047
  第一节 发展趋势分析 / 047
  第二节 市场需求分析 / 060
  第三节 研发需求分析 / 067
  第四节 技术瓶颈分析 / 073

第三章 航天产业与技术发展路线分析 / 083
  第一节 航天产业与技术发展路线图的制定方法 / 083
  第二节 航天运输产业与技术发展路线分析 / 085
  第三节 航天器研发制造产业与技术发展路线分析 / 094
  第四节 卫星应用产业与技术发展路线分析 / 116
  第五节 载人航天与空间探索产业与技术发展路线分析 / 147

**第四章　航天产业与技术发展路线图**　　　　　　　　　　　　　　　　/ 161

　　第一节　航天产业与技术发展的愿景目标　　　　　　　　　　　　/ 161

　　第二节　航天产业与技术发展的总体路线图　　　　　　　　　　　/ 162

　　第三节　航天产业与技术发展的各领域路线图　　　　　　　　　　/ 164

**第五章　促进航天产业与技术发展的政策建议**　　　　　　　　　　　/ 176

　　第一节　优化产业政策环境，扶持商业化发展　　　　　　　　　　/ 176

　　第二节　夯实航天产业理论基础与制造基础　　　　　　　　　　　/ 177

　　第三节　务实推进研制模式转型，推动高质量发展　　　　　　　　/ 177

　　第四节　构建国际合作新模式，拓展航天产业发展广度　　　　　　/ 178

**参考文献**　　　　　　　　　　　　　　　　　　　　　　　　　　　/ 180

# 第一章
# 国内外航天产业与技术发展历程及现状分析

## 第一节 背景与意义

### 一、航天产业概述

航天产业是由航天装备制造、发射服务、地面设备制造、运营服务等组成的高技术产业，是推进国民经济发展和国家科技进步的重要力量。

1. 航天产业构成

航天产业包括航天运输、航天器研发制造、卫星应用、载人航天与空间探索等。根据产业性质可分为三类：一是基础类产业，即与航天活动所需的基础设施建设相关的产业，包括火箭、卫星、空间站等广义的飞行器制造，地面终端装备与产品制造，以及测运控系统、发射场等地面基础设施建设；二是应用类产业，包括卫星通信、卫星导航、卫星遥感、空间站应用、空间科学实验等；三是太空资源开发类产业，即利用空间环境与资源进行的产业活动，包括太空制造、太空农业、太空旅游、太空采矿、太空健康、太空安全等产业。

2. 航天产业特性

（1）航天产业的技术特性与经济特性紧密结合

航天产业的技术特性主要有：①技术规模大、复杂程度高，如一型火箭就由上百个分系统构成；②高质量、高可靠性，航天产品所面对的环境极为严苛，对质量和可靠性要求极高；③系统性强、协作面广，航天产品研制跨领域、跨系统，工作链条长，涉及的管理环节与相关参与人员多，需要航天内外部多学科、多专业的广泛参与；④研制周期长，航天产业很多都需要几代人合力完成项目，如"北斗"卫星导航系统从规划到建成历经26年，"长征"5号运载火箭从立项到首次发射成功历时十年之久，我国探月工程也有十多年的历史。

航天产业的经济特性主要有：①用途的多重性，即兼备军用、民用和商用特性，航天产业既是国防工业的重要组成，也是民用产业的重要构成，同时有着较大的商业市场潜力；②高投资和高风险性，世界各国航天产业都曾遭遇且随时面临失败的高昂代价；③高效益，航天产业的投入产出比一般在1:7以上，具有较大的经济效益。

（2）航天产业的技术牵引特性

航天产业的出现源于人类对未知领域的好奇与探索，这种特性使其具有强大的创新驱动力量。例如，空间技术诞生初期就是围绕某一特定目标实现突破，为进入太空开展运载技术研究，为利用太空开展卫星技术研究、空间站技术研究等。同时，空间技术又具有技术与工程的强耦合特性，空间技术实现的形态主要表现为航天工程实践，从"东方红"1号卫星到中国空间站"天和"核心舱的成功升空，各项重大工程的实现与技术的应用与支撑密切相关，围绕某项工程实施目标开展的相关空间技术创新研究与空间技术应用，使得工程目标内化于空间技术发展，最终的结果是成功完成了某项航天工程或航天任务，并在此过程中形成了大量的新技术储备，从而在空间技术内部构成了一个动力循环。

（3）航天产业的需求拉动特性

航天产业是国家意志的体现，是实现国家战略、保障国家安全的重要基石。国家意志的牵引始终是航天产业需求的重要力量。同时，随着空间技术的成熟应用，应用端的需求也逐渐成为驱动空间技术发展的力量，发挥着需求拉动的作用。例如，空间应用中最为典型的卫星应用就从需求端驱动着航天技术进步，卫星导航市场对时空精准性提出更高要求，卫星遥感市场对增大观测范围、提升分辨率提出需求，太空旅游等新兴应用正在促使空间技术寻求降低成本、提升安全性的途径。随着商业航天的兴起，需求端对空间技术发展的拉动作用将更为突出，消费市场与空间技术的联结将更加紧密。

总之，技术创新是内在驱动力，需求拉动是外在牵引力，在内外力量的双重作用下，航天产业获得了发展的持久动力。

3.航天产业链概念

从产品（如运载器、卫星、地面站等）的制造、发射、运营以及地面配套设备、终端产品的制造，到提供面向最终用户的增值服务（如卫星气象服务、直播视频服务)以及产品(如导航设备、卫星电话)销售,航天领域形成了一个完整的产业链条。

(1)航天运输

航天运输是执行往返于地球表面和空间轨道之间、空间轨道与轨道之间及地外天体着陆和返回运输任务的运输工具的总称,包括一次性运载火箭、可重复使用运载器以及配套的发射支持系统和测控系统等。航天运输产业是围绕航天运输系统研发制造所产生的产品开发、系统运营、应用服务等活动,是由研发制造过程中的人员、物料、能源、软硬件设备以及相关设计方法、加工工艺、生产调度、系统维护、管理规范等组成的有机整体。

航天运输产业包括设计、生产制造、发射服务等多个环节。其中,设计环节包括航天运载器的总体设计、分系统设计、接口设计等,生产制造环节涉及材料、机械加工、工艺、制造等,发射服务环节包括产品转运、航天发射活动、技术培训等内容。

(2)航天器研发制造

航天器不仅包含应用卫星系统,还包含未能直接产生经济效益的很多研究性、探索性卫星系统,后者是为了提高人类对宇宙的认识,增加人类知识和科学运用水平,如星际飞船、轨道空间站、深空探测器等。航天器系统是一个复杂的系统,由多个功能和性能不同的分系统组合而成。制造航天器要具备与之配套的总体设计、控制、热控、机械、供配电、综合电子、有效载荷等专业技术和力量。航天器的项目周期角度,一般有规划、设计、初样、正样、发射、入轨运行、报废处理等几个阶段。

(3)卫星应用

卫星应用产业是将空间资源环境应用于国民经济、社会发展和科学研究等领域所形成的各类技术、产品、服务及产业的统称,包括卫星应用、地面设备制造和运营服务。

狭义的卫星应用指对卫星信息进行直接传输、接收和处理,并形成服务的相关技术和设备,主要包含卫星通信、卫星导航、卫星遥感。目前世界上卫星应用范围最广、产业规模最大的是卫星广播电视业务(含直播电视、音频广播等)。

随着新一代信息技术产业的发展和天地信息的深度耦合,卫星应用有了更深层次的内涵和外延。广义的卫星应用主要指基于天基信息(卫星导航、卫星遥感、卫星通信）支撑下的信息系统集成和服务，是新一代信息技术产业的重要组成要素。只有将传统的卫星通信、卫星导航、卫星遥感手段相结合，推动天基信息与地面网相融合，突出特色优势，提供全面解决方案，拓展广义卫星应用市场（如智慧城市、行业系统集成等领域），才能有效拓宽市场空间，促进产业快速发展，进一步把产业做强做大。

（4）载人航天与空间探索

载人航天是指人类驾驶和乘坐载人航天器，在太空从事各种探测、试验、研究、军事和生产的往返飞行活动。载人航天的目的在于突破地球大气的屏障和克服地球引力，把人类活动范围从陆地、海洋和大气层，扩展到太空，更广泛和更深入地认识地球及其周围的环境，更好地认识整个宇宙。载人航天系统由航天员、载人航天器、运载器、航天器发射场和回收设施、航天测控网等组成，有时还包括其他地球保障系统（如地面模拟设备和航天员训练设施）。载人航天的应用主要是指载人航天空间应用服务项目，利用载人航天工程所发射的航天器，开展一系列空间应用与技术试验。

空间探索则是充分利用太空和载人航天器的特殊环境从事各种试验和研究活动，开发太空丰富的资源。空间探索能够突破拓展人类视野和活动疆域，极大丰富人类知识图谱，牵引带动大规模精密制造、重型运载、核电推进、深空超远距离通信等高新技术的发展和应用，深刻改变人类自然观和宇宙观，有力促进人类文明永续发展。

## 二、世界航天产业发展形势

世界航天产业发展至今，影响范围不断拓展，深刻改变了人类的生产生活方式。目前，美国处于该领域全面领先地位，保持着绝对优势，发展势头未减，并有以颠覆性技术推动快速发展的态势。俄罗斯曾创造了多个世界第一，具有规模庞大的航天工业体系和相对雄厚的基础优势，目前正在重整旗鼓，力图重返世界领先地位。欧洲以德国、法国为核心，多国联合并与美国合作，在运载火箭、对地观测、空间科学等领域具有独特优势。日本在卫星应用和深空探测等领域处于国际先进水平。印度利用宽松有利的国际环境，在美、俄、欧的大力支持下，对地观测、深空探测等领域进展迅猛。总体来看，各国在航天领域中既竞争又合作，共同推动世界航天产业繁荣发展。

1. 全球航天产业规模持续稳步增长

从产业规模看，根据美国航天基金会2021年报告，2020年全球航天产业规模达到4470亿美元，相较2009年增长了74.1%。

2. 世界各国竞争激烈，美国优势较大

美国航天产业规模位居世界第一，美国航天基金会《2021年第二季度航天报告》显示，2020年全球政府航天支出902亿美元，其中近58%来自美国政府，排名第一。从企业规模看，美国拥有洛克希德·马丁公司、波音公司、诺斯罗普·格鲁曼公司（简称诺·格公司）、太空探索技术公司（SpaceX）等众多知名航天企业，其收入总规模在全球主要航天企业中占比超过50%。近十年来，美国的航天产业与技术水平始终是世界第一，其进入空间、利用空间的能力均代表着世界最先进的水平。同时，中国也在快速追赶，并在部分领域逐渐超越美国，例如中国2021年的航天发射次数超越美国和俄罗斯，居世界第一（表1-1）。

表1-1 2017—2021年主要航天国家航天发射次数统计

| 国家 | 2017年 | 2018年 | 2019年 | 2020年 | 2021年 |
| --- | --- | --- | --- | --- | --- |
| 美国 | 29 | 31 | 21 | 44 | 51 |
| 中国 | 18 | 39 | 34 | 39 | 55 |
| 俄罗斯 | 20 | 20 | 25 | 15 | 25 |

欧洲航天产业是世界航天产业的重要组成部分，规模庞大，产业化程度高，建立了具有全球竞争力的全产业链条，产业发展能力和发展水平仅次于美国，遥遥领先于其他国家和地区，居世界先进位置。欧洲航空防务与航天公司、泰雷兹·阿莱尼亚宇航公司均于近几年推出了新型卫星生产线或研制平台，利用数字化技术推动新一代卫星平台发展。

俄罗斯正积极调整航天产业发展战略，推动航天成果应用，提高航天产品和服务在国内外市场的竞争力，并在国际发射市场取得一定突破。

日本近几年在其第四次产业革命中积极发展航天产业，其中三菱电机等传统机械强企向航天发展转型，一批初创企业得到快速发展，在小型火箭、卫星遥感、深空探测以及碎片清除等领域发展迅速。2020年6月，日本政府通过《宇宙基本计划》修订案，标志着日本未来十年太空计划正式形成。未来十年，日本航天产业市场规模将从当前的约1.2万亿日元扩大数倍。日本将改变过去航天事业政府主导模式，放宽民间企业参与限制。

印度受限于不完备的基础工业体系，在国际航天市场中竞争力较低，特别是随着国际上低成本运载火箭的发展，其原本在发射市场的一定优势也逐渐降低。不过，印度正积极推动航天技术的发展和向工业界的转移，提供覆盖面广、效费比高的航天服务，推动航天产业发展。

3. 商业航天发展前景广阔

近些年，美国商业航天发展迅猛，以 SpaceX 和蓝色起源（Blue Origin）为代表的商业航天公司正在崛起。SpaceX 公司由埃隆·里夫·马斯克（Elon Reeve Musk）于 2002 年建立。该公司坚持低成本、高可靠的发展理念，不断推进技术创新，在短短十多年的时间里就成功推出"龙"飞船和"猎鹰"火箭，已经实现为国际空间运送物资和人员，成为商业航天领域的一大奇迹。蓝色起源由亚马逊公司创始人杰夫·贝索斯（Jeff Bezos）在 2000 年创办，专注于亚轨道商业飞行。2021 年 7 月 20 日，新谢泼德（New Shepard）飞行器完成首次载人太空试飞，将蓝色起源公司太空旅游项目向前推进一步。

在这些企业的带动下，商业航天成为投资行业关注的领域，美国太空资本公司通过追踪 1500 余家航天公司来分析美国商业航天投资情况，据其 2021 年发布的报告显示，2020 年世界对航天产业的私人投资达到 91 亿美元，比 2019 年增长了 50% 以上。

4. 航天运输系统向低成本、重型、快速发射发展

一次性运载火箭仍将占据航天运输系统的主导地位。目前，美、俄等主要航天大国都研制出了比较完善的运载火箭型谱，能够满足各种大、中、小型航天器的发射需求。虽然可重复使用运载器是航天运输系统的发展方向，但相比一次性运载火箭，技术成熟度仍有待提高。在今后相当长的一段时间内，各航天大国把卫星、探测器等航天器送入太空仍将主要依靠一次性运载火箭来完成。

重型运载火箭再次得到重视和发展。随着人类航天技术的发展，深空探测已逐渐成为太空探索的新目标。目前，美国、俄罗斯、印度等国都相继公布了深空探测计划。其中，载人登月、载人登火以及探测其他小行星等任务都已被列入美、俄等航天强国的规划中。毫无提问，研制重型运载火箭是实施上述计划、提高进入深空能力的必要途径。美国在最新的太空探索计划指导下已经开始研制太空发射系统（Space Launch System，SLS），按照该计划，美国将很快研制出近地轨道运载能力达 70 吨

的新型火箭。SpaceX公司正在研制可重复使用的"超重－星舰"重型运载火箭，近地轨道运载能力可达百吨级。与此同时，俄罗斯也提出了研制运载能力为130~180吨的重型运载火箭的发展计划。总之，与20世纪60年代美国研制的"土星"5号重型运载火箭相比，目前各国研制的重型运载火箭将会朝着多任务应用的方向发展。

快速发射运载火箭将得到大力发展。与目前发射一枚运载火箭需要提前准备十几天到几个月不等的时间相比，具备快速机动发射能力的运载火箭无疑是未来优先选择的方向。这种火箭可快速应用于战时或重大自然灾害发生时的应急发射。运载火箭快速机动发射主要以陆基和空基为主。目前，空基火箭研究主要集中于美、俄两个国家，其中，美国在"飞马座"号运载火箭的基础上，正在研制内置抛投式的快速抵达空基火箭，同时还提出了平流层空基运载火箭系统的发展规划。俄罗斯正在研制的"飞行"号运载火箭也具备空基发射能力。

低成本成为运载火箭的一种发展途径。在运载火箭制造和发射成本居高不下的今天，如何降低成本已成为各航天大国研究的新方向。目前，欧洲的"阿里安"5ME号火箭、"阿里安"6号火箭，日本的"艾普斯龙"火箭，美国的"猎鹰"9号火箭以及"安塔瑞斯"火箭在研究过程中已经开始考虑到了降低研制成本和发射成本的设计。

此外，也有一些商业航天公司通过继承已有的技术成果、使用商业化的电子设备、采用新技术来简化系统以及操作流程等措施降低运载火箭的成本。

5. 卫星产业保持较为平稳的增长态势，主要由卫星服务和地面设备制造业务构成

全球卫星产业收入占航天产业收入的比重最高。近十年全球卫星产业的增长态势总体上趋缓，2019年起跌入负增长区。2011—2020年全球卫星产业收入趋势如图1-1所示。

从卫星产业收入构成看，全球卫星制造收入的占比在降低。根据美国卫星产业协会2021年发布的第24版卫星产业状况年度报告，2020年全球卫星产业收入占全球航天产业收入的73%，相比2019年的74%亦有所减少。卫星产业总收入中，2020年卫星制造业收入122亿美元，相比2019年减少了2.4%（表1-2）。

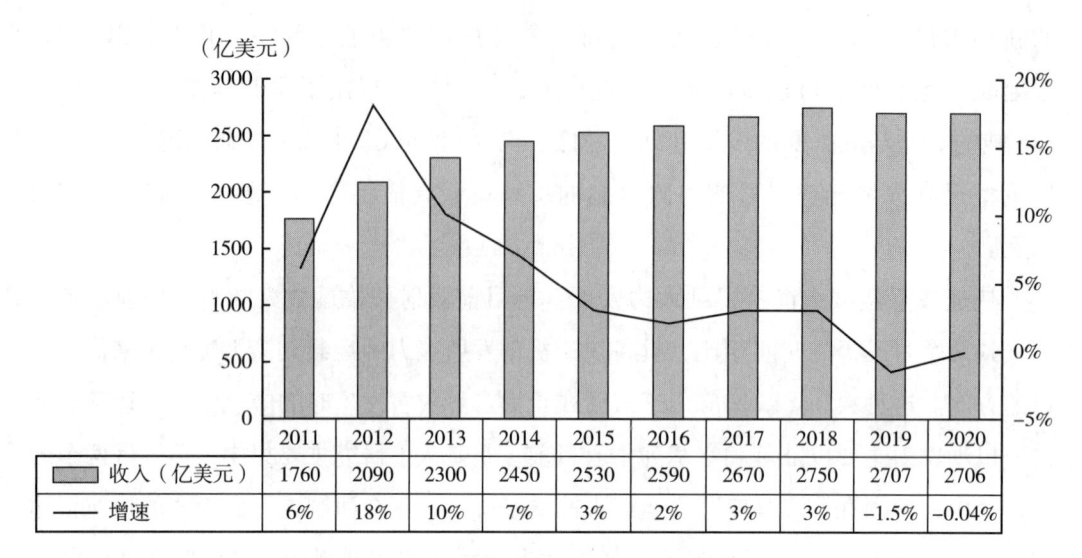

图 1-1　2011—2020 年全球卫星产业收入

| 年份 | 2011 | 2012 | 2013 | 2014 | 2015 | 2016 | 2017 | 2018 | 2019 | 2020 |
|---|---|---|---|---|---|---|---|---|---|---|
| 收入（亿美元） | 1760 | 2090 | 2300 | 2450 | 2530 | 2590 | 2670 | 2750 | 2707 | 2706 |
| 增速 | 6% | 18% | 10% | 7% | 3% | 2% | 3% | 3% | -1.5% | -0.04% |

表 1-2　世界卫星产业收入现状

| 产业收入 | 2019 年（亿美元） | 2020 年（亿美元） | 增长率 |
|---|---|---|---|
| 航天产业总收入 | 3657 | 3713 | 1.5% |
| 卫星产业总收入 | 2707 | 2706 | 0 |
| 卫星制造业 | 125 | 122 | -2.4% |
| 卫星服务业 | 1230 | 1178 | -4.2% |
| 发射服务业 | 49 | 53 | 8.2% |
| 地面设备制造业 | 1303 | 1353 | 3.8% |
| 非卫星产业 | 950 | 1007 | 6% |

6. 卫星应用技术发展变化迅猛

卫星通信向全球化、宽带化和高中低轨结合的方向发展。近年来，高通量卫星率先发展，新一代超大容量高通量卫星正在加紧建设，全球高通量卫星数量超过 70 颗，卫星容量不断增长，单位比特成本急速下降，高通量卫星的应用将卫星通信网络的可用带宽资源提升了数十倍甚至数百倍，在支持更多的规模用户和更高传输速率的同时，使用资费已降低至接近地面电信网络的水平，为卫星通信应用服务大众消费市场、发展互联网应用创造了条件。美国 O3b 卫星系统第一代 20 颗中轨高通量卫星系统已经在轨运行，第二代正在建设。低轨卫星互联网星座计划热潮涌动，受到产业界广泛关注，获得大量商业资本支持，计划占领互联网接入新入口，开拓新的商业领地。高、中、低轨高通量卫星竞争合作发展是大势所趋,将对全球卫星通信行业未来发展产生重大影响。

卫星导航方面,全球导航卫星系统(Global Navigation Satellite System,GNSS)多星座和多频率应用已经成为主要趋势。在面向消费市场的大批量设备中,多星座支持现已成为普遍标准,双频功能不仅是高端产品的选择,也在智能手机应用中势头强劲。高精度服务已呈现泛在化的趋势,大众设备也可以进行低端测绘活动,不再是测绘设备厂商和商业服务提供商的专有市场。多星多频成了保障应用安全的必选解决方案,如使用多源定位信息及GNSS信号认证、在接收机和天线上采用不同组合的技术来实施针对GNSS干扰和欺骗的防护措施等都是应用发展热点。

7. 主要航天国家重视推进载人航天与空间探索发展

美国正加紧推进"阿耳忒弥斯"计划,并有多家美国商业航天公司以及国际合作伙伴参与,计划2024年载人登陆月球南极,2025年起持续探索月球、建立月球基地并筹备前往火星。

欧盟在2018—2020年持续实施"地平线2020"计划,遴选关键技术领域,推动空间技术研发;欧洲航天局紧随美国提出了2030年后进行载人火星探索的愿景,同时也提出了后续"月球村"设想,通过国际合作推进深空探测发展。

俄罗斯空间探索主要开展月球、金星和火星的探测。2014年俄罗斯宣布全面恢复月球探测活动,计划研制重型运载火箭,提出建造月球基地的设想;同时积极参加欧洲航天局火星探测计划,旨在通过大规模空间项目的带动,实现国家科技跨越式发展,加快恢复世界科技强国地位的步伐。2016年,俄罗斯与欧洲航天局合作实施ExoMars-1火星环绕探测任务。

日本在小行星探测领域取得了显著成果,"隼鸟"号探测器实现世界首次小行星采样返回,走出具有自身特色的发展之路,显示了国家的科技创新实力。未来日本仍以小行星探测为重点,通过国际合作开展内行星探测。

## 三、我国发展航天产业的战略意义

1. 发展航天产业是自主创新带动科技进步的重要方向

航天产业从建设初期就坚持自主创新,始终走自力更生的道路。进入发展新阶段,航天产业能够以高质量创新引领高质量发展,通过打通基础和应用研究、研制和工程应用的创新链路,牵引带动基础创新;努力突破太空安全、新型装备、深空探测、卫星互联网、重型运载火箭等领域核心关键技术，全面提升自主创新和自主可控水平，让探索太空的脚步迈得更稳更远。发展航天产业能够大幅提升我国航天材料、动力、制造工艺等工业基础能力水平，自主突破和掌握量子科学与技术、认知科学与技术、电子信息科学与技术、材料科学与技术、先进制造技术、能源动力科学等一系列核心和关键尖端技术，引领技术发展，提升自主创新能力与水平。

发展航天产业与技术，不仅能更新人类的知识体系和知识结构，影响人类认识与改造世界的方式，而且有助于广泛传播科学知识、科学方法、科学思想、科学精神，激发年轻一代探索科学的热情，也为我国航天持续发展培育源源不断的人才储备。

2. 发展航天产业是推动经济社会进步的必要途径

航天产业发展能力是航天强国的支柱，随着航天进入业务化和产业化发展阶段，该意义更为凸显。航天产业是基于空间基础设施的战略性新兴产业的典型代表，涉及战略性新兴产业的高端装备制造业、信息产业、现代服务业等。作为一种新兴的经济形态，航天产业日益呈现出基础性、强关联性、高促进性和高增长性的特征，涉及的下游产业众多，完全有可能带动一大批产业的发展，从而优化我国制造业的整体产业结构，成为推动经济发展的重要推动力。航天技术转化应用推动经济社会发展，实现技术的倍增和溢出效应。航天产业通过自身的经济活动、对关联产业上下游的需求牵引以及整个产业群产生的引致消费效应，形成了由航天产业到国民经济的价值贡献机制，直接经济贡献作用显著。

3. 发展航天产业是对世界前沿科学探索作出的中国贡献

航天重大工程的推进，将进一步带动学科间的交叉融合与系统集成，推动地球科学、空间科学、天文学以及空间生物学、空间医学等基础学科的发展，催生我国比较行星学、太阳系演化等一批新兴学科，引领我国在空间科学前沿探索和基础性研究一批重点领域进入世界先进行列，拥有引领世界航天发展的原创性科学成果，成为世界航天领域主要的创新高地，扭转科技创新以跟踪为主的局面。在若干战略领域由并行走向领跑，形成引领全球学术发展的中国学派，产出对世界科技发展和人类文明进步有重要影响的原创成果。

4. 发展航天产业是提升我国国际地位和国际影响力的有效途径

发展航天产业技术，不断提升引领、提升国际议题设置能力，将有利于充分发挥航天在国际交流与合作中的平台作用，不断拓展国际交流与合作的深度和广度。我国在太空合作方面一直态度积极，除与俄罗斯长期合作外，近年来与其他国家的太空合作同样顺利。在首落月球背面的"嫦娥"4号探月器中，就载有四台用于科学探测的国际合作载荷，分别来自沙特阿拉伯、荷兰、德国、瑞典。在"嫦娥"5号任务中，阿根廷、纳米比亚、巴基斯坦和欧洲航天局都提供了帮助，在顺利返回地球以后，由于其带回的月壤之珍贵性，各国也纷纷表达了合作研究意愿。2021年4月29日，"天宫"空间站核心舱天和成功发射。我国将空间站合作的门槛定得很低，面向所有国家，而且合作高度包容，对象既包括政府、国际组织，也包括私营实体和研究机构。合作模式也是丰富多样，各国机构和企业既可以申请使用自己开发的实验载荷在空间站内外开展实验，也可以利用我国提供的实验设施在空间站内部进行实验。如果将来我国和他方在太空牵手成功，对于帮助我国提升国际地位和营造良好国际环境大有裨益。可以预见，"天宫"将成为我国与各方开展太空合作的桥梁。

在卫星应用方面，我国航天技术和产品也大力支撑国际合作战略。例如，"北斗"卫星导航系统可以为周边国家，从而使其受惠于中国的发展。目前，该项目已经取得一定的进展，中国已经开始和东南亚国家协商建立卫星信号基站，这是一个良好的开端。

5. 发展航天产业是对中华民族精神的传承弘扬

1970年我国第一颗人造地球卫星"东方红"1号发射升空，拉开了中华民族探索宇宙奥秘、和平利用太空、造福人类的序幕，体现了中国人民在一穷二白条件下自力更生的勇气和创造力。之后的五十多年里，航天取得一个个里程碑成就，对于增强民族凝聚力，弘扬民族精神和时代精神，具有重大的推动作用。我国走出了一条具有中国特色的自主创新之路，探索形成了新型举国体制优势。不管条件如何变化，自力更生、艰苦奋斗的志气代代传承。经过多年的积淀，中国航天已成为创新高地、精神高地、人才高地，正向着新的起点努力创造新的更大成就。

# 第二节 航天产业发展历程

## 一、国外航天产业发展历程

空间技术的发明和应用是第三次科技革命的重要标志之一。世界航天产业在进入空间、利用空间、探索空间方面取得了重大突破，为人类探索宇宙的奥秘积累了丰富的经验和知识，也为航天产业的进一步发展奠定了坚实的基础。

1. 酝酿阶段

19 世纪，英国工程师们对火箭的技术进行了多项重要的改进。1903 年，俄国的宇航先驱齐奥尔科夫斯基发表了他的著名研究，阐述了使用火箭进行太空飞行的可能性。20 世纪 20 年代，人类才真正开始研制现代意义上的液体燃料火箭，并在 1926 年发射了世界上第一枚液体火箭。1936 年，冯·卡门等开始研究液体火箭的飞行原理。1944 年 6 月 22 日，V-2 火箭成功进入太空，这是进入太空的第一件人造物体。

2. 20 世纪 60—80 年代，应用阶段

这一时期在美、苏竞争下，世界航天产业发展极其迅速。苏联在卫星方面率先取得了优势。1957 年 10 月 7 日，苏联成功发射世界上第一颗人造地球卫星。美国很快赶上，1958 年 1 月 31 日，成功发射了"探路者"1 号。1965 年，第一代国际通信卫星（INTELSAT-I）发射，开启了国际通信业务，标志着卫星通信进入了实用阶段。20 世纪 70 年代，第一颗陆地资源卫星（ERTS-1）和第一颗海洋卫星（SEASAT-1）相继发射，遥感观测领域不断拓展，气象卫星率先进入业务运行阶段。20 世纪 80 年代，美国陆地遥感卫星（Landsat 系列）首先开始向全球提供稳定的中分辨率光学遥感卫星数据服务。

在载人航天方面，苏联继续保持优势。1961 年 4 月 12 日，苏联发射了"东方"1 号载人飞船，加加林首次进入太空。美国紧随其后，1962 年 2 月 20 日，约翰·格伦成功绕地球飞行。1965 年 3 月 18 日，苏联成功发射"上升"2 号飞船，列昂诺夫进行了人类第一次太空行走。

之后，苏联和美国向月球进发。1964 年 7 月，美国发射了"徘徊者"7 号硬着陆月球探测器。该探测器在撞到月球之前，成功地拍摄了 4308 张月面照片，这是人类获得的第一批月面特写镜头。1969 年 7 月 21 日，美国成功发射载人登月飞船"阿波罗"11 号，阿姆斯特朗成为第一个登上月球的人。

同时，深空探测也在如火如荼地开展。1962 年 12 月 14 日，美国发射"水手"2 号，执行飞掠金星任务。1965 年 7 月 14 日，"水手"4 号在距离火星 6118 千米处飞掠，第一次近距离拍摄了火星的图像。1971 年 11 月 13 日，美国"水手"9 号成为首个环绕火星的航天器。1971 年 11 月 27 日，苏联"火星"2 号成为撞击火星的第一个人造物体。1972 年 3 月 3 日，美国发射"先驱者"10 号，执行木星探索任务。1972 年 7 月 23 日，美国发射第一颗地球资源技术卫星。1973 年 11 月 6 日，美国"先驱者"10 号

拍测到木星照片。1974年2月5日，美国"水手"10号拍到第一张金星特写。1974年3月29日，美国"水手"10号第一次飞掠水星。1975年10月22日，苏联的"金星"9号在金星表面拍摄第一张照片。1977年9月5日，美国发射"旅行者"1号，执行水星、土星、海王星和深空探索任务，"旅行者"1号是第一个拍到木星和土星近距离照片的深空探测器。这一时期，除美、苏外，其他国家也在发展航天技术，例如法国于1965年11月26日成为第三个发射卫星的国家。

美、苏继卫星、载人航天和登月竞争之后，又开始了建设空间站的竞争。1971年4月7日，苏联发射第一个空间站"礼炮"1号。1973年5月14日，美国发射第一个太空站天空实验室。1986年2月19日，苏联"和平"号空间站开始运转。

3. 20世纪90年代，高速发展阶段

1991年苏联解体，冷战结束。此后，美、俄在空间站开始合作。1998年11月20日，国际空间站（ISS）第一个组件"曙光"号功能货舱发射成功，拉开了国际空间站的建造序幕。第一批国际空间站组件被送入太空，经过十余年的建设，于2010年完成建造任务转入全面使用阶段。

在这一阶段，通信卫星、遥感卫星实现了商业化发展，形成了多元资本投资的局面。各国商业化通信卫星快速发展，满足经济全球化和信息化需求。高分辨率商业遥感卫星系列进入全球遥感卫星数据与服务领域，推动了以高分辨卫星应用为主打的遥感服务产业的形成。全球导航系统（GPS）首先向全球民用领域开放导航、定位、授时服务，卫星导航产业高速发展。

这一时期，各国开展了多项深空探测任务。2003年6月10日，美国发射"勇气"号探测器，执行火星探索任务。2003年7月7日，美国发射"机遇"号探测器，执行火星探索任务。2003年9月27日，欧洲第一个月球探测器SMART-1号顺利升空。2004年7月1日，"卡西尼－惠更斯"号（美国/欧洲/意大利）第一次环绕土星。2007年9月14日，日本发射了首枚探月卫星"月亮女神"。这一时期，在市场经济驱动下，美国航天产业形成了寡头垄断市场，波音公司、洛马公司、诺斯罗普·格鲁曼公司、雷神公司等通过并购、重组，相继成为大型航天巨头。

4. 21世纪后，卫星产业融合发展、载人航天商业化起步

进入21世纪后，卫星产业向通信、导航、遥感卫星系统协同融合方向发展，同时也在发展卫星与地面业务信息的天地一体化应用。

以载人航天为代表，航天商业化起步。2014年9月16日，美国国家宇航局

（NASA）宣布，将与波音公司和 SpaceX 公司签订总额高达 68 亿美元的合同，共同打造私营载人航天器，以运送宇航员在地球和国际空间站之间往返。2020 年 11 月，SpaceX 首次正式商业载人飞行发射成功，自此，SpaceX 进入了定期运送宇航员往返国际空间站的新时代。中国"天宫"空间站将于 2022 年前后完成在轨建造任务，并投入使用。NASA 希望在空间站方面继续保持与国际伙伴的合作，希望将国际空间站的使用寿命延长至 2030 年。中国、欧洲、日本相继制定支持商业航天发展的政策，涌现出一批代表性企业。以国家投资为主导的航天产业开启了向商业化、大众化产业的转型之路。自人类进入太空领域开始，各国航天产业的重大计划、重大工程均由政府投入主导。基于重大计划、重大工程的风险和对质量控制的要求，实施主要由政府机构和政府控制的企业。但 21 世纪后，越来越多的中小企业、私营企业开始加入其中。未来航天产业将在不断创新发展中继续促进经济高速发展，并通过与信息科技等领域的交叉产生新的应用，从而进一步提高人类生活质量。

## 二、我国航天产业发展历程

1956 年，我国航天事业从零起步，踏上通向星辰大海的逐梦之旅。在成功发射第一颗人造卫星之后，中国航天进入了跟踪研仿阶段，进一步完善并发展出系列运载火箭，开始了科学卫星、应用卫星的系列化发展，产生了强大的社会和经济效益。20 世纪 80 年代以后，我国启动并实施了多项重大航天工程，载人航天工程、"北斗"卫星导航系统、高分专项工程和探月工程都取得了重大突破，中国航天进入追赶并跑阶段。如今，中国早已踏上月球，宇航员也入住了自己的空间站，航天产业发展逐渐走到了世界前列。

1. 航天产业技术储备阶段（1956—1970 年）

我国航天工业起步于 20 世纪 50 年代。1956 年 2 月，美国归来的世界著名导弹专家钱学森向中央提出《建立中国国防航空工业的意见》，提出了我国国防航空工业的组织草案、发展计划和具体实施步骤等，力争在最短期间内具备独立设计、研制能力。1964 年 10 月，我国成功进行了"两弹结合"试验（导弹、原子弹结合试验）。1970 年 4 月 24 日，我国第一颗人造地球卫星"东方红"1 号发射成功，我国成为继苏、美、法、日之后，世界上第五个能够独立研制发射人造地球卫星的国家。

2. 航天工程技术试验阶段（1970—1985 年）

这一阶段，以卫星工程为代表，在基础储备基础上开展了多方面技术试验，成功研制发射了返回式遥感卫星和静止轨道通信卫星，中国成为世界上第五个具备独立研制和发射静止轨道卫星能力的国家。

3. 航天技术市场应用水平快速提升阶段（1985—2000年）

运载火箭投入国际市场，应用卫星工程从技术实现走向工程应用。在"发展高科技，实现产业化"的战略部署下，航天高新技术成果的商品化、产业化和国际化发展不断加速。

"东方红"通信卫星、"风云"气象卫星逐步走向实用，"北斗"卫星导航试验系统、载人航天工程等一批重大工程相继启动并稳步实施。1992年9月21日，载人航天工程正式获批，我国航天史上迄今为止规模最大、系统组成最复杂、技术难度和安全可靠性要求最高的国家重点项目正式启动。

我国航天开始向国际商业航天市场进军。1985年，中国宣布将把自行研制的"长征"系列运载火箭投入世界航天发射市场。1987年中国运载火箭首次打入世界航天市场，此后，我国自主研制的"长征"系列火箭已成功为巴基斯坦、瑞典、菲律宾、美国、澳大利亚等国家提供商业发射服务，把多种试验卫星、科学卫星、地球观测卫星、气象卫星和通信卫星等送入太空，在国际商业发射市场具备了一定的竞争力。

4. 航天产业化深度发展阶段（21世纪后）

这一阶段，中国应用卫星种类不断丰富、水平不断提高，"东方红"通信卫星以及气象、海洋、资源等遥感卫星逐步向系列化、业务化发展，载人航天、"北斗"工程、探月工程等重大工程取得了一系列举世瞩目的成就，航天产业实现了跨越式发展，成功跻身航天大国之列。

航天产业研制主体也逐渐多元化，尤其是小卫星、微小卫星领域，一些大学、科研机构及商业公司先后进入研制和运营领域，有些已提供商业化服务。随着商业化应用需求的不断增强，更多企业和机构计划加入航天商业化进程中。

## 三、我国航天产业发展的重大成就

我国一代又一代的航天科技工作者，肩负着党和人民的重托，满怀为国争光的雄心壮志，团结一心、顽强拼搏、勇于创新、无私奉献，推动我国航天事业实现了从无到有、从小到大、从弱到强的跨越式发展，取得了以"两弹一星"、载人航天、月球探测三大里程碑为代表的一系列辉煌成就，建成了独立自主、配套完备、性能先进的航天科技工业体系，凝练了有着鲜明时代特征的航天精神、"两弹一星"精神和载人航天精神。航天事业的跨越式发展极大增强了我国的经济实力、科技实力、国防实力和民族凝聚力，彰显了航天科技工业的战略地位。

1. 航天工程取得多个里程碑成就

（1）"东方红"1号卫星

1970年4月24日，我国在酒泉卫星发射中心发射的第一颗人造地球卫星，成为继苏、美、法、日之后世界上第五个独立研制并发射人造地球卫星的国家。

（2）载人航天工程

1992年9月，中央决策实施载人航天工程。2010年，中央批准载人空间站工程立项，分为空间实验室任务和空间站任务两个阶段实施。工程前期突破和掌握了载人天地往返技术，使我国成为第三个具有独立开展载人航天活动能力的国家。通过实施"神舟"7号飞行任务，以及"天宫"1号与"神舟"8号、"神舟"9号、"神舟"10号交会对接任务，掌握和突破了航天员出舱活动技术和空间交会对接技术，建成我国首个试验性空间实验室。

2017年，随着空间实验室飞行任务的圆满收官，空间站建造全面展开。2021年4月29日，"天和"核心舱发射成功，标志着我国空间站建造进入全面实施阶段，为后续任务展开奠定了坚实基础。2021年6月17日，"神舟"12号载人飞船从酒泉卫星发射中心发射升空，随后与"天和"核心舱对接形成组合体，3名航天员进驻核心舱，进行了为期3个月的驻留，开展了一系列空间科学实验和技术试验，为后续空间站建造运营奠定了更加坚实的基础。

2021年10月16日，"神舟"13号载人飞船在酒泉卫星发射中心发射升空。3名航天员在"天和"核心舱开启了为期6个月的在轨驻留，期间开展机械臂操作、出舱活动、舱段转位及空间科学实验与技术试验等工作，进一步验证航天员长期在轨驻留、再生生保等一系列关键技术。

从发射载人飞船将航天员送入太空，到太空出舱、发射空间实验室，再到航天员在轨驻留，中国载人航天工程环环相扣，循序渐进，通过历次"神舟"和"天宫"飞行任务，为空间站铺就了一条稳妥可靠的建造之路。

（3）"北斗"卫星导航系统

自20世纪后期，中国开始探索适合国情的卫星导航系统发展道路：2000年底，建成"北斗"1号系统，向中国提供服务；2012年底，建成"北斗"2号系统，向亚太地区提供服务。2020年7月31日，"北斗"3号全球卫星导航系统正式开通，标志着"北斗"事业进入全球服务新时代。"北斗"开通以来,系统运行稳定,持续为全球用户提供优质服务,开启全球化、产业化新征程。

"北斗"系统为经济社会发展提供重要时空信息保障,是我国实施改革开放40余年来取得的重要成就之一,是中华人民共和国成立70年来重大科技成就之一,是我国贡献给世界的全球公共服务产品。

(4)"嫦娥"探月工程

2004年,我国正式开展月球探测工程,命名为"嫦娥"工程,该工程分为探月、登月和驻月三个阶段,目前已圆满完成多次探测任务。2007年,"嫦娥"1号迈出我国深空探测第一步。2010年,作为探月工程二期的"先导星","嫦娥"2号承担了验证技术、深化月球科学探测的使命。2013年,"嫦娥"3号成功落月,实现我国航天器首次地外天体软着陆。2014年,探月三期再入返回飞行试验器作为"探路先锋",完成地球轨道以外航天器再入大气层的返回验证任务。2019年,"嫦娥"4号在中继星"鹊桥"的帮助下成功登陆月球背面,实现了人类对这一区域的首次探索。2020年12月17日,"嫦娥"5号返回器携带月球样品成功返回地面;"嫦娥"5号任务作为我国复杂度最高、技术跨度最大的航天系统工程,首次实现了我国地外天体采样返回,将为深化人类对月球成因和太阳系演化历史的科学认知作出贡献。

(5)"天问"行星探测任务

我国首次火星探测任务于2016年立项,计划通过一次任务实现火星环绕、着陆和巡视探测。"天问"1号探测器于2020年7月23日在海南文昌由"长征"5号运载火箭成功发射。2021年2月10日,成功实施火星捕获,成为我国第一颗人造火星卫星;2月24日探测器进入火星停泊轨道,开展为期约3个月的环绕探测,为顺利着陆火星奠定了基础。2021年5月15日,"天问"1号探测器成功着陆于火星乌托邦平原南部预选着陆区,标志着我国首次火星探测任务着陆火星取得成功,这是我国首次实现地外行星着陆。我国成为第二个成功着陆火星的国家。

2. 航天产业发挥了显著的牵引带动作用

航天产业自力更生,走出了一条自力更生、自主创新的发展道路,在筑牢了产业自身发展的基础上,与高质量、高科技、高端制造紧密相连,航天产品成为高端制造业的典型代表。同时,航天产业具有产业链长、投资乘数效应大、辐射性和带动性强等特点。长期以来,我国航天产业的发展进步,不仅有力带动着先进材料、零部件、元器件、制造装备等众多产业的协同共进,也牵引着消费升级,从天气预报到车载导航，从通信广播到环境监测，从土地管理到智慧城市，航天产业正在改变着大众生活方式，成为我国发展数字经济、发展高端制造业的重要领域和重要抓手。

3. 航天软实力广泛服务于社会经济建设

在航天产业的复杂系统管理过程中发展起来的航天系统工程管理理论和实践经验，广泛地应用于社会、经济各部门的经营管理方面，在航天事业的实践中，形成与发展了我国航天系统工程的理念、体系与方法，保障了我国航天事业健康、持续地发展，同时也为我国管理科学积累了新鲜经验。我国航天人在建设航天事业的过程中，形成了珍贵的航天传统精神、"两弹一星"精神、载人航天精神、"探月"精神、新时代"北斗"精神等，不仅对航天事业发展起到了巨大的推动作用，也对全社会的精神文明建设起到了重要的推动作用。

## 第三节　我国航天产业发展现状

### 一、航天产业的主要力量构成

我国航天产业的主要力量包括中国航天科技集团有限公司、中国航天科工集团有限公司、中国电子科技集团有限公司等国有企业，中国科学院等科研院所，以及众多民营商业航天公司。

1. 中国航天科技集团有限公司

中国航天科技集团有限公司（简称"中国航天科技"）成立于1999年7月1日，总部位于北京。2021年位列世界500强企业第307位。中国航天科技集团有限公司是中国航天科技工业的主导力量，国家首批创新型企业，是母子公司体制，采用三级管理模式，辖有8个大型科研生产联合体、若干公司以及直属单位。主要从事运载火箭、各类卫星、载人飞船、货运飞船、深空探测器、空间站等产品的研究、设计、生产、试验和发射服务。科研生产基地遍及北京、上海、天津、西安、成都、香港、深圳等地。公司致力于发展卫星应用、信息技术、新能源与新材料、航天特种技术应用、空间生物等航天技术应用产业；大力开拓卫星及其地面运营、国际宇航商业服务、航天金融投资、软件与信息服务等航天服务业。长期以来，为国家经济社会发展、国防现代化建设和科学技术进步作出了卓越贡献。创造了以人造地球卫星、载人航天和月球探测三大里程碑为标志的一系列成就。承担高分辨率对地观、载人航天、月球探测、

"北斗"导航工程、空间基础设施等航天重大工程任务。当前，公司正在加快推进航天强国建设，继续实施载人航天与月球探测、"北斗"导航、高分辨率对地观测系统等国家重大科技专项，启动实施重型运载火箭、火星探测、小行星探测等一批新的重大科技项目和重大工程，积极开展国内外交流与合作。

2. 中国航天科工集团有限公司

中国航天科工集团有限公司（简称"中国航天科工"）主营业务涉及航天防务、信息技术、装备制造及其他产业四大板块。现已发展成为一家战略性、高科技、创新型中央骨干企业，2020年位列世界500强企业332位。中国航天科工构建了固体运载火箭及空间技术产品等航天产业自主开发与研制生产体系，自主创新研制的数十项技术产品护航"神舟"飞天、"天宫"对接、"嫦娥"探月、"北斗"组网、"天问"探火、空间站建造，有力保障了一系列国家重大工程任务的圆满完成。成功发射"天鲲"1号卫星、低轨宽带通信技术验证星、"行云"2号01/02星并实现在轨稳定运行，航天器平台研制、星座系统建设能力逐步增强，积极拓展以"北斗"应用为代表的卫星通信、导航、遥感应用，卫星应用产业规模持续壮大。大力实施民用航天、系列商业航天工程项目，推进"快舟"系列固体火箭型谱化发展，实现商业发射常态化。2016年成立了航天科工火箭技术有限公司，进军商业航天运输领域。

3. 中国电子科技集团有限公司

中国电子科技集团有限公司（简称"中国电科"）是国内军工电子主力军、网信事业国家队，拥有电子信息领域较为完备的科研创新体系，在国内军工电子和网信领域占据重要地位，是能够为我国多种型号卫星、导弹、飞机、车辆、舰船等提供关键元器件的企业集团。在航天领域，中国电科提供的服务和产品主要包括天基信息支援应用系统和产品、卫星通信地面站以及多类元器件等，其第54研究所、第10研究所在测控领域市场占有率较高，第27研究所在机动站领域市场优势较大。

4. 中国科学院

中国科学院（简称"中科院"）是中国自然科学最高学术机构、科学技术最高咨询机构、自然科学与高技术综合研究发展中心。中科院主要服务国家战略需求和经济社会发展，围绕现代化建设需要开展科学研究。在航天领域，中科院在"两弹一星"、载人航天、探月工程上攻克了一系列关键核心科技问题，为国家安全和战略科技任务作出了贡献。中科院下属的微小卫星创新研究院主要从事微小卫星及相关技术研究，长春光学精密机械与物理研究所、上海技术物理研究所、上海光学精密机械研究所、合肥物质院等主要从事遥感载荷方面的研制。

5. 民营商业航天公司

目前民营商业航天公司的发展处于早期阶段，采用核心技术产品自主抓总研发、其他产品部组件依托两大集团和其他外协配套为主的模式发展。民营商业航天公司发展迅速，已进入发射服务、卫星制造、卫星运营和服务，以及地面设备制造等领域。

发射服务领域，目前已有星际荣耀和星河动力两家民营商业航天公司实现火箭发射入轨，开展了一系列技术试验活动。卫星制造领域，据不完全统计，我国已有40余家民营商业航天公司从事卫星研究和制造，18家公司已发射通信卫星、对地观测卫星和科学与技术试验卫星等入轨。卫星运营和服务领域，民营商业航天公司覆盖通信、遥感、导航领域，涌现出了如二十一世纪公司、长光卫星、欧比特等企业。地面设备制造领域，伴随空间应用与产业化持续发展，航天恒星、振芯科技、山东嘉航、星展测控、讯翼卫通、天锐星通等公司初具规模。

6. 其他航天产业发展力量

以哈尔滨工业大学、北京航空航天大学、国防科技大学、清华大学等为代表的高校也具备小、微型卫星研制能力。以深圳、长春、武汉为代表的地方政府大力支持航天企业落户当地创新产业园，涌现出一批新生市场力量。

## 二、航天运输产业发展现状

航天运输产业进入快速发展时期，迎来了蓬勃发展的新局面。圆满完成了多个新一代运载火箭的首飞，进入空间能力大幅提升，手段和平台更加丰富，任务适应能力显著增强，布局更加合理。圆满完成了以载人航天、月球及深空探测、"北斗"导航等为代表的一系列国家重大工程发射任务。

1. 运载能力

常规运载火箭发射密度迭创新高，支撑重大工程顺利实施；新一代运载火箭陆续亮相，整体性能达世界一流。以"长征"3号甲系列为代表的在役火箭实现高密度发射常态化，有力支撑了"北斗"全球组网等国家重大工程的实施。"长征"5号、"长征"5号B、"长征"6号、"长征"7号、"长征"8号等新一代运载火箭相继首飞并完成多次国家重大任务发射，标志着我国新一代运载火箭实现技术跨越式发展，型谱初步建成。新一代载人火箭、重型运载火箭开展关深研制，多项重大关键技术攻关取得突破。

快速响应平台持续丰富，快响速度跨越提升。"长征"11号火箭显著提升了我国快速进入空间和有效利用空间能力。"快舟"1号甲火箭创造了从合同签订到完成火箭研制和发射历时八个半月的"快舟"速度。圆满完成固体火箭海上首飞，进一步丰富了我国快速响应运载器进入空间的平台手段。

轨道转移飞行器整体亮相，体系初步构建。完成了四型"远征"系列上面级研制及首飞，与现役运载火箭组合执行多次高、中、低轨一箭多星直接入轨发射任务，初步构建了覆盖太阳同步轨道（SSO）、中轨（MEO）、高轨（GEO）运载能力的轨道转移运输体系。

可重复使用技术取得突破，围绕落区控制、垂直起降、垂直起飞水平返回、水平起降等开展了方案论证和部分飞行演示验证，重复使用航天运输系统演示验证获得国家立项。成功进行了子级残骸落区控制技术飞行试验，填补了国内领域空白，开展落区控制、垂直起降等技术攻关并取得突破进展，为后续运载火箭可重复使用的工程化应用奠定了基础。

2. 运载火箭型谱

运载火箭型号主要包括航天科技集团的"长征"系列、"捷龙"系列运载火箭，航天科工集团的"快舟"系列运载火箭，以及各民营商业航天公司研制或计划研制的不同系列运载火箭。

"长征"系列运载火箭中，常规运载火箭现役8型，分别为"长征"2号2C、"长征"2号DC、"长征"2号F、"长征"3号A/B/C、"长征"4号B/C；新一代运载火箭现役7型，分别为"长征"5号/5号B、"长征"6号、"长征"7号/7号A、"长征"8号、"长征"11号；更新一代运载火箭包括新一代载人火箭和重型运载火箭，目标为支撑载人登月、行星探测等重大任务，兼顾未来超大型有效载荷发射需求。商业运载火箭现役1型，为"捷龙"1号。可全面覆盖大、中、小型有效载荷，高、中、低及深空探测等各类轨道的发射能力需求。后续随着新一代运载火箭的成熟和发展，常规运载火箭将逐步完成更新换代，全面过渡到新一代运载火箭。

"快舟"系列运载火箭包括现役的"快舟"1号甲固体运载火箭、在研的"快舟"11号固体运载火箭及攻关研制的中大重型固体运载火箭，其中"快舟"1号甲固体运载火箭、"快舟"11号固体运载火箭运载能力覆盖百公斤至吨级，主要面向低轨小卫星等发射任务；中大重型固体运载火箭运载能力覆盖吨级至百吨级，主要满足大吨位载荷及卫星组网等任务的快速上行运输需求。

### 3. 运载火箭发射服务

"长征"系列运载火箭累计发射次数已突破400次,"长征"3号甲系列运载火箭实现单一系列火箭发射次数突破100次。近20年,"长征"系列火箭年共发射341次(表1-3)。

表1-3 2001—2021年"长征"系列火箭发射次数

| 年度 | 发射次数 | 年度 | 发射次数 |
|---|---|---|---|
| 2001 | 1 | 2012 | 19 |
| 2002 | 4 | 2013 | 14 |
| 2003 | 6 | 2014 | 15 |
| 2004 | 8 | 2015 | 19 |
| 2005 | 5 | 2016 | 22 |
| 2006 | 6 | 2017 | 16 |
| 2007 | 10 | 2018 | 37 |
| 2008 | 11 | 2019 | 26 |
| 2009 | 6 | 2020 | 34 |
| 2010 | 15 | 2021 | 48 |
| 2011 | 19 | 总计 | 341 |

"快舟"系列运载火箭中,已具备发射服务能力的"快舟"1号甲小型固体运载火箭,2017年完成首次商业发射,截至2020年圆满完成9次发射任务;在研的"快舟"11号固体运载火箭2020年完成工程研制并进行了首次飞行试验;规划研究的中大重型固体运载火箭,满足吨级-百吨级载荷的快速发射需求。

各民营航天公司规划的运载火箭型号,主要包括"捷龙""双曲线""谷神星""中科""朱雀"等,以满足百公斤级载荷的发射需求。"捷龙"1号于2019年8月成功完成首飞任务;"朱雀-南太湖"号2018年10月飞行失利;"谷神星"1号2020年11月成功完成首飞任务;"双曲线"1号2019年7月成功完成首次入轨发射任务,"双曲线"2号2021年8月飞行失利;"中科"1号甲2021年首飞。

在发射任务保障方面,我国建设了酒泉、太原、西昌、文昌4大发射场,可支持各型火箭完成低轨(LEO)、SSO、地球同步轨道(GTO)等各种轨道的高频发射任务。山东海阳计划未来5年内打造"东方航天港",发展集研发、制造、发射、应用、配套、文旅为一体的商业航天高科技产业集群;浙江象山也提出发展国际商业卫星发射中心。此外，中国建设了由指挥控制中心、测控站、测量船、中继卫星、测控通信系统组成的航天测控网，为运载火箭、航天器提供跟踪测量、遥测、遥控、数传等服务。同时，商业测控能力持续增强，测控网覆盖范围和测控频段均有大幅提升，测控服务与卫星数据开发服务进一步融合。

**4. 运载火箭与核心部组件研制生产企业**

航天科技集团有限公司处于运载火箭研发制造产业链上的，主要有中国运载火箭技术研究院、上海航天技术研究院、航天动力技术研究院、中国航天推进技术研究院、中国航天电子技术研究院，业务涉及火箭总体、分系统及核心组件、单机、材料等各方面，覆盖运载火箭设计、生产、试验、测试发射的全流程。

中国运载火箭技术研究院是我国运载火箭和导弹武器研制、试验和生产基地，具备完善的研发设计、试验验证、规模化生产及军民统筹能力。研究院具有近百款商业软件和自研软件作为研发设计工具，涵盖总体、气动力/热、结构、导航制导与控制、动力、系统仿真等多个专业；具备百人以上同时在线三维数字化协同设计、小回路离线协同设计能力，并可与其他院所进行跨院协同；具备上万亿次的高性能计算能力；具备结构力学试验厂房、低温阀门试验厂房、光电特性试验系统、车辆道路模拟试验系统、大功率动力传动装置综合性能试验系统等重大试验设施。现有运载火箭科研生产能力主要分布在北京南苑核心区、天津基地和河北固安基地。具备不同直径子级模块的总装总测、部段及核心结构件生产能力，以及综合性试验能力。

上海航天技术研究院在总体设计方面，建成总体多学科优化平台，在研型号实现三维设计与出图；总装场地方面，新建控制系统、阀门产品半物理仿真试验室及大型低温试验系统等6个实验室，具备末级火箭模态测试、低温动力、低温环境等试验验证能力，建设远程测发中心和运载大数据中心，提升了火箭总装测试、基地测发保障效率，数字化建设显成效；建成专职测发队伍，有效应对多基地同时执行高密度发射任务。

航天动力技术研究院、中国航天推进技术研究院分别负责固体、液体火箭发动机的研制配套，中国航天电子技术研究院主要负责箭载计算机的研制配套，均具有完备的设计、生产、试验能力。

航天科工集团有限公司处于运载火箭研发制造产业链上的，主要有航天三江集团有限公司、航天科工飞航技术研究院、航天江南集团有限公司、航天科工动力技术研究院，业务涉及火箭总体、固体动力、液体姿控及其他分系统和核心部组件，覆盖了固体运载火箭完整的研发设计、仿真、试验、生产能力。

航天三江集团有限公司具备成熟的固体运载火箭总体、气动、环境、结构、动力、控制、测控等多个专业；拥有振动、热流、控制、仿真等多个实验室。在运载火箭研制生产基础设施建设及能力方面，实现了小型固体火箭的制造能力，具备全箭生产总装能力，满足静力学、动力学分析以及整流罩分离试验等需求。在关键器件方面，具备关键单机、元器件的设计生产试验配套能力，满足主要单机元器件的联调仿真、力学试验、电磁兼容等试验需求。在固体动力方面，具备大推力固体发动机研发制造能力。

航天科工飞航技术研究院、航天江南集团有限公司在液体姿控领域具备良好的基础，在姿控发动机的核心产品单机、核心锻铸件等具有较强优势和协作配套能力，在相关产品的研发设计、生产制造、试验等方面具有优秀的技术积累。

航天科工动力技术研究院具备大推力固体发动机的大型结构件成型与制造能力、验证及试验能力以及无损检测能力，主要业务涉及总装总调、复合材料制造、特种连接成型、精密机械加工、性能检测及试验、高端装备、智能制造、固体火箭发动机设计、仿真、制造、装药、试验等，构建了设计过程、工具、规范、知识和数据的研发体系，打造技术创新、效率和成本等方面的竞争优势。

### 5. 存在的差距及未来发展方向

我国目前已经建立了比较完备的运载火箭体系，部分技术指标达到了世界先进行列，但与航天强国发展要求和未来竞争态势相比，在运载效率、发动机性能、火箭智能化水平、大/重型运载火箭研制及保障能力、重复使用工程化应用等方面仍有一定差距。需要持续加强技术创新能力及工程应用对新技术的牵引，优化研制模式，提升基础研究能力，开拓颠覆性新领域。对于商业发射，需要持续提高发射效率、缩短周期、降低成本，为客户提供廉价、可靠、高效的发射服务。

"长征"5号系列火箭的成功研制将我国进入空间的能力提升至25吨，但美国SpaceX公司已经拥有60吨级的"法尔肯"重型火箭，且正在研制运载能力百吨级的重型火箭。我国运载火箭LEO运载效率一般在2.5%~3%，与国外3.5%~4%的水平存在一定差距。大推力液氧煤油发动机、大推力氢氧发动机推力与世界先进水平存在差距，由于暂未掌握可延伸喷管等先进技术，制约了发动机性能的进一步提升。我国运载火箭飞行成功率较高，但飞行智能化水平较低，对发动机失效等典型故障适应能力不足，而国外已经广泛应用了控制重构等先进技术，并且实现了故障下的可靠飞行。我国运载火箭的发射周期与国外先进运载火箭相比要长，目前仅实现部分时段无人值守发射，而美国已实现低温加注全流程前端无人值守和自动化发射。先进制造工艺等方面研究不足，无法完全满足重型运载火箭的研制保障需求。

针对重复使用运载器预先研究，我国开展了在线自主规划技术、大质量着陆缓冲技术、重复使用发动机等多项关键技术攻关，突破了栅格舵气动控制特性等部分关键技术，但针对再入返回相关的气动、热防护、控制等关键技术还没有完全突破和掌握。而国外通过多次飞行试验已积累丰富的飞行经验，并成功在正式飞行任务中应用。

### 三、航天器研发制造产业发展现状

#### 1. 航天器型号研制基本情况

我国形成了载人航天、月球与深空探测、导航定位、通信广播、对地观测、空间科学与技术试验等多个领域航天器研制和应用能力，实现了系列化、平台化、体系化发展，科学技术引领加强，经济社会效益显著，服务国防建设作用突出。

载人航天工程有序推进，当前已实现载人飞船工程、空间实验室工程目标，进入第三步空间站工程。载人航天工程自立项以来，经过近三十年的发展，突破和掌握了天地往返运输、航天员出舱、空间交会对接、航天员中期驻留、货物运输、推进剂在轨补加等一系列关键技术，建立了涵盖载人飞船、货运飞船、运载火箭、发射场、测控通信、着陆场、航天员、空间应用在内的完整配套的工程大系统。我国计划到2022年底完成空间站的建造。

月球和深空探测能力快速发展。探月工程完成了月球环绕探测、地月拉格朗日L2点探测、图塔蒂斯小行星飞越探测、月面着陆和巡视探测、月面采样返回等目标。中国启动了"探月"工程四期，计划发射"嫦娥"6号、"嫦娥"7号、"嫦娥"8号探测器。我国独立开展的行星探测迈出第一步，成功发射"天问"1号火星探测任务，在国际上首次通过一次发射实现"绕、着、巡"三大任务，将开展空间环境、火星形貌特征、表层结构等研究，推动我国在行星探测和基础科学研究方面的全面发展。

"北斗"卫星导航系统按照"先区域、后全球，先有源、后无源"的建设思路。2020年，"北斗"3号全球卫星导航系统正式开通，迈进全球服务新时代。"北斗"系统采用了我国首创的混合星座构型，卫星核心器部件国产化率100%。"北斗"3号可提供定位导航授时、全球短报文通信、区域短报文通信、国际搜救、星基增强、地基增强、精密单点定位共7类服务，性能指标达到国际一流水平，全球范围的定位精度优于 10 米、测速精度优于 0.2 米/秒、授时精度优于 20 纳秒、服务可用性优于 99%，亚太地区性能更优。

卫星通信领域不断提速增效，高轨高通量卫星发展迅猛，低轨大型卫星星座正在加快建设，通过高、低轨组合，满足"全天时、全天候、高通量"通信需求。我国已发展"东方红"2号、"东方红"3号、"东方红"4号、"东方红"5号等多种平台，卫星平台谱系完善，能适应多类载荷；已研制发射"中星""亚太""天通""天链"等多个系列卫星，全面覆盖固定、移动、直播、高通量、中继业务，基本满足全球范围通信需求。2020年，"高通量宽带卫星通信系统"启动建设，首发星亚太6D通信容量达到50Gbps，比传统通信卫星高出数十倍。

卫星遥感方面，逐步摆脱对国外数据的依赖，形成了以"风云""资源""海洋""环境减灾""高分"等系列卫星为代表的遥感卫星体系，能够开展陆地、海洋、大气等综合探测，形成涵盖不同空间分辨率、不同覆盖宽度、不同谱段、不同重访周期的对地观测能力，天基对地观测水平大幅提高，中国卫星数据自主化率进一步提升，并向国际社会推广应用。到2020年，我国初步建成以遥感、通信、导航卫星为主体的空间基础设施体系，产生了巨大的社会效益和经济效益，对国家技术创新、经济发展和资源安全作出了重要贡献。

2. 航天器领域的经济增长与服务

我国航天器研制主体包括中国航天科技集团旗下的中国空间技术研究院、上海航天技术研究院；中科院以及航天科工集团空间工程公司、航天三江、航天行云科技有限公司。2016—2020年我国研制和发射的卫星数量和总重量上呈上升趋势，从数量上看，年均复合增长率达20.11%；从总重量上看，年均复合增长率达10.37%。深空探测器和载人航天器近年任务也显著增长，其中包括载人空间站、"嫦娥"系列探测器、"祝融"号火星探测器等。

3. 航天器研制生产企业发展情况

我国航天器研制生产形成了以中央企业为发展主力军，社会各类企业协同并进的发展形态。按照单位性质划分，我国航天器研制生产企业大致可以分为两大类：一类是以航天央企、其他国企和国家科研机构为代表的"国家队"，另一类是民营商业航天企业。

航天央企包括中国航天科技集团有限公司和中国航天科工集团有限公司，两个集团研制能力强，研究人员规模大，技术积淀最为雄厚。中国航天科技集团有限公司是国内唯一一家具备大、中、小、微全系列航天器的制造商，实现了航天器系列化、平台化、批量化发展，集团旗下的中国空间技术研究院和上海航天技术研究院抓总承担了国内载人航天、月球与深空探测、"北斗"卫星导航系统、对地观测、通信广播、空间科学与技术试验六大系列航天器主体任务。航天科工集团提出"虹云""行云"两个卫星相关工程，也在逐步推进。

其他国企以地方国资委所属企业为主，具有一定的研发生产基础，部分企业市场化特征明显，运营机制较为灵活，主要业务覆盖部分航天装备产业链中偏向零部件等基础器件材料的研制生产。

科研机构以中国科学院、高校所属企事业单位为主，研究人员规模较大，学术能力强，在某些领域的理论及技术积淀深厚，主要业务覆盖航天产业链中总体、核心分系统及零部件等。长春光学精密机械与物理研究所主要业务包括发光学、应用光学、光学工程、精密机械与仪器的研发生产；中国科学院微小卫星工程中心（上海微小卫星工程中心）主要从事微小卫星及相关技术领域研究。部分高校，如清华大学、北京航空航天大学、西北工业大学、哈尔滨工业大学、浙江大学等，也有小卫星设计能力。

近些年，民营商业航天公司发展迅速，市场化特征明显，管理运营机制较为灵活，成本控制能力较强，主要业务多为配套航天"国家队"零部件生产或提供相关服务，部分公司已介入分系统及总体业务甚至具备独立研制生产小卫星的能力。随着全球低轨星座迎来建设高潮，多家民营商业航天公司有意加入卫星星座建设，用途涉及遥感、宽带通信、导航增强、物联网等方面，更多地瞄准研制周期短、发射成本低、模式新颖、市场需求大的微小卫星研发与制造。

4. 航天器研制生产基础设施及能力水平

我国航天器制造领域的工业基础不断完善，上百家科研院所、国家级重点实验室、工程中心、高水平大学以及私营公司共同参与，能力水平不断提升，从业人员稳步增加，在北京、天津、上海、西安、武汉、兰州、烟台、深圳、内蒙古等多地区打造了航天产业基地，形成了完善的体系仿真、系统研发、总体及分系统设计、单机设备研制与生产、系统集成、总装测试、环境试验、系统服务等配套完整的科研生产体系。航天器研制能力由2000年小于10个（总重量约10吨），到2010年增长至超过20个（总重量超30吨），2015年超过40个（总重量超50吨），至2020年连续三年达到约80个/年，总重量约100吨/年。

面向未来发展需求，2020年，航天科技集团实施了整星生产线建设，并配套开展了太阳翼、推进、载荷模块等关键设备生产线建设，生产线建成后计划年产卫星100颗，扩展可达200颗。航天科工集团打造了基于云的小卫星科研生产基地武汉国家航天产业基地卫星产业园，建设了多功能产业生态中心、航天器智能制造中心等，打造了以"柔性智能化、数字孪生、云制造"为主要特征的卫星智能生产线。此外，银河航天等商业公司也计划开展年产百颗卫星的生产线建设。中国航天研制能力实现从单任务研制、单机和部组件定制化小批量生产为主的科研型，到多型号并行、单机和部组件通用化批量化生产的发展。

5. 存在的差距及未来发展方向

航天产品研制在批量化智能制造、系统可靠性、关键部组件、软件工具自主可控等方面仍存在薄弱环节，需要进一步加强。基础原材料、元器件存在局部短板。低成本、高效率、稳定持续生产高端产品的能力不足，对高端产品研发投入不够。许多商业航天企业产品特色不鲜明、性能不先进，重复投资严重，产品互补性不强，互相抢占资源，造成一定的浪费。在商业航天市场高频次发射、大规模星座部署的新形势下，我国航天研制生产仅依靠"增加时间"的方式难以满足新的需求，亟需改进研制生产理念。

我国航天工业构建了材料加工、部组件制造、卫星总装集成测试的制造链条，在总体设计、整星研制等方面具备较强能力，但在关键部组件、载荷单机研制方面距离国外先进水平仍有差距，部分关键单机、工具软件仍依赖进口，亟须在薄弱环节加强攻关。

## 四、卫星应用产业发展现状

我国卫星应用与服务已完成"量变"积累，正向"质变"发展。2000—2020年，我国的卫星应用与服务顺利实现从试验应用型向业务服务型的战略转型，需要进一步向体系效能型战略转型。

"十三五"以来，随着我国高分辨率对地观测系统、"北斗"导航卫星全球系统、"风云"4号、高通量通信卫星等空间基础设施逐步完善，民用卫星系列不断健全，带动卫星应用产业加速发展。高分辨率对地观测系统重大专项应用示范效果日益凸显，应用推广已涵盖18个行业26个省（区、市），气象卫星、海洋卫星、资源卫星、环境减灾小卫星星座、高分卫星的应用水平不断提高，业务服务能力快速提升，取得了显著的社会效益；通信卫星、"北斗"导航卫星应用发展势头良好，产业规模不断壮大，显著提升了大众生活品质。卫星应用产业作为国家战略性高技术产业，已成为经济建设、社会发展和政府决策的重要支撑，以卫星应用为主的空间信息应用已经成为国家创新管理、保护资源环境、提供综合信息服务以及培育新兴产业不可或缺的手段。目前我国在轨卫星中，应用卫星占一半以上，通、导、遥三大卫星的基础设施已基本建成，空间信息技术服务体系建设正在进入快车道，空间信息正加快与大数据、云计算、物联网等新一代信息技术紧密融合、综合应用，推动众多产业转型升级和价值提升，空间信息消费市场快速发展，以"卫星应用+"为代表的航天战略性新型产业孕育发展，有望成为国民经济新的增长点。

据智研咨询在中国产业信息网发布的数据，我国卫星应用产业近十年来发展迅速，保持两位数增长态势，远高于中国GDP增速，呈现蓬勃发展态势，2019年产业规模达约4150亿元，其中卫星导航和位置服务市场规模约3450亿元。另据前瞻产业研究院数据，2019年卫星通信市场规模682亿元，卫星遥感市场规模75.5亿元。但是，相比全球市场而言，我国卫星应用产业在整个卫星产业中占比较低，特别是行业综合应用水平和应用能力相比国外较为落后，仍有很大发展空间。随着国家在航天领域的持续投入，天基资源已具备了服务国防建设和国民经济发展的基础条件。未来随着航天强国战略、"一带一路"倡议等深入推进，国家卫星互联网工程、国家民用空间基础设施、空间飞行器在轨服务与维护系统等重大专项的实施，以及地方政府和商业航天资本进入，将共同推动卫星应用产业快速增长。

1. 卫星通信

我国已建立了较完备的以传统通信广播卫星（含直播卫星、广播电视传输卫星等）、高通量卫星、移动通信卫星为主的通信卫星体系，构建了北京、香港、喀什三地互联互通的卫星测控和业务监测网络，建成了连接南亚、非洲、欧洲和美洲的卫星电信港，基本形成了全球化的卫星通信服务能力。

目前我国卫星通信服务应用还处于商用化和产业化的初级阶段，正在从以卫星电视直播、广播、军事通信和行业应用为主，向行业服务和大众消费拓展的阶段发展。根据中商产业研究院的数据，2020年我国卫星通信市场规模达到723亿元。我国卫星电视直播已成为覆盖全国的公益事业，目前卫星电视频道数327套，其中高清节目60套。随着电视高清化的加速推进，卫视高清频道上星数量将逐步增加。国家新闻出版广电总局正在加快推进有条件的广播电视台制播高清化建设，2020年已经实现超高清试验频道播出，随着宽带多媒体卫星的出现，卫星电视直播应用与产业化市场仍有开拓空间；随着高通量卫星的投入运营，新产品、新应用不断拓展，特别是基于数据流量的卫星通信服务将应用于飞机、航船、铁路、汽车等新型场景。随着设备国产化率的提高、改装价格和流量成本的下降，预计到 2028 年，中国航空互联网仅流量收益可达 300.64 亿人民币。海上船舶设备的更新及宽带卫星技术的进步，促进了航运业的数字化转型呈现加快趋势；卫星移动通信和卫星物联网的应用需求渐显迫切。截至 2021 年 6 月，我国三家基础电信企业的移动电话用户总数达 16.14 亿户，按国际惯例卫星移动通信市场用户 0.2%~1% 的占比保守计算，国内卫星移动通信市场的潜在用户数将达 300 万，估计直接使用的活跃用户数量可超过 80 万。低轨卫星星座可满足我国乃至全球典型行业用户的物联网数据采集需求，实现全球态势感知信息实时回传，可为大型能源企业、工程实施企业和工程机械制造企业提供大规模全球资产状态监管、大型工程机械和物质监控、人员定位、通信服务、应急救援。

中国卫通是当前我国境内唯一拥有通信卫星资源且自主可控的卫星运营商，持有我国卫星通信基础电信经营许可资质，履行卫星运营"国家队"责任。此外，具有中资背景的亚洲卫星公司以转发器出租业务为主，以中信卫星作为运营实体开展境内业务，中国电信集团和中国交通通信信息中心分别使用"天通"1 号、国际移动卫星（Inmarsat）开展卫星移动业务。在低轨卫星星座运营方面，星网集团落地雄安新区，银河航天、九天微星、时空道宇、国电高科等民营企业也纷纷积极尝试进入这个领域。在地面设备方面，航天恒星、航天五院西安分院、航天九院 704 所、航天九院 13 所以及中电 54 所、南京熊猫、广州海格等单位在卫星通信系统地面设备研制、系统集成或移动通信终端芯片研制等方面具备能力。另外，国内终端天线和射频设备的民营企业也有很多，产品较为成熟且已出口国际。

目前我国通信卫星已实现完全自主研发，但由于生产技术限制，卫星通信技术水平与国际上稍有差距。未来在国家和地方的政策推动及技术不断创新的推动下，我国卫星通信产业链生态正在逐渐完备，随着高轨高通量系统、移动通信系统的完善和低轨互联网星座系统建立，逐步形成我国卫星互联网系统，促进卫星通信向个人消费和应急通信等多个垂直行业的加速渗透。

2. 卫星导航

根据《2021 中国卫星导航与位置服务产业发展白皮书》统计，2020 年我国卫星导航与位置服务产业总体产值已达到 4033 亿元人民币，较 2019 年增长约 16.9%。北斗导航应用对核心产值的贡献率超过80%。

需求方面，一是在行业领域，主要体现在对精准化监管和服务。包括但不限于车道级监控、长大隧道内监控、精准农业、无人机、无人车、作业人员监控等的出现，使行业"北斗"应用需求从常规监控、导航、授时服务向更加精准、更加泛在、更加融合、更加安全的时空服务转变。二是大众市场领域，大众对智能化位置服务需求的出现，使大众"北斗"应用需求从位置服务向以时空为核心的智能服务转变，而基于时空的大数据和基于深度学习的人工智能，则提升了智能化服务能力。总之，无论行业用户还是大众用户，市场需求变化都瞄向了精准、泛在、融合、安全和智能。三是定制化系统集成与综合解决方案的需求。随着"北斗"在技术、数据、终端、网络等方面与其他行业或领域的融合程度日益加深，"北斗"应用需求的日益广泛和种类的日益多样，目前所暴露出来的缺乏集成化系统产品，以及不同企业间的产品和服务缺乏兼容互通的问题愈加凸显，因此亟需可以直接满足用户需求、与用户业务系统紧密融合的定制化一揽子解决方案。同时，亟须建立"北斗"质量服务体系，引导规范市场上的产品，使各企业间的产品开放、兼容和互通。

从业企业情况方面，截至2019年底，我国卫星导航企业数量约14000家。业内相关上市公司（含新三板）总数为46家，上市公司涉及卫星导航相关产值约占全国总产值的9%，涌现出了合众思壮、上海华测、司南导航、南方测绘、九州电器、航天恒星、北斗星通、华力创通、广州海格等一大批知名导航企业。

目前，"北斗"导航的应用主要集中在关系国计民生、国家安全的重点行业开展示范，在大众应用比例占比较低。随着穿戴设备、智能制造以及其他各种智能硬件的兴起，通过与新兴技术融合，大众领域也将成为后续应用发展重点。

### 3. 卫星遥感

数据共享服务机制基本完善，标准规范体系基本配套，商业化发展模式基本形成，具备国际服务能力，同时各商业遥感卫星公司蓬勃发展，成功发射并应用各类亚米级卫星、微小卫星和视频卫星等，为遥感技术走进千家万户奠定了良好的数据基础，卫星遥感应用已初步具备了产业化潜力。但从卫星技术、卫星运营、市场成熟度、应用模式等方面看，国内发展水平仍然与国际先进水平存在差距。

根据前瞻信息产业研究院的统计数据，2019年我国卫星遥感应用产业规模已提升至75.5亿元，增速均保持两位数。根据中国地理信息产业协会的统计数据测算分析，我国地理信息产业从2009年的913亿元增长至2019年的近6500亿元，增速保持在 20% 以上，增长态势稳步向好，为卫星遥感产业提供了良好的发展空间。

我国卫星遥感影像及增值服务的需求主要来源于国防、政府和行业三方面。卫星遥感业务以政府项目的科研及公共事业领域为主，包括国土资源管理、电子政务、数字城市、物流应用、城市建设、经济规划、农业、林业、国防等行业应用，地理国情监测、智慧城市、林业信息化以及农村土地确权等国家重大工程，以及对企业提供的空间信息资源与分析的企业电子商务和各类管理信息系统，包括基础设施管理、电信资源管理、电力与通信管理等应用。近年来，市场重心从政府端向行业端转移，未来交通、能源、保险、生态、碳达峰碳中和等行业的卫星遥感需求可能出现跳跃性增长，但尚未形成消费级大众化遥感应用市场。

国内从事商业遥感卫星应用的企业分两大类。一类为卫星运营和服务企业，如中国四维、二十一世纪空间、长光卫星、珠海欧比特等。中国四维在轨运营 4 颗 0.5 米分辨率"高景"1 号卫星，主要提供基础产品、增值产品、信息产品及解决方案、地面设备等产品和服务。二十一世纪空间自主运营 3 颗 0.8 米分辨率卫星组网的"北京"2 号星座、1 颗 0.5 米分辨率的"北京"3 号卫星，主要提供卫星遥感大数据产品、空间信息综合服务等。长光卫星通过与地方政府和企业合作完成"吉林"1 号卫星星座的发射，在轨卫星数量达到 29 颗，最高分辨率达到 0.5 米，主要提供卫星影像、增值产品、应用平台、工具软件等产品和服务。珠海欧比特自主运营 12 颗卫星（8 颗高光谱卫星 +4 颗视频星），主要提供遥感数据产品、地面系统及行业应用解决方案。另一类为卫星服务企业，不独自运营卫星，只提供卫星数据增值服务，如中科星图、航天宏图等。中科星图主营业务是提供数字地球产品和技术开发服务，航天宏图主营业务是提供空间基础设施的规划和研制、系统研发、数据分析服务等。

## 五、载人航天与空间探索产业发展现状

### 1. 载人航天

载人航天工程发展近三十年来，始终坚持自力更生、自主创新，以人为本，稳中求进，使我国成为世界上第三个独立自主掌握载人航天技术的国家，全面进入了空间站时代。我国载人月球探测发展战略已经中央批准，正在开展关键技术攻关与方案深化论证。

在核心能力方面，突破了载人天地往返、出舱活动、交会对接、航天员中期驻留、货运补给、在轨燃料补加、长期在轨运行等一大批关键技术。在工程建设方面，

建立了完整配套的载人航天工程大系统，提升了运载火箭、航天器、发射场、测控通信等的整体能力，从研发、制造等多方面提升了我国航天工业能力，推动形成了完整的航天工业体系。在科学与应用方面，开展了对地观测、空间生命科学、空间材料科学、微重力流体物理、空间天文、空间环境和航天技术、航天医学等领域的科学实验和应用试验，取得了一批空间科学和空间应用成果。在创新引领方面，带动了材料、机械、通信等方面的技术创新、工艺创新和产业升级，牵引了一批新兴高技术产业快速发展。同时，建立完善了工程专项管理体系，培养造就出一支素质优良、作风过硬的工程队伍。

目前，我国已具备载人近地轨道天地往返运输能力、在轨驻留能力和一定规模的空间应用能力，载人火箭运载能力与俄罗斯相当，与美国差距较大；载人飞船、货运航天器与国际水平相当；尚不具备载人地外天体表面着陆能力；环控生保、舱外服等人在太空长期生存保障能力与美、俄差距较大；深空测控通信在覆盖、能力、规模、功能等方面还存在一定差距。

2. 空间探索

2003年，我国首个空间科学卫星计划"双星计划"成功实施，与欧洲航天局"星簇计划"一起，在人类历史上首次对地球电磁层的6点进行联合探测。"十二五"期间，在国防科工局等政府部门的大力支持下，2011年1月，中国科学院空间科学先导专项（一期）立项实施。专项一期研制并发射的"悟空"、"实践"10号、"墨子"号、"慧眼"号4颗科学卫星，为我国在空间科学方面开展世界性研究奠定了重要的物质基础，取得了我国空间科学新时期以来最重要的系统性进展。

2018年7月启动的空间科学（二期）先导专项部署立项了"太极"1号、引力波暴高能电磁对应体全天监测器（GECAM）、先进天基太阳天文台（ASO-S）、爱因斯坦探针（EP）、太阳风-磁层相互作用全景成像卫星（SMILE）等系列卫星计划，并梯队式安排了卫星背景型号及预先研究。其中，"太极"1号已于2019年8月31日成功发射，完成了我国空间引力波探测实验技术验证的首个目标，为我国开展空间引力波探测奠定了坚实基础。GECAM卫星已于2020年12月10日成功发射，将开展对黑洞、中子星等极端天体的剧烈爆发现象观测。

随着我国空间科学任务的稳步实施，可带动新技术的发展，有力支撑未来航天产业链的闭环与发展。

# 第四节　航天产业关键技术发展与评述

## 一、航天产业关键技术发展

通过专家调研，各领域组遴选出 2000—2020 年对中国航天产业发展、航天应用服务、航天重大科技工程等有重大影响且已突破的关键技术。

1. 航天运输

航天运输系统研发制造领域对中国航天运输产业有重大影响且已突破的关键技术包括：一次性运载火箭方面，突破了新一代载人运载火箭总体技术、高载荷比小型固体运载火箭总体技术；组合动力运载器方面，突破了垂直起降重复使用运载器技术、基于三组合动力重复使用运载器关键技术；结构、制造与材料方面，突破了轻质化复合材料结构设计及制造技术、栅格舵设计生产及折叠展开技术；控制综合方面，突破了分布式总线架构控制技术、侧喷流栅格舵控制技术；火箭发射方面，突破了车载移动快速发射技术。

2. 航天器研发制造

突破了基于微通道蒸发器换热技术，解决了 1000 W/cm$^2$ 极高热流密度散热难题；攻克了"三超"平台控制技术，使我国卫星平台在指向精度、稳定度和敏捷能力等方面达到世界一流水平；研制了 Q/V 频段转发器、小型化微波接收机等通信卫星有效载荷核心产品，使高通量通信卫星容量提升至 500 Gbps，跻身世界先进行列；突破了纳米级六自由度结构与展开机构等大口径可展开光学系统所需的关键技术，完成了地面演示验证，将有力支撑大口径空间光学系统研制；突破了重力梯度仪微加速度噪声抑制等关键技术，为后续重力梯度测量卫星主载荷研制奠定基础；突破了超快激光加工、记忆复合材料铰链等在轨扩展组合结构集成制造关键工艺技术，为空间无人自主飞行组合体研制奠定了制造基础。

卫星平台专业技术跨越式发展。载重比由东四平台的约 13% 提升到全电推平台的 25%。结构展开基线长度不小于 10 米，高稳定性结构变形系数为 10$^{-7}$ 量级。形成 5000~15000 千米地球轨道卫星及火星、木星等行星探测器的空间辐射环境工程分析能力。载荷技术、星敏相机、测微敏感器等单机的研制，推动了星敏、CMG 等产品性能指标提升；新一代高性能处理器 SoC2018 和 SoC2020（增加 10TOPS 能力的人工智能处理模块），大幅提升了星载计算机运算能力。光学遥感载荷技术水平大幅提高，可见光和红外成像空间分辨率分别达到亚米级、5 米级。微波遥感载荷技术取得突破，辐射计探测通道数超过 100 个，灵敏度优于 0.5K。

卫星研制数字化手段持续创新。基于模型的设计技术、基于模型的系统工程技术、并行协同设计技术、数字孪生技术等新技术大量应用于体系规划、产品设计、仿真验证；三维结构化工艺替代了传统文件，3D 打印、高速加工、激光检测、全自动管路制造等逐步普及，机器人用于焊接喷涂及装配，新型复合材料结构成型方法得到应用，生产现场数字化、单元化、自动化水平大幅提升；大数据、数字化仿真、新型检测设备得到广泛应用。

### 3. 卫星应用

卫星应用领域围绕卫星通信、卫星导航、卫星遥感等业务方向，突破的关键技术包括：卫星通信应用方面，制定了自主卫星直播传输体制，突破了高通量卫星通信组网技术、动中通终端技术、相控阵平板天线技术等；卫星导航应用方面，突破了"北斗"导航多源融合技术、长基线高精度实时时间同步技术、协同精密定位技术、基于"北斗"融合的位置服务辅助驾驶技术等，完成了"北斗"通航服务管理支撑系统试验验证；卫星遥感应用方面，突破了覆盖全球的遥感数据地面接收传输技术、海量遥感数据存储与高精度处理技术、大容量遥感卫星任务管理与测控技术、面向多元应用的综合信息服务分发共享技术等。

### 4. 载人航天与空间探索

载人航天与空间探索领域对中国航天产业有重大影响且已突破的关键技术包括：空间交会对接技术；在轨推进剂补加技术；太空出舱活动技术，实现了航天员出舱活动飞行试验，为空间站的建造奠定了技术基础；再生生保技术，先后开展了再生生保概念研究、单项技术研究、系统演示验证研究和电解制氧技术的在轨初步验证；探测器着陆悬停避障技术，实现了月面大动态、高精度自主着陆导航控制，确保了探测器在月面安全软着陆；探测器着陆缓冲与稳定技术，成功解决了探测器着陆月面时的安全稳定问题；探测器两器分离与移动操控技术，实现了自动导航、自动拐弯、自动选择路线、自动爬坡、自动避障和自主路径规划，满足了月面多点就位科学探测要求；探测器月面生存与自动唤醒技术，实现了探测器在极低温与极高温变换条件下的安全可靠工作；地球大气高速再入返回技术，实现了以第二宇宙速度安全再入和返回地球；火星进入、下降与着陆技术，成功实现了火星表面安全着陆；星地光路对准技术，实现了星地量子通信链路的快速捕获、高精度跟踪与瞄准,支撑了量子卫星的科学目标;BGO 晶体大动态范围读出方案的设计与实现技术,确保了我国在基于电子宇宙线的暗物质间接探测技术水平居于世界领先地位。

## 二、航天产业关键技术评述

各子领域选取了对过去航天产业发展发挥了重要作用的产业关键技术进行了进一步阐述,见表 1-4 至表 1-7。

表 1-4 航天运输产业关键技术

| 技术名称 | 作用与意义 |
| --- | --- |
| 新一代载人运载火箭总体技术 | 开展我国新一代载人火箭总体方案论证设计,完成火箭总体优化、箭体结构优化、智能化控制、先进增压输送、试验方法等技术攻关和原理性验证。 |
| 高载荷比小型固体运载火箭总体技术 | 充分发挥固体火箭保障简单、发射准备时间短、易于贮存等优势,提升火箭载荷比性能,提供灵活便捷的发射服务,丰富我国运载火箭门类。 |
| 垂直起降重复使用运载器技术 | 精确返回飞行与安全着陆控制、高可靠着陆缓冲机构、再入返回结构热防护等关键技术进行攻关和原理性试验验证。 |
| 基于三组合动力重复使用运载器关键技术 | 研究三组合动力运载器的关键技术。 |
| 轻质化复合材料结构设计及制造技术 | 采用复合材料大面积替代铝合金等金属材料用于火箭承力结构件,大幅减少全箭的消极质量,提高火箭运载能力。 |
| 栅格舵设计生产及折叠展开技术 | 栅格舵气动控制效率高,通过将栅格舵折叠后与箭体贴合可缩小箭体外包络,在发射前再展开到位,缩短火箭发射准备时间,提升火箭发射效率。 |
| 分布式总线架构控制技术 | 运载火箭采用总线控制架构,通过去中心化实现各单机的数据传输,避免单点故障失效,提升火箭可靠性。 |
| 侧喷流栅格舵控制技术 | 栅格舵具有控制效率高、控制铰链力矩小的优点,在实现运载火箭高稳定姿态控制的同时有效简化系统;侧喷流控制技术大大简化控制系统,解决了用一套姿控系统控制多飞行段的技术关键问题,提高了可靠性。 |
| 车载移动快速发射技术 | 我国航天发射由传统固定塔架向无依托车载发射方式拓展,火箭发射选点更灵活、增强了发射任务规划的灵活性。 |

表 1-5 航天器研发制造产业关键技术

| 技术名称 | 作用与意义 |
|---|---|
| 航天器超精超稳超敏捷控制技术 | 航天器超精超稳超敏捷控制技术支撑了我国高分专项等重大专项建设,针对航天器在"宽频、多点、多源"扰动下的高品质控制的重大基础性问题和技术难题,提出"集中消除、多级协同"的航天器控制设计新理念,在星体和载荷之间设计"二级控制",在载荷安装点处集中消除星上各类干扰,实现了振动隔离、扰动补偿和指向调节,完成了航天器"三超"控制技术研究及装置研制,主要性能指标提高了 1~2 个数量级,为极高分辨率对地观测等任务提供技术基础。 |
| 高可靠电推进技术 | "十三五"期间,系统突破了高性能放电室设计、大束流密度三栅极设计、热稳定性控制等关键技术,完成了双模式电推进系统优化、地面寿命试验和飞行样机研制,成功研制了 5kW 多模式离子电推进系统产品,搭载于"实践"20 号卫星完成了短期在轨验证,产品性能完全达到设计水平,产品一致性良好,标志着我国离子电推进技术已经处于国际先进水平。 |
| 极高热流密度与极限环境热管理技术 | 大规模复杂载人组合体热管理技术支撑了空间站建设,开解决大规模复杂载人组合体内部热量合理有效的收集、传输、调配、利用和排散,从而达到系统优化的目的。<br>消耗式散热技术支撑了探月三期任务建设,突破了水升华器高温启动及稳定运行关键技术,解决了短时大热耗设备体装散热面散热能力不足难题,实现了空间热排散技术从辐射散热到消耗式散热的拓展。 |
| 航天器智能化信息综合电子技术 | 突破了基于时间触发总线、新型综合电子架构、自主管理等关键技术,形成了 9 种综合电子标准化模块系列,功能涉及射频通信、遥控遥测、星务管理、遥测采集、遥控指令、热控管理、配电管理、大容量存储等。系统采用分时分区思想和技术(ARINC659),降低了模块的耦合程度,实现了模块级独立开发、独立测试、即插即用、快速组装。主要指标相比上代综合电子系统,功能密度比提高 50%、任务执行效率提高 200%、研制周期缩短 50%,均达到国内大卫星综合电子领先水平。 |
| 新形态结构机构轻量化技术 | 新形态结构机构轻量化技术支撑了高精度控制力矩陀螺、高稳定度 SADA、激光通信指向机构等产品的研制;新研制的激光通信指向机构使星间通信的码速率与以往相比提升 1 个数量级;新研制的指向隔振机构应用于"三超"平台,支撑指向精度、稳定度、机动快稳等系统性能提升 1 个数量级。 |
| 遥感卫星智能及敏捷总体技术 | 除了支持常规敏捷成像外,还支持斜调带拼幅/拼接成像,具备在轨任务规划、任务驱动型的在轨智能图像处理能力。智能遥感卫星支持基于 App 的在轨智能处理,基于云服务平台的信息服务,预期实现根据用户需求向用户移动终端提供分钟级时延的影像信息服务,使得遥感信息进手机、进互联网、进大众生活。 |
| 双向高速激光通信载荷技术 | 建立了我国第一条激光星间链路,实现了中轨-中轨、中轨-高轨、高轨-高轨间激光建链,链路持续稳定时间世界最长(26 小时),链路距离世界最远(64000 千米)。"北斗"3 号激光星间链路还实现了通信测距一体化,测距精度优于 3 毫米,比微波载荷精度提升了一个量级以上。支撑了鸿雁试验星任务的研制,可提升我国低轨移动星座星间链路的通信能力,实现 1Gbps 的星间码速率。 |

续表

| 技术名称 | 作用与意义 |
| --- | --- |
| 大型航天器复杂动力学分析及验证技术 | 开展了带大型网状天线通信卫星在轨展开动力学仿真、快速展开构架式天线冲击动力学预示、太阳翼在轨展开预测，完成了"大型复杂航天器动力学仿真软件"产品，提高了卫星总体性能和航天工业动力学软件自主可控能力，满足了复杂航天器正向优化设计、在轨故障复现与处置、在轨服务策略确定的航天器专用动力学仿真需求。 |
| 大载重高精度回收着陆技术 | 大载重高精度回收着陆技术支撑了新一代载人飞船回收着陆系统研制、火箭整流罩回收系统研制、火箭助推器回收系统研制、火箭一子级回收系统研制，开展了群伞、翼伞等多项空投试验，对相关技术进行了验证，提高了回收减速性能、着陆缓冲性能及精确定点着陆性能，对我国未来载人登月、深空探测、火箭模块精确定点回收等项目实施和航天器精确定点回收市场拓展具有重要的支撑意义。 |
| 数字化装配与系统优化技术 | 三维工艺模型快速创建系统实现了总体设计信息的规范性检查，工艺信息与三维模型的有效关联，三维模型的轻量化处理，与手动创建相比，效率提升100%，为三维下场的顺利贯通奠定了基础。<br>总装虚拟仿真系统主要对工艺设计阶段的总装关键环节的可行性进行验证分析，包括厂房适应性验证、工装接口符合性验证、总装工艺流程规划验证、工装工具设计及验证、手工作业流程验证以及人机工效分析等方面，经仿真验证的总装一次成功率达97%。 |

表1-6 卫星应用产业关键技术

| 技术名称 | 作用与意义 |
| --- | --- |
| 高通量卫星通信技术 | 高通量大幅提升频率资源利用率、卫星网络系统容量、用户终端通信速率，有效降低卫星网络系统单位带宽成本，有力提升卫星网络的性价比和服务能力。 |
| 动中通终端技术 | 动中通终端天线有效满足移动平台的多星接入通信需求，降低卫星通信应用门槛，有效提升卫星通信的服务能力。 |
| 相控阵平板天线技术 | 技术方面，缩小了终端的尺寸，降低了终端功耗，提高了终端对移动体的通信能力。经济方面，提高的卫星通信终端的集成性，扩展了卫星通信的应用领域。 |
| "北斗"导航多源融合技术 | 采用多个传感器进行组合导航，并将多类信息按某种最优融合准则进行最优融合，可以提高对动态载体运动目标的跟踪精度或对动态系统的状态估计精度。 |
| 长基线高精度实时时间同步技术 | 针对5G、工业互联网等新一代信息技术对时间同步的高精度需求，研究"北斗"高精度时频同步等技术，形成一套适用于长基线的高精度时频系统，为各类应用提供高精度时空参考基准。 |
| 协同精密定位技术 | 针对大众用户对室内外无缝定位服务的需求，研究了高可靠性、高可扩展性的协同精密定位服务平台架构，为大众用户提供协同精密定位服务。 |

续表

| 技术名称 | 作用与意义 |
|---|---|
| 基于"北斗"融合的位置服务辅助驾驶技术 | 基于"北斗"高精度卫星导航定位技术，融合雷达、视觉、大数据、云计算等数据，实现车辆的辅助驾驶功能。 |
| 覆盖全球的遥感数据地面接收传输技术 | 遥感地面数据接收站网在全球范围内接收我国自主发射的上百颗极轨、静止卫星的高速星地下传数据；接收传输网络保障了全球各站至北京处理中心的数据传输。 |
| 海量遥感数据存储与高精度处理技术 | 具备海量卫星遥感数据处理、存档能力。日处理原始数据能力超过15TB，日生产产品能力超过25TB；数据存储能力超过20PB；确保0级产品3天在线保存，2级产品90天在线保存，0~2级产品1.5年近线保存。 |
| 大容量遥感卫星任务管理与测控技术 | 实现了海量用户需求分析、高精度卫星轨道计算与控制、准实时卫星任务测控等能力，实现对多颗遥感卫星观测任务的年度规划和日、月、周计划，并可根据任务需要有效协调观测任务冲突，实现对卫星的快速、机动调度。 |
| 面向多元应用的综合信息服务分发共享技术 | 支撑了具有数据共享、应用服务、国际合作、众创空间等核心功能的遥感平台；实现了高分辨率遥感数据和应用成果的一站式对外服务。 |

表 1-7　载人航天与空间探索产业关键技术

| 技术名称 | 作用与意义 |
|---|---|
| 空间交会对接技术 | 该技术是实现航天器的空间装配、回收、补给、维修、航天员交换与营救等在轨道上服务的先决条件，是载人航天活动的三大基本技术之一。空间交会对接技术将为长期运行的空间设施提供物资补给和人员运输服务，为大型空间设施提供建造和运行维护服务，并能进行空间飞行器重构以实现系统优化，是建设我国载人空间站、确保载人航天工程可持续发展的技术基石之一。 |
| 在轨推进补加技术 | 我国突破和掌握了推进剂在轨补加技术，填补了我国航天领域的空白，实现了空间推进领域的一次重大技术跨越，为我国空间站组装建造和长期运营扫清了能源供给上的障碍，使我国成为世界上第三个独立掌握这一关键技术的国家。 |
| 太空出舱活动技术 | 突破了出舱活动总体设计技术，攻克了活动关节、电机小型化、水升华器、无线通信等关键技术，为后续空间站长期载人任务奠定技术基础。 |
| 再生生保技术 | 再生生保技术是人类实现中长期载人飞行最核心的关键技术之一，标志着我国已经建立了自主研发环控生保系统技术基础，为后续载人空间站的发展奠定了良好的技术基础，为未来载人深空探测、受控生态生保系统建设提供了技术储备。 |
| 探测器着陆悬停避障技术 | 月球表面地形崎岖，遍布几米甚至几十米直径的环形坑，同时还有大量分布在环形坑底部、坑缘及平面地区大小不等的零散石块。月球着陆器对地面平整度的要求非常高，因此在坡度、石块、环形坑等不确定的复杂月面环境和完全依靠自主导航控制的情形下，突破着陆悬停避障技术，对确保探测器实现安全软着陆至关重要。 |

续表

| 技术名称 | 作用与意义 |
| --- | --- |
| 探测器着陆缓冲与稳定技术 | 由于月球上是高真空状态,探测器着陆月面过程中不能用降落伞减速,只能采用着陆器底部的变推力发动机反向推进。突破着陆缓冲与稳定技术,能够确保探测器着陆月面时不会发生损坏、塌陷或倾斜翻滚,实现安全稳定着陆。 |
| 探测器两器分离与移动操控技术 | 根据工程总体设计,探测器月面组合体通常包括着陆器、巡视器等,在着陆月面后,月面巡视器与着陆器实施两器释放分离,并经着陆器转移机构驶抵月面。两器分离与移动操控技术的突破,确保探测器两器安全顺利分离以及巡视器月面正常移动操控,成为满足工程要求和实现工程任务目标的关键。 |
| 探测器月面生存与自动唤醒技术 | 月面昼夜温差大,探测器如果在月球表面工作时间达一个地球月以上,则必然要经历近半个地球月的极端高温月昼和近半个地球月的极端低温月夜。在如此极端恶劣的温度环境下,若不采取新的技术措施,探测器无法保证安全,不是因极端高温使设备损坏,就是因极端低温使设备失效。突破月面生存与自动唤醒技术,对保证探测器在月昼高温下长时间安全可靠工作至关重要。 |
| 地球大气高速再入返回技术 | 地球大气高速再入返回技术的突破,为后续的探月工程、火星/金星等有大气天体的进入和载人等于等任务的立项论证和实施奠定了基础。同时,带动了我国航天器气动技术、热防护技术、GNC技术、回收技术以及测控通信技术的发展。 |
| 火星进入、下降与着陆技术 | 火星进入、下降与着陆阶段是着陆任务中最为关键的阶段,决定着整个火星着陆探测任务的成败。突破此技术,对于着陆器识别地形、安全着陆点选定及着陆具有重要意义。 |
| 星地光路对准关键技术 | 该项技术的突破,使得我国能够快速建立星地量子通信链路,实现快速捕获、高精度跟踪与瞄准。本技术为后续量子星地保密通信走向大规模应用,成为电子政务、电子商务、电子医疗、生物特征传输和智能传输系统等各种电子服务的驱动器,为当今信息化社会提供基础安全服务奠定了重要的技术基础。 |
| BGO晶体大动态范围读出方案的设计与实现技术 | 该项技术的突破,使得我国的BGO量能器能量分辨率或为国际最高水平,远远超过世界上所有其他国家的空间探测器水平,使我国在基于电子宇宙线的暗物质间接探测方面跻身世界前列,并为后续研发新型伽马射线空间探测器奠定了重要技术基础。 |

# 第五节 航天产业发展环境分析

## 一、航天产业发展面临世界百年未有之大变局

当今世界正经历百年未有之大变局,国际力量对比深刻调整,国际环境日趋复

杂，不稳定性不确定性明显增加，世界进入动荡变革期，单边主义、保护主义、霸权主义对世界和平与发展构成威胁。当前和今后一段时期，我国发展仍然处于重要的战略机遇期，但机遇和挑战都有新的发展变化。和平发展仍是时代主题，但竞争对抗的强度、烈度、广度都会有所提升。这个时代主题决定了我国政治、经济存在长期稳定增长的空间和可能，随着中国经济的转型发展，发展环境将更加复杂。中国的快速崛起使得国际力量对比发生重大变化，促使国际政治格局发生深刻演变，大国博弈与对抗加剧。主要竞争对手判定这一时期也是遏制中国崛起的最后战略机遇期，为全方位遏制中国发展，西方国家从政治、军事、经济等各个维度开始围堵中国，航天产业也是其中之一。美国将中国视为最大的竞争对手，对中国持续打压，全面遏制，对中国企业、高校和个人的制裁越来越频繁。航天是大国博弈的重要领域，是国家综合实力的集中体现。美国为了全面遏制中国航天发展，采取拼凑太空同盟、联合采取对华禁运等措施，进一步加大对中国航天发展的打压。面对复杂多变的政治形势和国际安全形势，我国积极开展国际交流合作，推动重大国际工程合作、空间科学合作、空间应用合作以及空间信息共享，在更大范围、更深层次、更高水平上服务和增进人类福祉，贡献中国智慧、中国方案、中国力量。

## 二、重大科技工程牵引始终是航天产业发展的重要力量

重大科技工程体系庞大，系统复杂，需全国上百家科研院所、数千家单位、数十万科研人员共同参与完成，辐射带动范围极其广泛，对航天工业基础的牵引效果显著。2016 年我国发布《2016 中国的航天》白皮书，提出开展空间站在轨建造组装和运营，实施月球探测工程以及火星探测、小行星探测、木星系及行星穿越探测等任务，有力牵引了航天运输能力向着更大、更便捷、更可靠的方向发展，带动相关产业的转型升级。重大科技工程实施过程中，不断产生新的技术需求、新的理论，推动构建国内产学研用资政深度融合的技术创新体系，引领带动了自动控制、计算机、电子信息、精密制造、新材料、新能源等领域的快速发展，增强了核心元器件、关键原材料的自主研发能力，突破了部分制约航天发展的瓶颈问题，推动工业制造优化升级，研制生产能力大幅提升。重大科技工程衍生的核能技术、控制技术、动力技术、能量技术、测量技术、通信技术、导航技术、天体理论、空间生命保障技术、计算技术、材料技术及与之相应的传统的物理学、化学、数学、天文、地理、生命科学的发展都得到极大的促进。

### 三、航天大国重视航天技术的国际合作

世界各航天大国专门制定了国际合作的政策和方针，在联合国层面成立外空委等航天国际组织。航天领域国际合作已成为大国争夺"第四疆域"竞争优势的战略举措。近年来，我国与美国、欧洲、俄罗斯等开展了双边合作、区域合作、多边合作等多种形式的国际空间合作，取得了广泛的成果。但由于美国对与我国在航天领域方面的合作采取全面禁止的态度，难以形成长期稳定的合作伙伴关系。美国通过"阿尔忒弥斯"计划，在地月空间形成长期战略威慑力量，监视或干预、甚至是限制未来其他国家地月空间探测活动。欧洲、日本等受美国影响，与我国在航天领域的合作积极性以及合作范围有限。空间科学研究的直接目标是发现新的自然现象和物质运动规律，具有天然的和平属性，因此，空间科学成了航天技术领域开展国际合作的重要窗口。我国以开展空间科学研究和探索为契机，发展综合性航天技术，服务国家安全。

### 四、国内航天产业发展的政策日趋完善

1. 宏观产业政策营造良好的航天产业生态

国内出台的宏观和产业政策为发展航天产业生态系统营造了良好的环境和秩序。宏观政策层面，"一带一路"倡议和空间信息走廊建设为太空经济提供了广阔的市场发展空间，制造强国战略为加快构建完善的空间基础设施和高水平的空间信息服务能力提供保障，"十四五"规划提出要"打造全球覆盖、高效运行的通信、导航、遥感空间基础设施体系，建设商业航天发射场"将推动太空工业体系商业化和太空经济全球化。

2. 商业航天政策陆续出台，开启商业航天新纪元

在商业航天领域，2014年11月26日，国务院《关于创新重点领域投融资机制鼓励社会投资的指导意见》中明确提出鼓励民间资本研制、发射和运营商业遥感卫星，提供市场化、专业化服务；《关于促进地理信息产业发展的意见》《国家地理信息产业发展规划（2014—2020年）》《关于创新重点领域投融资机制鼓励社会投资的指导意见》《国家民用空间基础设施中长期发展规划（2015—2025年）》《关于经济建设和国防建设融合发展的意见》等一系列顶层文件陆续出台，我国商业航天市场空间逐渐开启。

在国家顶层文件扶持与简政放权的大背景下，行业管理的方式也由监管为主向放

管结合转变，更加注重航天产业发展的内在规律及外在需求，实行最小化行政管理基本原则，运用登记备案、企业评价清单、政策鼓励等多元化管理手段，弱化行政监管色彩，鼓励商业航天的发展壮大。国防科工局在2021年发布了《关于促进微小卫星有序发展和加强安全管理的通知》，在鼓励商业航天发展的同时，也注重行业的科学引导和规范有序发展。

3. 卫星应用产业政策不断细化完善

"十三五"时期，国务院、各部委及地方政府陆续出台指导卫星应用产业发展的相关政策百余个，政策法规与产业发展相互促进，共同推动卫星应用产业化、市场化。

一是国家宏观政策全面细致战略部署。国务院印发的《"十三五"国家战略性新兴产业发展规划》明确指出，要做大做强卫星及应用产业，提出到2020年形成较为完善的卫星及应用产业链，满足我国各领域主要业务需求。此外，还明确提出要推进卫星全面应用：加快卫星遥感、通信与导航融合化应用，利用物联网、移动互联网等新技术，创新"卫星+"应用模式；面向防灾减灾、应急、海洋等领域需求，开展典型区域综合应用示范；面向政府部门业务管理和社会服务需求，开展现代农业、新型城镇化、智慧城市、智慧海洋、边远地区卫星综合应用示范；围绕国家区域发展总体战略，推动"互联网+天基信息应用"深入发展，打造空间信息消费全新产业链和商业模式。

二是"一带一路"倡议带来新机遇。《关于加快推进"一带一路"空间信息走廊建设与应用的指导意见》及行业部门相关政策，地方政府的国际化推广具体行动方案，为我国卫星应用产业走出去提供了指导方向。

三是各行业管理部门发布具体规划。国土资源、海洋、气象、交通、测绘、环保、水利等诸多行业的发展规划中，均提出在本领域如何充分开展卫星应用的相关鼓励政策，特别是发改委提出将卫星互联网列入"新基建"范畴。

四是各地方高度重视政策引导。根据地域发展需求，各地方政府纷纷出台促进卫星应用产业发展的政策、规划、指导意见或行动计划等，鼓励各地卫星应用产业健康发展。

五是国家航天重大科技专项规划带动产业发展。国家民用空间基础设施、高分辨率对地观测、"北斗"全球卫星导航等航天领域的国家重大科技专项规划中，均对地面系统和应用系统建设进行了详细指导，并将卫星数据推广应用作为规划的重点部分，指导产业发展。

（1）卫星通信

近年来，我国卫星通信事业在宽带通信、移动通信、直播电视等方面取得了长足进步，建立了相对完整的产业体系。但是，与美国等发达国家相比，我国卫星通信技术和服务方面仍有很多提升空间。卫星移动和宽带通信的产业化刚刚开始，面临地面网络的强大竞争；卫星直播电视尚停留在公益服务阶段，商业化运营遥遥无期；LEO星座还处于建设初期，尚有许多重大的技术难题需要解决，在美国对我国科技封锁不断强化的环境，我国卫星通信技术自主创新发展更加任重道远；我国卫星通信在宽带中国、普遍服务之中尚未发挥应有作用。与此同时，我国卫星通信产业发展也具有良好的政策环境和市场机遇。

在政策方面，党的十九大报告明确提出要建设网络强国、数字中国、智慧社会，发展数字经济、共享经济，培育新增长点、形成新动能。2020年4月份，发改委正式发布了新基建计划，明确要求以新发展理念为引领，以技术创新为驱动，以信息网络为基础，面向高质量发展需要，提供数字转型、智能升级、融合创新等服务的基础设施体系，并首次将卫星互联网纳入新基建范围。信息网络天地一体化发展已经成为国家的大政方针，技术创新、标准制定等工作已经得到社会各界的共同支持。

在市场方面，广电高清、超高清视频服务进入快速发展车道，航空、海事通信已成为卫星通信领域新的经济增长点，小型化卫星终端与5G基站的一体化将成为卫星基站回传的重要应用形式。

在技术方面，国内外相关标准化组织都在积极推进卫星互联网与地面5G、6G的融合发展。超大容量高通量卫星载荷、数字透明处理灵活载荷、Q/V毫米波和激光传输、软件定义网络/网络功能虚拟化（SDN/NFV）等软化网络、移动边缘计算、电调相控阵平板天线技术为天地网络、高中低轨卫星网络融合发展提供强有力的技术支撑。

（2）卫星导航

政策方面，为支持和保障中国卫星导航行业健康发展，中国政府相继出台多项政策，大力推进以卫星导航为核心的卫星应用领域相关建设，深入推进"北斗"卫星导航系统在交通等领域的应用，《关于促进地理信息产业发展的意见》《中国"北斗"卫星导航系统》《国家综合立体交通网规划纲要》等政策都顶层推动了"北斗"的应用发展。目前"北斗"产业已列入国家"十四五"规划重大工程项目；管理方面，设立常设机构"北斗"卫星导航系统管理办公室,从顶层规划布局,助力"北斗"在国内、国际的发展;技术和应用方面,已强制推动"北斗"在国家重点、关键领域的标配化应用,并实现了卫星导航模块的国产化替代和软件、数据的自主可控。

（3）卫星遥感

近年来,国务院办公厅及国家发改委、国土资源部等国家部委相继出台了若干意见,对于促进遥感和地理信息产业的健康快速发展具有积极意义。

2015年,国家国防科技工业局重大专项工程中心发布《高分辨率对地观测系统重大专项卫星遥感数据管理暂行办法》,着力推动我国遥感卫星应用产业化、国际化,构建商业环境,厘清高分数据应用中各相关放的主要关系,完善遥感卫星数据应用推广组织架构,解决或原则界定高分数据权属关系、公开使用原则、申请流程与分发渠道、收费与定价原则、商业环境营造、国际合作等制约应用的重大紧迫问题。

2018年,国务院办公厅和中央军委办公厅印发《遥感卫星数据开放共享管理暂行办法》,以便推动遥感卫星数据开放共享,提高遥感卫星系统建设效益,进一步发挥遥感卫星数据在经济建设等方面的作用。

2018年12月,国防科工局、发改委、财政部联合发布《国家民用遥感数据管理暂行办法》,明确"用于商业用途的民用陆地观测卫星初级产品施行收费分发",同时提出"中国陆地观测卫星数据中心、国家卫星气象中心、国家卫星海洋应用中心作为卫星数据中心按职责分别负责相关卫星遥感数据的获取、处理、存档和分发。国家航天局对地观测与数据中心做好高分专项等卫星的任务规划和数据管理"。商业用途收费分发与授权分发机构数量的大幅减少,为我国遥感卫星应用产业的健康发展创造了良好的政策环境。

2019年1月,中央全面深化改革委员会第六次会议审议通过《关于建立国土空间规划体系并监督实施的若干意见》,指出将主体功能区规划、土地利用规划、城乡规划等空间规划融合为统一的国土空间规划。2019年2月,自然资源部印发《智慧城市时空大数据平台建设技术大纲（2019版）》,提出在数字城市地理空间框架的基础上,依托城市云支撑环境,实现向智慧城市时空大数据平台的提升,开发智慧专题应用系统。随着国土空间规划、自然资源登记、智慧城市建设、多规合一、国防现代化建设等项目启动或落地,遥感卫星应用产业迎来广阔发展空间。

我国正积极全方位开展航天遥感国际合作,包括制定国际合作政策、参与/组建国际机构/组织、装备设施与服务、数据共享服务、发起国际计划、卫星使用权合作、

数据 / 软件代理、教育培训服务、科技期刊国际化、投融资合作等多个方面。

## 五、我国已建成较为成熟的航天产业人才与培养环境

航天产业的成功离不开人才，航天产业也成为人才成长成才的摇篮。随着航天产业发展不断壮大，从业人员量质齐升，既有产业管理人才、科技领军人才，也有创新人才、高水平技能人才。以卫星导航产业为例，当前我国卫星导航与位置服务领域企事业单位总数量保持在14000家左右，从业人员数量超过50万。

为面向航天产业高效发展持续提供人才保障，航天企业不断创新人才培养支持模式，推动人才队伍结构不断优化、人才集聚力有效增强和人才效能不断提升。与此同时，在用人、薪酬机制上充分体现职工价值，航天企业通过创新评价激励机制，激发员工创新创造活力，建立专业技术职务评聘绿色通道制度。民营商业航天公司、国有航天军工企业、大专院校之间人才交互流动日益密切，提供了良好的市场化人才筛选、培育机制。随着航天产业的蓬勃发展，人才队伍专业素养持续提升，行业人才吸引力不断提高，高素质人才优势成为推动航天产业可持续发展能力不断增强的强大动力。

在人才培养方面，经过近几十年来的发展，我国已经具备了较大规模和门类相对齐全的航天人才培养能力，高校纷纷开设航天相关课程、组建航天研究力量，源源不断为航天产业输送专业人才。目前，清华大学、浙江大学、北京航空航天大学、南京航空航天大学、北京理工大学、西北工业大学、哈尔滨工业大学、厦门大学等多所高校开设了航空航天相关专业，其中北京航空航天大学设立未来空天技术学院，面向未来航天发展前沿方向，储备高端航天人才。实现了高素质人才队伍的快速发展，已经能基本满足航天产业发展的基本需要。近年来，随着商业航天产业的迅速发展，国内商业航天公司也在积极引进相关人才。

# 第二章
# 航天产业与技术发展趋势和需求分析

## 第一节 发展趋势分析

近年来，国外投资界普遍看好航天产业未来总体发展趋势，对产业规模有了更多定量的预测结果。高盛集团认为，航天产业有长远而持久的机遇；摩根史丹利预测，2040年航天产业规模将达1.1万亿美元（年均增长率5.1%）；美银美林银行预测，2045年全球航天产业规模将达到2.7万亿美元（年均增长率7.5%）。综合国外相关机构分析来看，全球航天领域未来十年内的增速预计在3.8%~7.5%；2025年，全球航天产业规模有望达到5168亿~6839亿美元，发展前景广阔。

### 一、世界航天产业与技术发展趋势分析

#### 1. 航天运输产业发展趋势

随着航天技术的发展以及新一代信息技术与制造业的深度融合，航天运输产业正在发生影响深远的产业变革，形成新的商业模式和经济增长点，航天运输系统技术在各国国防建设和经济发展中发挥的作用日益明显。综合世界各国的发展趋势，可分为以下几个方面。

（1）大国角逐重型运载火箭，新兴国家进入运载领域

重型运载火箭将是未来载人登月、探索火星等深空探测活动的基石，美国在太空探索计划指导下开始研制SLS重型运载火箭；SpaceX公司除完成近地轨道运载能力70吨级的"法尔肯"重型运载火箭研制与商业发射服务外，还提出了用于月球探测和火星移民任务的星际运输系统方案，并将其命名为"超重–星舰"，LEO运载能力超过100吨，目前正在开展原型机的制造与试验。俄罗斯也经过多年酝酿和讨论，形成了"顿河""叶尼赛河"等多种重型运载火箭方案。

除了重型运载以外，随着互联网星座等巨量发射需求的牵引，韩国、英国、巴西、澳大利亚、加拿大、西班牙等国家也有多家商业公司正在开展小型运载火箭的研发，提供发射服务。运载火箭研制门槛降低，不排除有更多新兴国家进入运载发射领域。

（2）主要航天大国研制下一代运载火箭，进行更新换代

美、俄、欧、日等主要航天国家和地区都已建立了比较完善的运载火箭型谱，能够满足大、中、小型有效载荷的发射任务。应对日益激烈的航天发射市场竞争，目前各国现役主力运载火箭都已逐渐进入退役周期，并正在开展下一代主力运载火箭的研制。美国联合发射联盟公司的"德尔它"4M火箭和俄罗斯的"联盟"号FG载人火箭在2019年执行了最后一次发射任务后退役，欧洲"阿里安"5号和俄罗斯"质子"M号最后一批开始制造，也将在2025年左右退役。

在下一代运载火箭方面，美国联合发射联盟的"火神"火箭、蓝色起源公司的"新格伦"火箭、诺·格公司的"欧米茄"火箭，欧洲的"阿里安"6号火箭，俄罗斯的"联盟"5号火箭，日本的"H-3"火箭等。各国新一代运载火箭的研制，更加注重经济性与任务适应性，大量采用模块化、组合化的思想，未来将通过一个系列构型实现更为广泛的运载能力梯度覆盖。

（3）各国采用多种手段提升先进性并降低成本，积极争夺发射市场

在"阿里安"5号到"阿里安"6号、"H-2"A/B到"H-3"、"德尔它"4号和"宇宙神"5号到"火神"号、"质子"M号到"安加拉"A5等新老型号更替的同时，还出现了"欧米茄"号、"新格伦"号、"联盟"5/6号、"猎鹰"重型等新型火箭和新的发射服务商，尽管大型载荷发射市场保持着比较稳定的增长率，但是型号数量几乎翻番的情况下，可以预见未来的竞争会愈加激烈。这也迫使各发射服务商通过引入新技术、重复使用等不同途径来降低成本，提高自身竞争力。

主要航天国家采用多种手段提升运载器先进性并降低成本：通过先进动力、先进结构、新型材料等提高运载器总体性能；通过智能化等手段，提高任务适应性、发射安全性及飞行可靠性；通过模块化、系列化、组合化、产品化等顶层设计，降低发射成本。

（4）重复使用技术不断发展，成为进出空间的重要方式

近年来，随着SpaceX公司在"法尔肯"9号火箭上的实践，运载火箭可重复使用技术的工程化应用向前迈出了一大步，其采用的垂直起降重复使用技术不断突破和

成熟，引起主要航天国家的关注和研究。欧洲也提出了类似的"西弥斯"计划，子级垂直起降，采用7台百吨级"普罗米修斯"液氧甲烷发动机，芯级并联构型GTO能力11.8吨，计划2030年首飞；日本提出的RTV运载器，搭载1台40kN级的氢氧发动机，也将开展运载火箭垂直回收技术验证。

除垂直起降技术外，其他重复使用方案和技术也得到一定程度的应用和发展，重复使用轨道飞行器的发展保持良好势头。美国空军的X-37B轨道试验飞行器已结束第五次飞行任务，打破留轨时长纪录，达到780天；用于国际空间站货运任务的"追梦者"轨道飞行器的复合材料主结构完成制造，在2021年进行总装。英国"佩刀"预冷组合循环发动机的预冷器已经完成5马赫、1000℃高温气流冷却试验，实现了重要突破，为未来吸气式重复使用飞行器应用提供了重要基础。

（5）运载器新概念、新动力、新材料进展显著，或实现应用

为进一步开发空间，实现小行星探测、载人登陆火星等深空探测活动，美国在核热推进技术、电磁发射技术以及组合动力技术等前沿技术领域大量投入，并已具备开展空间飞行验证试验和空间应用的技术基础。提前布局新概念运载器技术，有利于在未来进入空间、控制空间和利用空间的博弈中抢占有利位置，已成为世界航天强国的航天发展战略中的重点。

预测到2035年，商业航天运输产业发展趋势如下。①市场需求持续高速增长。在经济全球化的大背景下，商业发射市场内涵将不断丰富，发射服务的对象将不断扩充，业务范围将从传统的商业卫星发射扩展到商业载人航天飞行、政府从私营企业购买商业发射服务、空间货物运输补给等，商业发射市场将呈现高速的蓬勃发展态势。此外，航天应用场景将更加多元化，从传统的卫星发射、空间站建设、拓展到太空经济建设领域。②火箭及发射方式多元化发展。未来随着商业发射市场的不断丰富，在需求的牵引下，提供发射服务的运载火箭也将呈现百花齐放、百家争鸣的格局。在运载能力上，将出现小中大梯度化分布的格局以满足不同载荷发射需求；在火箭类型上将出现固体、液体、新型火箭并行发展格局；发射方式也将多元化，呈现陆基、海基、空基等多种发射平台下发射的模式。③商业航天发射将更注重快速性、高密度性以及低成本。未来随着商业发射需求的蓬勃发展以及太空活动的频繁，发射任务数量将呈现爆炸式增长。商业发射属于市场行为，具有临时性强、灵活度高、变化性大等特点，从任务承载能力和运营灵活性方面未来对于提升发射频次和密度有了更高要求，在性价比方面要求更低廉、更经济的发射服务。

## 2. 卫星应用产业发展趋势

空间基础设施建设日趋体系化、网络化，通信、导航、遥感卫星相互融合，实现信息获取、信息存储、信息传输和信息挖掘的跨域多层次自主融合。商业通信和遥感大规模星座完成部署与商业运行，卫星应用向空天地海一体化、多手段多维度全要素综合应用发展，与新一代信息技术深度融合并面向全球提供精准、实时、无缝、泛在、智能的空间信息综合服务。

### （1）世界卫星通信产业与技术发展趋势

当前全球卫星通信产业格局正在发生深刻变化。传统卫星通信运营行业加速向卫星高通量化、载荷灵活化、天地网络融合化、应用移动化、终端集成化、业务平台化、运维智能化、内容高清化、数据产品化等方向发展。低轨卫星星座系统再度兴起，5G/6G 与卫星互联网加速融合，云计算、大数据、人工智能等信息技术成为卫星通信行业新的发展动力，由此引发了卫星通信产业从制造、运营到应用服务的全方位变革。以新技术、新设施、新平台、新业务、新产品、新模式、新生态为核心内容的数字化转型已成为全球卫星通信行业发展的主流趋势。

随着小卫星制造、多星发射、低轨星座、相控阵天线等技术的发展，全球卫星通信运营服务呈现结构性变化。一是基于高通量卫星的卫星互联网向高、中、低轨三个方向齐头并进发展，其容量供应将远远超过传统大波束卫星。高轨高通量卫星的典型代表是美国卫讯公司和休斯公司，其中最大单星容量即将达到 1Tbps。中轨高通量卫星的典型代表是欧洲 O3b，目前正在向二代升级。低轨的典型代表是美国 SpaceX（Starlink）、英国一网（OneWeb）公司和加拿大电信卫星公司。二是卫星通信从独立运行向空天地海一体化方向发展，固定宽带接入、移动宽带接入、基站中继、内容投递成为主流的天地网络融合应用形式。三是卫星固定通信和卫星移动通信边界日益模糊，机载通信等新兴移动通信业务成为热点应用。四是互联网数据业务超越视频业务，成为卫星通信网络业务的重心。五是信息网络空天地海一体化发展，卫星技术与卫星互联网是未来 6G 关键要素，已成为全球通信界的共识。

### （2）世界卫星导航产业与技术发展趋势

美国卫星导航市场占据全球领先位置，行业收入占比达 28%；欧洲收入规模仅次于美国且差距逐渐缩少，收入占比约 27%；亚太地区占比超 35%，其中中国收入占比为 10%，日本及韩国分别为 20% 和 5%。欧洲及日本卫星导航行业发展并不完善，但凭借其发达的工业体系，在卫星导航芯片、模块等领域具有技术优势。全球 GNSS 下游市场继续快速增长，预计 2035 年达 30 亿台。

国外导航芯片技术发展主要集中在 GPS 导航接收机芯片方面，1994 年开端、2002 年产业化、2004 年得到普及。随着导航产品对芯片小尺寸、低功耗的不断追求，以及硬件设计水平和芯片制造工艺的不断进步，2005 年开始出现将 GPS 射频与数字部分集成在一起的单芯片 GPS 接收机，其中产品化的单片式 GPS 芯片有摩托罗拉公司的 Instant GPS、索尼半导体公司的 CXD2951 系列以及德州仪器、高通、SiRF 等公司的产品。

目前 GPS 芯片模块和基带芯片技术开发和制造主要集中在国外企业手中，如博通、瑟浮等企业，其中博通为全球最大 GPS 芯片厂商。各厂商在近两年内推出的导航基带处理芯片独立定位性能基本接近，区别主要在芯片的设计方案和辅助功能上。

全球卫星导航系统呈以下发展趋势。一是由于多星座、多频率、多信号的工作状态，使得定位精度、可用性、连续性、完好性、鲁棒性等性能指标均有明显改进提高，将引领卫星导航应用服务向产业发展的深度和广度进军；二是重点聚焦在包括天线在内的多系统兼容接收机设备的发展趋势；三是应强化 GNSS 技术与其他传感器技术的融合，以及与 5G 等其他技术的互补结合，从而确保 PNT 在安全关键和责任关键领域的应用与服务。

（3）世界卫星遥感产业与技术发展趋势

卫星遥感方面，以提升综合能力为主，实现多源、多手段、多平台的数据融合，大幅度提高三维建模、目标识别和精细化遥感等能力，实现可重构成像技术。卫星系统将呈现"大、小两极化发展态势"，大卫星综合能力更加强大，具备甚高可见光和红外分辨率、高图像定位精度和很强的敏捷能力，可实现多种成像模式；小卫星星座系统实现数十颗乃至数百颗卫星组网，将时间分辨率提高到分钟级至小时级，为大数据分析提供了不间断的数据源。卫星遥感业务快速增长和应用模式创新发展，推动全球卫星遥感市场格局不断调整。麦克萨、空客等传统运营商积极面对和适应市场变化，在维持原有服务品类和业务模式的基础上，着力拓展端到端服务能力，推出在线增值服务和定制化的地理信息产品。Planet、Spire 等新兴运营商将卫星遥感与大数据技术深度对接，在进军政府和行业用户市场的同时，积极探索面向大众消费用户的定制化、个性化服务及全新商业模式。

### 3. 载人航天与空间探索产业发展趋势

世界各主要航天国家都十分重视载人航天战略的制定工作，以宏大的视野、从战略高度明确未来各自的发展方向和重点。各国的航天战略规划都与其国家的发展战略和需求相适应，都很注重增强对国家经济的牵引力，改善本国和地区人民生活，加强安全，保护环境，同时与本国的地球空间活动紧密结合起来，优化资源配置。未来的月球与行星探测活动将着眼于更长远的发展目标，把科学探索和经济利益结合起来。各国均结合本国实际，制定满足发展规律、富有技术特色的探测规划。其中，美国在战略上以保持其领先地位为目标，近期重点在地月空间进行设施布局，实现重返月球，中长期目标为未来载人登火，同时利用发现级任务持续扩展首次探测天体的认知，兼顾小行星防御技术验证。俄罗斯希望保持对地月空间探测的参与度，在传统优势基础上，持续促进空间科学和技术发展。近期任务聚焦在月球南极的着陆及采样返回，远期提出面向月球基地的载人探测。欧洲提出"月球村"倡议，营造对地月空间探索的牵引态势；持续保持欧洲多家科研院所、公司在空间科学及专项技术方面的优势。

预计到2035年，世界航天的发展将追求更低成本、太空经济逐步繁荣，航天技术向更高、更快、更强、更轻、更小、更智能的方向发展。新一代推进技术将使航天器飞得更快、更远。先进核推进技术为深空探测提供支撑；离子引擎技术、轻量小型化新型推进发动机将为微小卫星提供动力。火箭的可重复回收利用技术将极大地降低航天发射成本，并为未来实现运载货物及载人提供支撑。太空资源开发利用成为空间探索的重要发展方向及新经济增长点，相应的机器人采样技术及工具正在研发中，并可能应用到后续的行星或小天体探测任务中。在商业动机驱动下，私营企业将更多地进入航天领域，独立或与政府紧密合作，进行太空资源的开发利用，推动太空旅游等产业的发展，推动太空新经济时代到来。

着眼未来，以下几方面是载人航天与空间探索领域的发展重点。

空间站建设：从美国和俄罗斯未来航天计划看，无论是开发空间资源、进行载人天基航天服务还是载人深空探测，都离不开载人长期飞行技术。空间站作为能够长期在轨运行的载人航天器，是发展载人航天的必经之路。美、俄空间站已有40多年的历史，在长期载人飞行方面积累了大量成熟技术与经验。

载人登月和构建月球基地：从人类现有的技术能力和水平出发，把开展深空探测的目标投向距离地球最近的自然天体——月球是非常自然的，即使是30年前已经分别成功实现了无人月球探测和载人登月的俄罗斯和美国,也同样意识到未来深空探测活动中,月球探测是基础和"前哨站"。通过开展有人和无人的月球探测活动,人类可以演练进入更远的深空,并且停留更长时间,直至真正掌握在地球以外的太阳系空间内生存所需要的各项技术,载人登月和建设月球基地将是开展更远的深空探测活动前不可或缺的重要一环。随着新一轮月球探测热潮在 21 世纪兴起,载人登月、建设月球基地等设想越来越多地受到各国的重视。世界主要航天国家纷纷提出未来实施载人登月和建造永久性月球基地的计划,开发和利用月球资源、能源和特殊环境,为人类的可持续发展服务。尽管国外载人登月和月球基地计划存在不确定性,但是这些计划的提出表明,发展载人登月和建设月球基地已经成为世界各国未来的远景目标。因此,为把我国建设成为一流航天国家,在战略规划制定中必须考虑载人登月和建设月球基地等目标,并开展相应的技术准备。

**多任务可重复使用航天器研制**:载人航天飞行器的需求已不限于近地空间的往返飞行,未来先进载人航天飞行器还将满足月球、火星等太阳系行星际往返飞行的任务。同时,为了满足近地、月地、火星与地球的往返飞行,以及提高运人与运货的适应性,未来先进飞行器应尽量采用模块化设计思想;在一些基本型的模块基础上,通过模块更换、组合,使之具有不同的性能,适应不同的任务要求。

**地月空间和火星探测**:月球探测规模呈增长态势,主要航天国家探月计划明确。从整体经济实力与科技水平看,美国具有短期内实现载人探月与登陆小行星的能力。NASA 于 2014 年提出未来将实施月球环境探测、矿物勘察、采样返回及技术验证等各类月球着陆探测与科学任务。俄罗斯提出将建立月球基地作为未来 20 年发展的主要目标,逐步开展月球南极软着陆探测、全月环绕探测、月球南极采样返回探测等。欧盟、日本、印度、韩国也积极研制并计划测试月球着陆器和探测器。从目前到 2030 年左右,主要航天国家计划实施 16 次无人或机器人月球探测任务。在新一轮月球探测热潮聚焦月球南极(水冰探测),资源开发利用成为未来技术热点,地月空间设施的战略意义凸显,谋划建立地月空间资源开发能力、支撑国家利益向地月空间拓展,是各航天强国竞相探月的主要目标和驱动力。火星探测仍然是未来深空探测的热点和重点。目前,2030 年前计划实施的火星探测任务超过 12 次,其中美国和欧洲计划在 2025—2030 年完成火星采样返回。火星取样返回、载人探火成为火星探测后续发展方向。国际空间探索协调组织(ISECG)在《全球探索路线图》将火星作为远期载人探索目标,得到了大多数航天大国的认可。

小行星以及各主要天体探测：研究小行星的物理特性，深入了解与分析其形成和演化史，对揭示太阳系的起源和演化、寻找生命起源具有重要意义。通过预测小行星轨道，评估其撞击地球的潜在威胁，对消除地外天体撞击地球的威胁具有重要意义。未来，人类迈向深空探测的步伐逐步加快，对小行星和彗星的探测已经成为新世纪深空探测的重要内容且日趋活跃，商业化开发将推动和促进小行星探测活动和资源利用。各国空间探测目标覆盖了太阳系内各主要天体，其科学目标多包含生命信息探索，如木星系探、土星系探测、彗星探测、金星水星探测等，这也是近年来生命探索逐步成为国际空间科学探测热点前沿领域后，给深空探测带来的新变化。

行星保护体系建设：行星保护旨在空间探索中避免地球和地外星球之间微生物和生命体的交叉性感染，是每个开展空间探索的国家必须遵守的行为准则，在国际具有共同的约定及各航天国家已建立相关体系的情况下，我国应加快推进行星保护内容体系建设，设立行星保护相关机构，制定符合国情的行星保护准则。

## 二、我国航天产业与技术发展趋势分析

航天产业服务于国家价值和国家意志，离不开政府的扶植，需要持续的政策支持和产业培育。未来，我国政府部门将充分发挥政府引导作用，科学开展航天产业顶层设计，优化航天产业布局，推动科技、金融、财税、保险政策的协同配套，完善以财政性资金为引导、企业和社会投入为主体的航天产业投融资体系，创新个性化保险服务和一揽子解决方案，促进产融结合、研用一体。加大对商业民营企业的支持，以龙头企业为引领，培育商业航天头部企业，形成分工合理、优势互补、有机衔接、合作共赢的发展格局，建立完善成熟的航天市场生态。依托高质量的对外开放，深度融入全球航天产业链，打造"中国航天"国际影响力。

我国将继续依靠重大工程牵引航天产业发展壮大、航天技术水平阶跃提升，不断提高航天器系统、航天运输系统能力，持续扩展卫星应用、商业航天发展空间。组装建造并长期运营空间站，开展航天员长期驻留、空间科学技术试验等工作，带动近地空间技术商业化、产业化发展；实施载人月球探测工程，实现载人登陆月球；推进以火星探测为重点和主线实施深空探测，具备太阳系内各主要天体的探测能力；高效益运营"北斗"导航系统，形成自主可控、天地互联、全球覆盖、随遇接入的全球卫星互联网系统，推动陆地观测卫星、海洋观测卫星、大气观测卫星、通信广播卫星等民用空间基础设施天基系统建设，卫星民用、商用基础能力不断提高；推进运载火箭更

新换代，进一步提升运载能力及运载效率，进入空间能力和火箭综合性能达到世界一流水平。

1. 航天运输产业发展趋势

2020—2035年，我国在全面建成小康社会的基础上，基本实现社会主义现代化，到那时，我国经济实力、科技实力将大幅跃升，跻身创新型国家前列。我国正在从航天大国向航天强国迈进，航天运载技术作为建设创新型国家的优势领域和重要支撑，对我国航天强国建设作出巨大贡献。在航天强国建设的牵引下，预测我国航天运输系统领域将呈现如下发展态势。

航天重大工程持续发力，牵引航天运输产业不断进步。对标未来航天强国建设发展需求，我国将继续实施重大科技工程，重点推进行星探测、月球探测、载人航天、重型运载火箭、可重复使用天地往返系统、高分对地观测系统等重大工程。重大工程项目均对火箭的运载能力和性能提出了很高的要求，将推动我国航天运输能力不断提升，形成覆盖面宽的小、中、大、重型火箭型谱，牵引便捷、低成本、高效的航天运载技术发展，带动产业链转型升级，共同推动我国由航天大国向航天强国的转变。

政府与企业相辅相成，互相促进航天运输产业快速成长。未来随着航天和航天技术快速发展，新一代信息技术与制造业深度融合，新兴航天企业崛起，推动能力结构调整和组织机构变革。未来航天运输将呈现政府监管规范，企、民、校多方合作参与的格局，在政策、技术、资本的共振下，发展思维、发展模式和发展理念不断革新，航天运输产业快速成长。

商业航天运输产业呈现多样化高速增长态势。商业航天运输方面，未来在发射样式方面将呈现多元化发展局面，出现固液并举、海陆空多维度发射的格局，天地往返式运输工具也将快速发展，诞生新的商业运输模式；在旺盛的发射需求牵引下，商业发射的频次、效率也将大幅提升，发射资源占用、发射准备时间也将大幅缩短，发射性价比将不断迭代升级。太空旅行、洲际飞船、小行星采矿和星际开发有望成为商业航天的新增长点。

新兴技术与应用持续创新，驱动航天技术不断发展。科技技术的持续创新、融合与应用是驱动航天产业发展的重要动力。人工智能、大数据、移动互联、物联网等新一代信息技术快速发展，微系统技术、先进推进技术、3D打印技术等逐步应用，使得航天产业的技术先进性更加突出，进而带领一大批行业的技术革命，推动航天产业技术发展。

2. 航天器研发制造产业发展趋势

数字化时代，航天产业面临开放、平等、协作、共享的市场竞争发展趋势。5G、人工智能、大数据、云计算、区块链等新一代信息技术与航天科技工业体系融合，数字航天建设不断推进，建立起覆盖国密网、商密网、互联网全场景，各类单位全级次，经营管理全要素和科研生产全过程的数字化体系，实现研制协同高效、管理规范精细、数据实时共享和决策科学智能，实现航天产业高质量、高效率、高效益发展。

基于新的互联网技术和新一代人工智能技术，将打通全生命周期产品线到大数据网络的链路，构建数据驱动、自主创新、跨界融合为导向的云制造生态体系，以及多方面集成的社会化协作云制造模式，形成航天制造产业的新业态，建设智慧企业，实现智能制造，建立"航天云"新型基础设施服务体系和数字产业化体系，实现"工业互联网+智能制造+5G"产业集群发展。

全球科技创新已迈入多点突破群体迸发的新阶段，颠覆性技术不断涌现，催生新技术、新产业、新业态、新模式，对传统的生产方式产生前所未有的影响。新一轮科技革命和产业变革正在重构全球创新版图。新一代信息技术加速突破应用，生命科学领域孕育新的变革，融合机器人、数字化、新材料的先进制造技术正在加速推进制造业向智能化、服务化、绿色化转型。随着新技术革命的不断推进，传统制造强国持续投入开发先进制造技术，并凭借其在技术、人才和工业生态系统集群上的优势，以重建的实力开展竞争、超越低成本竞争对手，在重视创新和先进技术的驱动下，向更高价值的先进制造业转型。随着全球制造业趋势继续转向更高价值产品和服务，多个国家已将智能制造作为制造业向高端转型的战略抓手。围绕增材制造、激光制造、智能机器人等前沿交叉领域开展研究、集成和深度应用，以提升航天器的先进制造能力成为重要的发展方向。另外，新一代信息技术发展为创新服务载体、服务模式提供了良好的技术条件，天基信息系统与新一代信息技术的融合，提供新兴的泛在化、智能化服务将成为必然趋势和内在要求。

3. 卫星应用产业发展趋势

我国卫星应用产业随着国家民用空间基础设施、国家卫星互联网工程、高分辨率对地观测系统专项、"北斗"全球卫星导航系统等国家重大工程逐步建成，以及各商业卫星星座的陆续发射，我国将逐步建成泛在、融合、智能的天空地海一体化综合时空信息体系。卫星应用与地理信息系统、无人机、"大物移云"、5G通信、人工智能及新一代信息技术等加速融合创新，促使卫星应用产业迎来由技术融合创新和产业融合发展共同带来的升级变革，催生一系列新型卫星服务和商业模式，带动卫星服务业重新焕发生机。高通量与移动通信、遥感数据解决方案、导航定位授时服务等各类产品必将大规模进入军事作战、行业应用、大众消费、共享经济和民生服务等领域，越来越多地应用到战场指挥、作战保障、多媒体信息传输、电子地图、数据云服务、移动智能终端、电子商务、智能网联、汽车互联网位置服务和智慧城市建设等领域，深刻且深远地影响和改变着人们的生产生活方式。卫星应用的全面发展，正形成一个"卫星+"创新和"+卫星"应用的新生业态，成为航天创新和应用发展的核心源动力。

（1）卫星通信

卫星通信方面，以电视直播、"低速"固定通信等为代表的传统业务收入增长持续放缓，甚至出现下滑态势，数据型、网络型等业务收入则不断增长，高质高清视频引领服务新业态，全球卫星运营服务领域竞争持续激烈，倒逼运营商不断调整自身发展策略，寻求新的业务发展方向。卫星、5G融合趋势加强，移动载体服务成为网络应用新热点，以适应市场需求的演变，同时也将在很大程度上牵引制造商研制能力的升级、创新，最终推动行业走过转型发展的"阵痛期"。2017年我国首颗Ka频段高通量卫星"中星"16号成功发射，开启了我国卫星互联网时代新纪元。我国卫星通信服务能力和高通量卫星互联网服务能力将进一步提升，应用服务范围将由国内向亚太地区、"一带一路"沿线国家辐射；"新基建"强国战略也为卫星互联网应用带来新机遇，商业航天的发展为卫星通信产业带来资本市场新血液和技术、资源的补充，同时催生了信息服务跨行业融合应用；高清节目上星驱动卫星广播应用新发展，卫星互联网打开产业应用春天，卫星通信协同导航、遥感应用开拓信息服务市场空间。通信系统核心部件、主站及终端系统的自主技术研发成为我国卫星应用产业建立核心竞争力的关键，部分民营企业在卫星动中通终端、相控阵天线、卫星物联网方面表现出较强的创新研发和国际市场拓展能力。同时，面对国际低轨卫星互联网星座系统建设热潮，国家主导的低轨卫星互联网星座论证与建设，发展态势良好；商业航天发展十分迅速，多家民营航天企业提出并计划投资建设多个低轨卫星互联网/物联网星座系统，已成蓬勃发展之势。

（2）卫星导航

"北斗"卫星导航技术的不断进步与发展成为我国攀登科技高峰、迈向航天强国的重要标志，是我国为全球公共服务基础设施建设作出的重大贡献，对推进我国社会主义现代化建设和推动构建人类命运共同体具有重大而深远的意义。

"北斗"正全面迈向综合时空体系发展新阶段，将带动形成数万亿规模的时空信息服务市场，精准时空服务正逐渐取代目前的位置服务成为产业发展的核心方向。到2025年，预期综合时空服务的发展将直接形成5亿/年～10亿/年的芯片及终端市场规模，总体产值预计达到8000亿～10000亿元规模。到2035年，预期构建形成智能信息产业体系，创造形成中国服务品牌，直接产生和带动形成的总体产值规模将超过30000亿元。

当前"北斗"产业与技术发展的方向，一是推进高精度大众化应用服务创新；二是推动在国民经济重点领域的强制应用和标配化应用；三是全面增强卫星导航系统的坚韧性。

目前很多新兴应用场景和规模化市场正在悄然落地，潜力巨大，增值服务市场的增长速度将远超过零部件制造与系统集成两个领域，新型网络、硬件助推卫星导航应用进一步普及，与室内导航融合前景广阔，无人机成为卫星导航服务新蓝海。这些都对卫星导航技术本身以及与新兴技术融合提出了新的要求，有力推动了"北斗"卫星导航技术的发展与进步。

（3）卫星遥感

卫星遥感方面，政府市场仍占主导地位，但随着众多商业遥感公司创立和用户对便捷化服务的追求，商业遥感运营与服务的范围和内容快速扩展，商业化程度不断提高已成为遥感卫星市场发展的主要趋势。新兴市场需求的不断增长将带来新的产业机遇。新兴产业主体力量和私募资金等不断涌入，使产业内部的并购重组成为新常态。

总体而言，卫星遥感产业正处于向市场化、开放式、融合式发展的重要转型时期。卫星技术发展促使遥感卫星向星座化、高分化、实时化发展。卫星平台和载荷技术不断提升，呈现多平台、多传感器、多角度、高空间分辨率、高光谱分辨率、高时间分辨率、全天候、全天时和全球观测的发展趋势，卫星技术的快速发展能够为卫星应用快速、准实提供多层次、多角度、多频段、多维度、多时相、海量丰富的遥感大数据。

未来十年，我国将建成天空地一体化遥感应用服务体系，伴随移动互联网的爆发，利用云计算强大的算力和可靠的存储，可以助力遥感数据加工处理更高效、成本更低；利用云端人工智能可以自动实现遥感行业的增值服务，而5G的普及将使从云端获取遥感数据及服务，如同在本地读取数据一样流畅。

随着 AI、大数据、云计算、移动互联、5G 等新技术与遥感数据的深度结合，一方面可以加速推进遥感产品和应用更好地服务于现有的专业用户，与行业深度融合的增值产品和信息产品占比将快速增长；另一方面，以 ICT 为基础的互联网综合技术与卫星遥感技术的进一步融合，大大拉低了遥感应用全产业链的门槛，降低了遥感卫星图像中获取空间信息并综合应用的成本，有望衍生出全新的遥感应用模式，对于培育新的应用市场具有一定的积极意义。

4. 载人航天与空间探索产业发展趋势

我国载人航天工程经过"863"项目论证，于 1992 年由中央批准正式立项。立项时中央明确了中国载人航天的发展战略：第一步突破载人航天基本技术，建成初步配套的试验性载人飞船工程，开展空间应用试验；第二步突破交会对接技术，建立空间实验室，解决一定规模的、短期有人照料的空间应用问题；第三步建造空间站。

载人飞船相对于应用卫星的技术跨越主要体现在，为满足航天员生活工作环境和高安全性的要求，必须采用的大量高新技术。在"神舟"系列飞船研制中，研制人员面对载人航天领域高技术难度、高可靠要求、高质量保证的挑战，以顽强拼搏、开拓进取的精神，不断攀登世界载人航天技术新高峰，取得了多项技术创新成果，突破了一大批具有自主知识产权的核心技术，提高了我国航天科技的整体水平。这些核心技术的突破，不仅为"神舟"飞船的研制奠定了坚实基础，而且也带动了相关学科，特别是信息、材料、能源等新兴学科水平的提高，促进了中国高技术产业群体的发展。

经过 60 余年的发展，我国空间科学探测从无到有，逐步建立起较为完备的学科体系和科研平台，在科学任务布局、原创性成果产出、技术基础积累、带动航天技术跨越以及空间应用服务，完善体制机制等方面取得了长足进步，为建成航天强国奠定了坚实的基础。

通过重大任务的实施，在技术基础方面得到不断突破，使空间科学发展的系统工程基础日益完善；在制造能力方面，深空探测基础制造设施不断完善，制造能力不断提升，数字化、信息化取得了一定的进步；在应用服务方面，深空间科学的科学成果成为基础研究从 0 到 1 突破的重要标志，空间科学应用不仅成为寓军于民的重要载体，而且为孕育新兴产业注入生命力。

空间技术的发展不断拓展着人类的认知疆域，在重大科学任务的牵引带动下，为了实现人类对宇宙的探索，空间探测技术正向着更高（灵敏度）、更精（分辨率）、更强（多任务、多功能）、更准（标定能力）和更宽（观测范围/谱段）的方向发展。

新的实验手段和观测窗口将被广泛利用和开拓，编队飞行等探测方式将变得越来越普遍，实现更微小、更轻型和更节省资源的技术将渐成趋势。我国在围绕极端宇宙、时空涟漪、日地全景、宜居行星及时空涟漪等重大科学前沿开展研究的过程中，在空间天文、日球层物理、行星科学等领域前沿探索的驱动下，将重点攻克相关先进有效载荷研制技术及相对论与引力等空间基础物理试验技术等，牵引带动未来的太空经济相关产业发展。

5. 商业航天发展趋势

商业航天是航天工业在技术、运营达到一定水平后走向市场的自然过程，是国家治理能力提升、政府监管手段演变、产业自身成熟与行业吸引力提高的重要标志。未来，我国多家商业航天公司都将开始卫星星座的密集发射，完成卫星星座部署，从而实现公司长远布局。与此同时，民营商业航天公司将瞄准当前和未来市场，研发颠覆性技术，开启行业变革，例如商业化运输、太空旅游、太空采矿、太空生物等，探索商业航天的新形态、新业态、新领域。

# 第二节　市场需求分析

面向智能化、信息化、网络化时代，围绕航天产业以及可促进产业发展的技术，分析预测市场需求注意关注如下因素：一是国家经济社会发展新业态对航天应用需求新兴市场；二是"航天+""网络+"天地系统融合等跨界融合可能形成新兴航天应用服务市场需求；三是技术创新促在降成本提效益、打造新产品新应用，进而促进和催生的新兴航天应用服务市场需求；四是关注商业航天/民企提供的新应用、新服务和新产品。

## 一、航天运输产业市场需求分析

在航天的发展浪潮下，未来航天发射的内涵将不断丰富，范围将不断延展，服务对象将不断增加。基于未来航天活动，针对航天发射市场需求作出以下预测。

重大航天工程项目实施需求：空间站建设、月球探测、火星探测等重大航天工程和太空活动的发展，将带来货物运输、载人上行运输的旺盛需求。根据载人登月、深空探测等国家重大工程任务要求和世界先进技术发展趋势，运载火箭进入空间的运载能力须突破百吨级，载人飞行能力必须由近地空间迈向月球以远。

卫星星座组网需求："天基"互联网与"互联网+航天"等概念的提出，为传统认知的航天行业赋予了新的活力及广阔的市场前景。SpaceX的"星链"计划通过建立由数万颗卫星组成的巨型低轨卫星星座，组建全球卫星通信网络。我国也在2020年将卫星互联网纳入新基建的政策鼓励范围，国内诸多卫星公司相继公布了大规模的星座组网计划，将产生上万颗卫星的商业航天发射和配套服务市场。

太空新经济活动需求：未来随着人类太空活动的频繁，太空新经济也将逐步发展起来。如维珍银河、蓝色起源等公司开展太空旅游试验，针对亚轨道飞行、轨道飞行等开展发射运输活动。随着空间站建设的成熟，未来研发供游客往返空间站的交通工具也将逐步提上日程。在资源方面，将开展小行星着陆、采矿、资源运输等活动。未来借助空间环境特殊的条件，开展科学试验研究也将对航天运输提出更高要求。

按照初步统计分析，2021—2035年我国预计发射航天器上千颗，按照阶段可划分如下。

2021—2025年：主要为载人航天空间站工程、深空探测、"北斗"卫星导航系统、民用空间基础设施等重大工程项目，以及全球低轨移动互联网星座等商业卫星。

2026—2035年：主要为空间站运营阶段的载人飞船和货运飞船、月球后期任务与深空探测、"北斗"卫星导航系统补网星、通信和对地观测卫星等。

通过我国2035年前的航天器发射需求分析可知，2035年前未来主流航天器的年均发射次数并不平均，年均发射卫星数量不等。大型航天器主要包括近地轨道的载人飞船、货运飞船及空间站舱段。中型航天器的发射需求主要集中在LEO、SSO、MEO、GEO几个轨道，其中，中低轨道发射任务所占份额较大，随着后续大容量通信业务的发展需求，中型高轨卫星将开始逐步发展。小型航天器主要为低轨组网星座计划卫星，由于其发射数量较多，发射时间也较为集中，未来将可进行搭载发射，也可利用现有小型火箭发射，或由未来中型火箭一箭多星发射，通过灵活搭配满足发射需求。

## 二、卫星应用产业市场需求分析

卫星应用业处于换挡升级的过渡阶段，在新兴星座逐步投入使用、开拓更大规模的蓝海市场预期下，未来数年有望实现快速的增长。我国卫星应用产业近十年来发展迅速，在国家战略推动和市场需求拉动下，未来将继续保持高速发展的态势，主要表现在以下几个方面。

国家战略要求发展卫星应用产业。"十三五"以来，国家出台一系列政策，要求推进卫星全面应用，加快卫星遥感、通信与导航融合化应用，利用物联网、移动互联网等新技术，创新"卫星+"应用模式，面向防灾减灾、应急、海洋、现代农业、智慧城市等领域开展卫星综合应用示范；围绕国家区域发展总体战略，推动"互联网+天基信息应用"深入发展，打造空间信息消费全新产业链和商业模式。随着"新基建"发展步伐加快，智能电网、5G、人工智能、大数据中心等新基建对卫星遥感大数据应用、基于"北斗"系统的时空位置服务、天空地一体化卫星融合应用等卫星综合应用技术和业务模式提出了新的要求，同时也是重大市场利好。

重点行业发展需要借力卫星应用技术。2018年大部制改革，对相关行业业务进行整合，自然资源、生态环境、应急管理和农业农村四个部在后续发展规划中都明确提出了建立天空地一体化观测体系，加强卫星在行业的应用，各部调查、监测、评价、监管、执法、预警以及应急指挥等业务都对卫星遥感、导航、通信的综合应用有着迫切的需求。

"卫星+新兴技术+行业"的卫星综合应用成为发展趋势。行业用天需求日趋丰富，单一应用无法满足，物联网、5G、人工智能和大数据技术与卫星应用的融合，提升了卫星应用的效能，极大拓展了传统卫星应用的市场。"十四五"期间，我国的卫星综合应用业务发展将迎来两个临界点：一是行业管理、政府治理的技术手段到了转型升级的临界点，二是卫星行业综合应用发展到了临界点。总体上判断，卫星综合应用产业正处于成长期，尤其是在应急管理、环境监测及减灾、生态环保、国土资源、海洋和林草监测等领域需求旺盛，"卫星+新兴技术+行业"的卫星综合应用成为发展趋势，行业信息化市场空间广阔。

国际卫星综合应用市场前景广大。以SpaceX为代表的商业航天在最近几年发展迅速，带动了整个卫星综合应用日趋贴近人们的日常生活和生产活动。目前国际上卫星综合应用产业也处于萌芽阶段，将是我们实现弯道超车的机会。伴随着中国影响力的日益提升，尤其是"一带一路"倡议的实施，将为我国向国际推广卫星综合应用提供有效助力。

据2018年1月国家制造强国建设战略咨询委员会和中国工程院战略咨询中心发布的《中国制造2025重点领域技术创新绿皮书——技术路线图（2017）》，预计我国卫星应用产业规模2025年产值将达到近10000亿元，2020—2025年平均增长率近15%。

1. 卫星通信应用市场预测

卫星通信应用市场方面，欧洲咨询公司在《卫星通信与广播市场调查》中对未来十年的增长进行了定量预测，认为全球在轨卫星容量从2017年起正式进入了Tbps时代，此后将受高通量卫星快速发展和低轨宽带星座持续部署影响，预计至2022年前保持高达49%的年均增长率，进入高速增长期。消费/企业/机载宽带类数据业务的增长越来越快，机载宽带类收入和容量需求均将实现20%以上的年均复合增速，而消费者级宽带接入和企业宽带网将成为行业增长的新驱动力。

我国卫星电视直播"户户通"用户已达1.5亿，但尚未进入商业运行并形成规模化的信息服务产业。用户对于高清电视节目的需求、地方对卫星电视区域直播的需求都非常强烈。卫星电视直播投入小、产出大，其经济效益和社会效益都十分显著，是我国视频文化服务及其产业化发展重要支撑手段。卫星音频广播的市场基础是汽车保有量和智能手机用户数。目前，我国汽车保有量约2.6亿辆，智能手机用户数接近8亿，高速公路里程超过16万公里，均为全球第一；中产阶级人数超过1亿。这些都是我国发展卫星音频广播产业的坚实基础。卫星音频广播不仅能够向汽车和智能手机分发音乐、视频和数据，还可以在车联网中提供地图更新、软件升级、导航增强等服务。参考美国发展情况，我国卫星音频广播具有数十亿元的潜在市场。基于卫星广播的内容投递可缓解互联网和移动互联网的带宽压力、改善网络服务性能，与5G广播融合能创造更大客户和经济价值。

基于高通量卫星的卫星互联网是实现普遍服务的必要手段，在边远、稀疏地区提供宽带接入服务，比光缆解决方案有明显的技术和经济优势。目前，我国98%的行政村已经实现通光纤或4G网络，通过卫星互联网来实现最后2%行政村通宽带将是最佳的选择。根据以往的普遍服务投资规模，这样的优化配置可以为国家节省百亿级的投资。

卫星互联网在航空、海事通信领域独具优势。高通量卫星和平板天线的发展为机载和海事通信提供了强大的动力。机载和海事通信对卫星互联网的刚性需求使得它们成为卫星通信中的新兴市场和热点应用。2018年，我国商用航空飞机数量为3639架，到2038年将增长到9330架，接近世界总量的五分之一。目前，我国机载通信普及率只有5%，远低于欧美发达国家，因此发展潜力巨大。除了机载和船载通信，车联网也是卫星互联网在交通运输领域的重要应用方向。另外，卫星互联网在场地分散、过程连续、资产密集的能源领域，可以满足人员生活、作业管理、设备监控、线路巡检、应急保障等方面的话音、数据和视频等综合信息通信需求。

2. 卫星导航应用市场预测

卫星导航应用市场方面，欧洲卫星导航系统局在《全球卫星导航》报告中，聚焦于卫星导航服务领域的总体和各类应用发展前景，对 2025 年前的增长情况进行了定量预测。根据统计，全球卫星导航设备与系统增强服务的收入在 2015—2020 年预计保持 6.4% 的较高速增长，但在 2021—2025 年增速将降至 3.8% 左右。这主要是由于全球卫星导航应用服务市场近年来逐步趋于成熟，企业之间的竞争不断加剧，价格也随之下调。与之相比，在 5G、自动驾驶、智慧城市、物联网等新兴信息技术及其集成应用的快速发展和普及下，卫星导航增值服务类应用收入在 2015—2025 年预计总体保持 20% 的高速增长，至 2025 年左右，服务收入规模将达到 1950 亿美元的量级，是设备销售及增强服务的 2.5 倍左右，成为行业增长的核心动力。但预计在未来数年，该类应用收入的年均增长速度也将逐步放缓。

3. 卫星遥感应用市场预测

卫星遥感应用市场方面，欧洲咨询公司在《卫星对地观测市场展望》报告中聚焦于卫星对地观测数据和增值服务领域的总体发展前景，对未来十年的增长进行了定量预测。根据预测，至 2027 年，全球对地观测数据市场的收入将达到 24 亿美元，其驱动力来自传统政府用户需求和新兴的商业市场两个方面。预计未来多个 1m 分辨率的遥感星座涌现，将推动卫星数据价格持续下调，从而推动此类业务进一步向下游增值服务拓展。0.5m 及以下分辨率的大规模商业化产品预计在 2024 年进入市场，此类产品价格仍将保持高位，主要服务于国防用户。低成本的合成孔径雷达（SAR）数据解决方案也于 2018 年开始投入市场，预计未来几年将在"冰眼"等多个商业星座的快速发展下，实现较快的增长。在国际环境日趋紧张的背景下，持续的地区安全不稳定因素，将进一步推动国防应用占据整个市场规模 50% 以上。

相较于国外成熟的遥感卫星发展阶段及运营模式，我国目前的遥感卫星行业发展还处于初级阶段，卫星主要以民用遥感卫星为主，用户以国防和政府为主导，应用方向包括国土空间规划、防灾减灾、应急救援、生态环保、智慧城市等。商业遥感卫星发展刚刚起步，行业内企业数量有限，产业集群还未形成，在中国四维、二十一世纪空间等行业龙头企业带动下，产业规模和整体行业竞争力逐渐增强，产业链逐步发展和完善，基于遥感数据的商业化应用和增值服务即将迎来爆发式发展，卫星应用能力的提升将促使空间信息资源开发利用的社会认知度不断提高，社会需求日益旺盛。用户群体从以政府为主转向政府、企业和大众并重，规模不断扩大，为卫星应用行业奠定广阔的市场空间，整体市场规模在百亿级。

2025年遥感应急实现小时级服务，同步给50万量级用户提供国际一流服务；2035年遥感应急实现分钟级服务，同步给1000万量级用户提供国际一流服务；本世纪中叶遥感应急实现近实时服务，同步给上亿级用户提供国际一流服务。市场占有率方面，通过实施遥感卫星应用工程，预计我国自主遥感数据支撑的相关产业占我国空间信息产业市场比例，2025年数据自给率达到65%、软件自主率达到40%；2035年数据自给率达到80%、软件自主率达到80%；本世纪中叶数据自给率达到90%以上、软件自主率达到90%以上；占国际遥感空间信息产业的市场比例，2020年达到10%，2025年达到20%，本世纪中叶达到30%以上。

### 三、载人航天产业市场需求分析

人类对浩瀚宇宙、壮丽星空充满好奇与向往，空间站是承载人类探索宇宙的重要平台。我国空间站建成后，将开展大量的科学与技术试验。基于空间站平台与地方政府（2G）、商业公司（2B）、个人用户（2C）开展合作，能够满足社会各界的多种需求。例如，在空间站上搭载国家部委、地方政府的实验和探测平台，能够服务城市规划、国土利用等多种应用；在空间站上部署商业应用，能够为商业公司提供技术和商业服务；空间站还能为个人提供体验和收藏服务等。

我国空间站后续运营可引入"空间站+"的理念，创新运营模式，发挥最大效能。

空间站+生物医药：利用空间站平台开展生物实验，面向航天工程和民生产业提供服务。一方面以空间植物培养、空间微生物防控、空间医药等业务服务于航天工程；一方面大量进行植物空间诱变与产品开发、微生物空间诱变与产品开发、药物空间实验与产品开发，发展农业、生物原料药、生物保健品等国家民生产业。

空间站+太空制造：太空制造具有重要的前景。一方面，把3D打印机发射入轨，利用其制造航天器和空间站部件，并在零重力环境中装配航天器和太空站，在太空中打印出部件将节省大量的时间和经费。另一方面，借助空间站平台完善太空制造技术，这项技术最终可能被转移到其他星球如月球上，在月球利用3D打印技术逐步打印出机器人部件或建筑物，帮助人类群体建造根据地；同时也能应用到地球上，利用太空独特的环境生产高质量部件。

空间站+旅游：太空旅游属于体验旅游类型中的一种，借助空间站平台开展太空旅游，能够满足旅游者了解自然和社会、完善自我或发展事业等需求。在产品设计的个性化方面，太空旅游实行市场的高度细分化和产品类型的高度差异化；在产品设计的技术性方面，太空旅游实行专业分工的精细化；在太空旅游活动方面，实行行业间与国际间的合作。

## 四、空间探索产业市场需求分析

太空经济的发展需要技术创新的驱动，包括便捷和低成本的天地往返技术、太空软硬件基础设施的构建、太空经济产业的发展以及政策和法律法规的制定等，以带动军、民、商多渠道资金的投入和产出。通过发展先进的热防护系统、先进动力系统、再入过程里的制导控制等关键技术等，构建天地往返可重复使用运输系统，实现快速低成本往返太空。突破一系列的太空资源原位利用技术，在重要位置或行星、月球表面建设太空转运站、居住舱、太阳能电站或生产基地等，并同步建设空间环境防护、水/氢/氧补给、通信导航定位服务等保障系统，支撑太空经济活动的开展，发展多样化的太空经济相关产业。

长期以来，各国深空探测领域的活动均由政府进行经费投入、任务规划、方案设计、组织实施和运行保障，美国引入商业航天模式后引起世界各国的广泛关注。一是该领域与商业卫星通信和遥感市场面向商业市场众多客户谋取利润不同，深空探测的商业产品与服务的用户主要是政府；二是私人企业运营商业活动的本质是追求利润，而深空探测活动要求将任务可靠性放在首位。因此，如何确保企业获得利润、政府采购方提高效益、确保任务的高可靠性，成为商业深空探测必须解决的问题。

我国后续深空探测计划可引入原位资源利用的探测手段，通过勘测、获取、利用地外天体的天然或废弃资源，增强人类在地外空间的自给自足能力，最大限度地减少对地球供给的依赖，从而使人类真正走出地球，迈向深空，并实现可持续发展过程。

月球原位资源利用：月球上含有丰富的能源和矿产资源，太阳能和氦-3等都是地球能源之外的重要补充与额外储备，如能解决月球原位资源的开发与利用技术，则月球对于人类而言，就是一个几乎取之不尽、用之不竭的能源宝库，同时也能够为人类后续建造载人月球基地奠定基础。

火星原位资源利用：对于未来火星采样返回、载人火星探测任务而言，火星原位资源利用技术的研究具有必要性。在火星上提取并提前存储火星可用物资，可保障载人火星探测任务甚至火星殖民的需求。

小行星原位资源利用：对小行星进行近距离综合探测，对其资源进行识别、获取并加以利用。小行星原位资源利用的实现，将大大减少从地球的物质和能源补给需求，降低未来深空探测的发射质量、成本和风险，成为可持续太空探索的基础。

# 第三节　研发需求分析

## 一、航天运输产业研发需求分析

随着世界航天技术的发展，人类太空活动需求日益扩张，对进入空间能力提出了更高的要求，航天运输能力已经成为国家航天综合实力的重要体现。《2016中国的航天》白皮书提出，开展空间站在轨建造组装和运营，实施月球探测工程，以及火星探测、小行星探测、木星系及行星穿越探测等任务。

1. 航天重大工程对航天运输提出需求

空间站工程方面，2021—2023年，我国将完成空间站建造任务；2023年后，我国空间站进入运营阶段。深空探测方面，规划了未来20年的发展目标、实施路线和重大任务。2025年前后，实现月球极区采样返回、月球极区资源开发利用试验和小行星探测，研究部署月球轨道空间站。2030年前后，完成重型运载火箭系列构型研制及首飞，探索建造月球科研试验站，实现火星取样返回，开展木星系探测，进行太阳系典型天体探测。"北斗"工程方面，发展全球领先的下一代"北斗"及低轨导航增强系统。建设下一代"北斗"高中低轨混合星座和一体化、智能化地面系统，导航卫星全面升级换代。建设技术先进、性能优异、稳定可靠的"北斗"低轨导航增强系统，向军民用户提供全球实时分米级高精度定位服务，全面提升"北斗"系统服务性能和全球竞争力，支撑"北斗"系统实现跨越发展。卫星互联网方面，2020年4月，国家发改委提出"新基建"的概念和内涵，首次将卫星互联网列为新基建范畴中的信息基础设施，通过发射一定数量的卫星形成规模组网，构建具备实时信息处理能力的大卫星系统。

### 2. 航天运输工程化

国家重大科技工程将带动航天运载器向着运载能力更大、发射服务更便捷的方向发展，未来将诞生运载能力几十吨级至上百吨级的运载火箭，亟需开展技术创新、攻克技术难点，大幅提升上行运输能力，促进我国迈入大火箭时代。同时带动批量化制造生产、低成本高可靠性、智能化水平提升等方向的发展。

### 3. 航天运输基础生产能力需求

重大工程项目对产业能力也提出了新的要求。在生产制造方面，对产品的快速生产能力、质量保证能力、产品快速精确总装能力、轻质高效防隔热结构及材料、轻质化低成本结构设计制造、先进结构与机构设计生产等方面提出了需求。在动力方面，突破大推力、高性能、高可靠性大型火箭发动机技术迫在眉睫，对发动机低成本研制需求迫切，发动机具备数字化、智能化方向发展需求。在运输发射方面，大、重型运载火箭的使用对运输起竖和导流能力提出了更高要求，需要具备大尺寸重载运输、重载起竖及同步精度控制、可复用移动式发射台等能力。

## 二、航天器研发制造产业研发需求分析

### 1. 国家战略对航天器设计与制造提出新需求

"一带一路"倡议、海洋强国、交通强国、网络强国、应对全球气候变化等，对全球范围高速、移动、安全、泛在的信息传输与导航定位基础设施、多尺度/高动态海洋监测、碳达峰/碳中和天基监测手段需求迫切。航天产业作为国家战略性新兴产业，需要面向大众消费提供更高空间分辨率、更高光谱分辨率、更高时间分辨率、更多载荷类型，实现动态、连续和定量卫星监测能力，为智慧城市、数字乡村建设和数字化生活提供天基信息服务。

### 2. 科技创新发展对航天器设计与制造提出新需求

发挥创新型国家建设排头兵的作用，加强前沿基础研究，加快拓展新的领域，加速自身发展，能够率先提出和实践新概念、新原理、新方法，解决卫星研制与应用所涉及的基础工业元器件、天基网络通信协议、高精度遥感载荷、高性能卫星平台等核心技术，并在量子、太赫兹、类脑智能等若干重要前沿领域与航天科技交叉融合，能够在科学研究、技术储备、成果转化、效率提升和拓展应用上提出新思路、取得新突破，加快从跟踪创新向同步创新和引领创新转变。

3. 现代经济体系建设对航天器设计与制造提出新需求

贯彻新发展理念，建设现代化经济体系，着力加快建设实体经济、科技创新、现代金融、人力资源协同发展的产业体系。航天工业体系要充分利用国家工业体系的发展成果，形成军事航天、民用航天、商业航天协调的军民商一体化的航天工业体系和能力。

## 三、卫星应用产业研发需求分析

### 1. 卫星通信方向研发需求

为了支撑一带一路倡议、宽带中国、新基建、产业互联网等多个领域的一体化信息网络应用需求，加快卫星通信产业化发展进程，需要构建全球覆盖、高低轨协同、自主可控的卫星互联网，研发天地一体融合终端产品，形成一批具有自主知识产权和核心竞争力的技术创新成果，推动我国卫星通信产业发展成为全球优势领域之一。为此，应重点考虑以下工程建设需求。

构建天地一体化信息网络系统架构和技术体制。大力推动卫星通信网络互联网与地面互联网通信网络的标准融合、协同发展，实现网络资源互补、用户无感切换、网络随需接入，实现卫星通信网络互联网与 5G/6G 系统的融合发展。需要完成天地一体化的卫星互联网标准体系顶层规划，成体系推进卫星互联网标准建设工作，构建完备的卫星互联网标准体系，指导系统建设、业务运营、设备入网及应用推广。突破卫星互联网通信体制技术等技术瓶颈，充分利用卫星通信与 5G 通信网络覆盖的时空分布特点，通过多模终端等方式，实现网络资源的灵活调配和终端随需接入，以适应各种业务场景和服务类型的需求。

研发灵活组网、云网融合的卫星互联网。尽快突破卫星互联网灵活载荷星地管控技术、卫星互联网地面站资源的虚拟化管理技术、全球一体化组网与漫游切换技术等关键技术瓶颈，实现基于业务类型、业务需求的卫星互联网软件定义、灵活分配和智能运行。同时，突破基于卫星互联网的云边协同、云网融合、主站云化等技术瓶颈，实现公有云、私有云、边缘云与卫星互联网的融合应用。

研发天地一体化信息网络融合终端。面向多频段（L/S/C/Ku/Ka）、多系统（高轨/低轨）、多体制（3GPP/DVB）等应用环境，以及宽带与窄带、固定与移动、单向与双向融合等应用场景，开发小尺寸、高性价比、低功耗天线和集成终端，开发终端模组和模块化产品，突破低成本、超宽带、数字调制解调技术等技术瓶颈，实现卫星终端的低功耗、小型化设计,并开放接口,指导下游终端厂商进行卫星天线的研制工作。针对低轨星座卫星和移动体高速运动等应用场景,突破高低轨干扰规避、协调组网、波束快速切换、卫星通信链路动态连接等技术瓶颈,研制面向飞机、船舶等移动体,兼容高、低轨卫星通信体制和传输时延的高性价比终端。

2. 卫星导航方向研发需求

通过组织开展"北斗"示范工程,我国全面推进"北斗"导航在水利、交通运输、铁路运输、民航、农业、林业、电力、救灾减灾、公安、测绘等行业的应用。

基础芯片和导航模块方面,国内高端产品性能优良,但设计、研发和生产成本较高,不利于推广应用;中低端基础产品虽价格相对较低,但在可靠性、环境适应性等方面与国外产品存在较大差距,不能满足极端条件或应急情况下的特殊应用需求。

卫星导航信号、信息处理核心处理软件方面,卫星导航应用产业的发展,离不开核心算法、软件的进步。"十三五"期间,已针对卫星导航技术原理、系统建设优化等方面开展了大量研究,取得了丰硕的成果。随着"北斗"全球导航系统建设完成并转入应用阶段,追求更高精度、更高可靠性的应用需要在核心软件上形成突破。

卫星导航与5G、物联网、卫星互联网等融合方面,与新技术融合不够,面对5G、人工智能、大数据等新技术未做好充分的准备,解决"北斗"与新兴技术融合应用的问题是解决"北斗"应用"最后一公里"的关键问题,通过不同技术手段的融合,可以扩大卫星导航应用领域,提升导航体验,发挥卫星导航的"赋能"价值,具有非常重要的现实意义。

卫星导航增强服务平台方面,"十三五"期间,国家已基本集成卫星导航星基、地基导航增强系统。随着"北斗"3号系统开始提供服务,高精度、高安全时空信息增强应用场景,需要融合实时动态(RTK)、广域精密定位技术(PPP)-RTK、完好性增强技术、更为泛在、融合的星基、地基增强服务。

卫星导航性能监测与评估平台方面,"十三五"期间我国建成全球连续监测评估系统,为"北斗"系统稳定运行提供支撑。

面向民航运行的卫星导航性能监测与评估平台,将为GNSS(BDS B1I/B1C/B2a、GPS L1CA/L2P/L5)和"北斗"星基增强系统(BDSBAS)的应用验证评估工作提供独立的测试评估手段,为我国民航RNP/RNAV、ADS-B的服务运行提供安全保障,为后续民航推动以"北斗"为核心的双频多星座运行概念提供支撑。

应用推广方面，"北斗"办、发改委、工信部等国家部委、机关，通过组织开展国家重大工程项目，全面推进了"北斗"导航在水利、交通运输、铁路运输、民航、农业、林业、电力、救灾减灾、公安、测绘等行业的全面应用。然而仍有融合、匹配度低，重复建设等问题。需建立完善"行业＋区域"的"北斗"应用服务模式，实现"北斗"与各类应用的深度有机融合，提升"北斗"服务国家安全、关键行业领域以及地方经济社会发展的能力，打造具有中国特色和国际水平的新业态、新模式。

大众消费方面，针对大众消费类产品对"北斗"的支持度不高的问题，通过基础产品升级、"北斗"在大众应用解决方案不断成熟，配合市场准入制度的完善，推动各类终端产品和应用软件开发优先支持"北斗"信号，促进"北斗"在大众消费领域的优先应用。

3. 卫星遥感方向研发需求

为了满足我国新一代对地观测体系重大科技工程的需求，解决制约产业发展的技术问题，使得遥感卫星星座载荷探测要素更加全面，遥感卫星星座布局更加合理，测控数传能力与卫星系统更加匹配，遥感数据资源得到更加充分利用，应考虑重点发展以下技术。

开展高效实时民商用数传测控网优化建设研究。适应现代大带宽遥感卫星数传发展趋势，开展遥感卫星标配微波和激光两种数传链路研究，研究建设并优化全球激光数传地面接收站网布局；发展星上智能化大存储能力，保证全球数据获取能力；适应智能化的任务规划发展趋势，建立民商用卫星全球测控能力。

开展遥感应用共享云平台建设研究。依托新一代信息技术，统筹民商遥感数据源和应用共性产品等各类资源，研究建设国家级遥感应用共享云生态平台，畅通各类用户遥感数据获取渠道，为各类社会和大众应用提供支撑。

开展共性应用支撑平台建设研究。研究开展覆盖全国、辐射全球的遥感卫星定标与真实性检验场体系建设；开展自主可控、世界领先的遥感应用标准产品、共性产品及专题产品软件体系建设，常态化发布遥感产品质量信息，为遥感空间信息产业高质量发展、规范化运行和常态化监管提供支撑。

## 四、载人航天与空间探索产业研发需求分析

1. 载人/无人月球探测工程

将实施"嫦娥"6号、"嫦娥"7号和"嫦娥"8号等任务，将实现月球南极资源

详细勘察，开展无人月球科研站关键技术先期攻关，建设月球科研站基本型。围绕月球地质构造、空间天文、资源与环境等科学问题展开深化研究，获得原创性科学成果，为未来月球科研站建设与运营，以及载人探月奠定基础。

"嫦娥"6号将实施月球样品采样返回，揭示月球早期撞击和风化层月壤等形成与演化过程，深化月球地质构造研究。"嫦娥"7号将开展月球南极环境与资源勘查，突破月面高精度详查、永久阴影区飞跃探测、适应极区环境的智能机器人等关键技术，揭示月球深部结构和物质组成等，开展月球水冰证认。"嫦娥"8号将开展南极资源开发利用试验，突破智能机器人协同操作、月球科研站指挥中枢综合控制等关键技术，建成月球科研站基本型，开展资源原位利用以及地月空间量子纠缠分发等试验。

主要目标是未来10年内实现中国人首次登陆月球，实现月面大范围科学考察；在突破重大关键技术之后，建成月球科研试验站，系统持续开展科学考察、月球资源开发及相关技术试验。开展月球形成理论、月球核幔壳分异、月球撞击与火山活动历史、月球构造与演化等月球科学和地月系统前沿科学研究并取得重大进展，在月球生命长期生存、月面资源利用等方面取得一批突破性成果。通过实施载人月球探测，建立完善的研制试验体系、科学研究和应用体系，建成配套的科研生产基础设施，培养高素质的人才队伍，实现我国航天技术跨越式发展，跻身载人月球探测领域的国际领先行列。通过积极推进以我国为主的国际合作，在载人月球探测领域取得引领国际发展的地位。

2. 深空探测工程

围绕行星科学前沿重大问题，拟实施小行星探测、火星取样返回、木星系及行星际穿越探测，深化火星、巨行星和行星际科学认知，揭示太阳系起源与演化规律，牵引深空时空基准发展。

针对火星开展着陆形貌、物质成分等探测，取回火星样品，研究火表地质结构、物理特性、物质组成，突破火星表面起飞上升、微生物污染检测与防护等关键技术，深化火星成因和演化认识，开展生命踪迹、比较行星学等研究。

探测木星系空间的磁场、等离子体和粒子分布、木星磁层的动力学及其与太阳风耦合过程，探测木卫四表面形貌、物质组成和构造特征，探测从金星至天王星的行星际空间环境。突破空间高效同位素发电、强辐射环境防护、极端高低温自适应热控制、长寿命自主运行等关键技术，深化巨行星和行星际科学研究。

在太阳系内探究可能存在的地外生命信息，拟开展海王星及其卫星探测、彗星采样返回、金星探测等任务，探寻系内生命之谜。海王星及其卫星探测，探寻巨行星电离层、冰壳表面、内部层化与生命必需物质存在情况。突破冰卫星高频环绕探测技术、表面探测器远距离通信与生存技术等，揭示海卫一表面冰层与地下海洋结构。彗星采样返回，厘清从简单星际有机物到复杂分子的化学路径，揭示生命前体物质的起源和形成。通过木星族彗星采样返回探测，探测太阳系最初物质，探索生命前体物质，确定表面水和有机物类型和分布，揭示生命起源奥秘，并评估彗星与早期地球的联系。金星探测揭示金星大气组成与动力学特性，获取金星表层数字高程，探测金星内部地质活动状态及其水平，探寻金星生命的可能指征，认识地球及太阳系的形成和演化过程。突破金星强外热流环境下的热控技术、极端大气漂浮探测技术等，实现地球内侧行星探测技术跨越。同时，积极开展国际合作研究，充分利用俄罗斯在金星探测领域探测经验，开展联合研究。

3. 空间站工程

主要目标是建造并持续运营近地载人空间站，使我国成为独立掌握近地空间长期载人飞行技术的国家；突破运载火箭和飞行器可重复使用、高效再生生保等技术，建立科学规划、统一组织、安全高效的中国特色空间站运行管理体系，实现空间站长期经济运行；建立中国特色空间科学技术研究与应用体系，打造具有世界领先水平的国家太空实验室，开展有人参与的大规模、可持续、高水平科学研究与应用；力争在科学和技术上取得重大突破，在科学前沿领域获得若干具有国际影响的重大发现，提升我国空间科学整体水平；提升空间应用效益，促进我国经济发展和社会进步；开展制约长远发展的关键技术研究，为未来载人航天活动提供有力的技术支撑；积极推动以我为主的国际合作，提升我国在国际载人航天格局中的话语权和领导力。

# 第四节 技术瓶颈分析

根据专家调研成果及进一步研究，各领域明确了技术瓶颈，分析技术方面最大的问题或重大薄弱环节，精确找寻航天产业路线图突破点。各领域技术瓶颈见表2-1至表2-4。

表 2-1　航天运输领域技术瓶颈

| 技术瓶颈名称 | 薄弱环节 |
| --- | --- |
| 批量化生产及智能制造技术 | 批量化生产需要重点解决标准化模块化设计、工艺流程再造等难题，在此基础上实现设计、生产、制造及使用过程中的全寿命数字化、信息化、智能化，有效提高产品的可靠性与稳定性。 |
| 大推力高性能发动机技术 | 随着发动机推力的提高，发动机研制难度将呈几何倍数上升。进一步提升发动机性能，实现发动机的总体优化，同时针对长寿命工作任务特点开展可靠性提升，对于提升火箭的运载能尤为重要，是研制大、重型运载火箭的关键因素。 |
| 大直径箭体设计制造及应用技术 | 箭体直径是影响火箭运载能力最重要的因素之一，箭体直径大小决定了火箭的规模和能力。攻关突破大直径箭体设计制造关键技术，形成重型运载火箭研制、试验和生产的能力，是重型火箭研制的重要基础。 |
| 无人值守测试发射技术 | 实现无人值守模式下的自动操作、自动测试、自动加注及自动发射，可以有效提高发射系统的安全性、快速可靠发射等能力。与国外先进技术相比，我国运载火箭加注及测试发射的无人值守水平、操作测试自动化水平总体上距离国外先进技术仍有较大的差距。 |
| 可重复使用运载器总体设计技术 | 组合动力重复使用运载器的发展将有力促进航空航天技术一体发展与融合创新，牵引空天动力、可重复使用轻质高效防/隔热材料、先进制造与检测等领域从基础科学理论、基础科学技术层面的原始创新。需重点突破宽速域可重复使用运载器总体设计技术。 |
| 智能感知与健康监测技术 | 提升运载火箭系统状态监测、故障诊断水平以及故障下的功能重构能力，实现火箭全生命周期健康管理，对飞行过程中非致命性故障的吸收和容错，成为发展的关键。 |
| 先进材料和智能结构技术 | 随着航天运输系统向高推重比及可重复使用方向的发展，采用高强轻质金属材料和先进复合材料等先进材料技术，实现结构轻量化和综合性能提升成为关键。 |
| 核热推进技术 | 传统以化学推进剂为能源的运载器无法满足未来人类常态化大规模空间探索的需求，核热推进等颠覆性技术将极大地提升航天系统效能、大幅降低研制成本，对航天运输系统产业产生重要影响，我国在该技术方面的研究仍是空白。 |
| 中大型固体火箭飞行及动力学环境控制技术 | 大型固体发动机推力的提高，给运载火箭的稳定控制带来了较大的干扰，使其控制难度大幅提升，同时，振动、冲击等动力学环境也更加严酷，对运载火箭设计带来了较大的挑战，需要重点开展攻关研究，寻求新的方法、途径。 |

表 2-2 航天器研发制造领域技术瓶颈

| 方向 | 技术瓶颈名称 | 薄弱环节 |
| --- | --- | --- |
| 平台设计仿真验证 | 多个大挠性附件控制技术 | 大容量通信卫星和同步轨道 SAR 卫星等，其主要柔性附件为超大口径可展开网状天线、大型太阳翼、固面天线和馈源等。其中可展开网状天线规模庞大、构型复杂、刚度弱、基频低、模态密集、转动惯量占整星转动惯量比例大，在轨极易激发挠性振动。 |
| | 动力学模型准确度 | 由于平台规模大、附件多、型号类型广等特点，东五平台动力学模型不确定因素多，导致整星实际动力学模型与标称模型间不仅有差异，而且差异是时变的。整星动力学模型的准确度、环境干扰建模的准确度直接影响整体控制性能，均需要详细分析并设计相应措施，尤其是需要重点完善对模型不确定性和控制裕度等方面的分析和验证。 |
| 核心元器件 | 元器件可靠性验证技术 | 针对国产化元器件，需要开展各类元器件的容差特性、电噪声特性、瞬态特性、接口匹配特性、软硬件协同特性、不同类型元器件的焊装质量、导通特性、绝缘特性、耐压特性或安装尺寸、安装重量、安装力矩的验证要求和试验方法的研究，开展电气环境适应性验证、力学环境适应性、热学环境适应性技术、装联验证技术研究和验证平台建设。 |
| | 仿真验证技术 | 器件应用在应用设计板级电路时，将工作重点置于板级电路的仿真和设计，几乎很少考虑器件电特性参数裕量所带来的印制电路板设计问题，尤其是目前器件已经进入高速时代，印制电路板不再是简单的互连，需要结合应用器件进行识别信号完整性、电源完整性、电磁兼容等电气环境方面的仿真，若不进行仿真验证，产品几乎不能工作。同时，器件在板级应用状态的可靠性不仅与元器件本身的固有特性相关，还需力、热、电磁及空间辐射环境等相关，完全用试验来验证是不可能的，需要开展多物理场等相关的和针对单一应力的仿真验证。 |
| | 飞行验证技术 | 作为应用验证的三个阶段之一，飞行验证对于那些可靠性与空间环境应用密切相关、复杂且关键的元器件是必不可少的应用验证技术途径之一，从产品成熟度提升角度来说，飞行验证的示范作用可以提高元器件应用成熟度水平，加速元器件应用进程。目前工程实施刚刚起步，还需要进一步开展这方面的技术研究和这方面的能力的提升。亟需研制开放式、标准化、模块化的元器件在轨通用试验装置，进行元器件在轨试验，获取定量化的空间环境下元器件的运行参数和可靠性试验数据，为加速新型元器件在航天型号中的成功应用提供支撑。 |
| 宇航集成制造 | 增材制造工艺技术 | 针对未来航天器结构对在轨防护、热传递控制、智能调控等功能和泊松比、密度、强度刚度、缓冲吸能等性能的突破性、超越性需求，增材制造工艺技术在超材料和多材料集成打印能力方面还存在一定差距。 |
| | 在轨施工工艺方法 | 面向空间大型结构、大型飞行器或空间系统的需求，由于系统复杂，精度要求高，环境极端，工程约束苛刻，在轨增材制造、装配难度极大，在轨施工工艺方法还有待研究。 |

续表

| 方向 | 技术瓶颈名称 | 薄弱环节 |
| --- | --- | --- |
| 宇航集成制造 | 小样本、高质量数据的大数据智能分析技术 | 大数据、人工智能的发展为提升航天器设计制造能力提供了一种有效手段，通过大数据分析技术从海量卫星研制数据中找到影响效率、成本、质量的因素，将管理模式由被动的事后分析处理改为主动的事前分析预测、管控，将有效提升卫星产品制造直通率和质量管控能力。但是由于航天器研制具有典型的多品种、单件、小批量的生产特点，产品变化多，通用大数据分析技术应用还存在瓶颈，需要在小样本、高质量数据的大数据智能分析技术取得进一步的突破。 |
| 宇航集成制造 | 先进自动化操作与检测设备及技术 | 随着我国遥感卫星、高通量通信卫星等大型卫星构件的呈现出尺寸大、结构复杂、刚性弱、加工精度要求高等特点，高效制造存在挑战。当前依赖于人工操作的集成操作与检测方法需要多名专业人员长时间在现场实施，生产效率低、检测数据难以共享，数据利用不充分。为了在周期短、任务重的流水线式生产模式下保证卫星研制任务顺利开展，亟待通过引进先进自动化操作与检测设备及技术，实现生产能力的提升。 |
| 宇航集成制造 | 柔性智能化制造和快速响应技术 | 随着空间站、探月工程、低轨通信平台等型号任务陆续展开，航天产品多品种变批量、新研与量产混线并行、生成过程动态多变的生产特点凸显，同时航天产品的高质量、高精度、周期短等要求越来越高。实现从数字化生产单元到智能化生产单元的升级，解决航天器结构产品生产线的研制效率与稳定性之间矛盾，已成为航天产品制造过程中的主要瓶颈之一，难以满足未来航天产品柔性智能化制造和快速响应的需求。 |
| 综合测试与试验验证 | 新型外热流模拟技术 | 探月三期探测器系统由轨道器、着陆器、上升器、返回器组成，整器外形十分复杂。利用现有的红外模拟技术很难准确地模拟探测器的空间外热流。在载人三期、深空探测、高分、导航与通信、空间攻防等领域都要应用大型空间机构，包括空间机械臂、太阳翼、伸展臂、着陆缓冲装置、展开式热辐射器等。大型空间机构轨道热流复杂，结构件温度分布和热变形难以用现有的热流模拟方法获得。研究如太阳模拟器、红外加热棒、红外加热板等新的外热流模拟方法可以解决这些型号的需求。 |
| 综合测试与试验验证 | 整星力学试验验证单元 | 以"鸿雁"星座为代表的中小卫星批量化生产在工艺流程、试验周期和试验设备能力上也对力学试验验证单元提出了新的需求，因此需要新增整星力学试验验证单元。 |
| 综合测试与试验验证 | 极弱磁场和强磁场模拟、测试试验系统 | 面对未来深空极弱磁场探测和木星强磁场探测任务，现有的磁试验验证能力没有覆盖到，应补充相应的极弱磁场和强磁场模拟、测试试验系统。需要进一步提升试验设备的磁性测量精度，进一步提高现有设备自动化程度。 |

续表

| 方向 | 技术瓶颈名称 | 薄弱环节 |
|---|---|---|
| 航天器在轨综合管理 | 卫星日常监测技术 | 未来十年,我国将发射一系列民用遥感、通信、导航卫星,同时还将有若干商用小卫星密集发射。卫星测控需求急剧膨胀,现有测控网已远不能满足众多用户应用需求,亟需在全球范围增加建设或租用卫星监测站进行卫星日常监测,保障我国空间资产的高效管控。 |
| | 卫星测控管理平台在轨管理服务技术 | 卫星测控管理平台是支撑在轨测控任务的核心,是多个专业领域技术的集合,目前缺乏卫星总体技术、轨道动力学技术、在轨控制工程技术专业支撑,在卫星故障管理、多星多站任务管理、在轨控制计算等方面存在能力短板,不具备完整的卫星在轨管理服务提供能力。 |
| | "北斗"三代在轨运行监测支持技术 | 目前建有1座7.3米遥测监测站和1座13米S/L遥测/载荷监测站系统,用于承担"北斗"二代一期卫星的在轨状态监测和导航载荷信号质量评估任务,目前在建1座13米S/L遥测/载荷监测站用于支持"北斗"二代二期监测任务。当前现有系统在馈电、信道和基带层面均无法兼容支持"北斗"三代卫星信号体制,无法为三代卫星/星座在轨运行提供监测支持。 |

表 2-3 卫星应用领域技术瓶颈分析

| 方向 | 技术瓶颈名称 | 薄弱环节 |
|---|---|---|
| 卫星通信 | 灵活载荷星地管控技术 | 高可信高速星地链路技术,载荷管控自动化技术,载荷自动管理策略。 |
| | 卫星互联网地面站资源的虚拟化管理技术 | 基于NFV技术的卫星互联网地面调制解调器、网关、防火墙等硬件资源的虚拟化技术,基于SDN和网络切片技术的卫星互联网云化策略。 |
| | 基于卫星互联网的云边协同 | 卫星网主站端的公有云和私有云技术,远端站边缘云技术,云边之间的协同工作机制。 |
| | 卫星互联网通信体制技术 | 低轨星座的技术体制、高低轨卫星动态组网、卫星互联网5G融合技术。 |
| | 低成本超宽带数字调制解调技术 | 基于SOC芯片和FPGA基带超高速处理系统技术,国产化系统、环境适配技术。 |

续表

| 方向 | 技术瓶颈名称 | 薄弱环节 |
| --- | --- | --- |
| 卫星通信 | 卫星互联网天地一体和全球组网与漫游切换技术 | 适应多轨道、多卫星、多频段、多体制应用场景卫星链路动态链接、波束无缝切换、全球用户漫游和业务管理技术。 |
| | 高低轨卫星频率干扰规避与协调组网技术 | 基于大数据和人工智能的轨道预测、频谱分析、干扰规避、动态路由等技术。 |
| | 面向高速移动载体卫星互联网传输技术 | 基于频率、极化、信关站多变环境的波束无缝切换;高可靠、可共形、低成本的机载终端技术。 |
| 卫星导航 | 芯片、天线等基础技术 | 天线技术方面,抗多径天线、高精度测量天线的发展已相对成熟。国内厂商提供的高精度测量型天线的性能达到国际厂商的性能参数。芯片技术方面,受限于国内半导体制造工艺的水平,国内厂商的"北斗"芯片的设计水平尚存在一定差距。"北斗"用户终端方面,小型化 GNSS/INS 组合导航模组等用户端产品的性能参数与国际先进企业存在一定差距,国内厂商也尚未推出可大规模占领车道级导航的工业级、消费级小型化模组。 |
| | 复杂电磁环境下"北斗"鲁棒性技术 | 我国区域的电离层分析工作刚刚起步。电离层会对导航定位精度和完好性产生影响,导致卫星信号畸变、不同位置信号延迟差异等问题。虽然美国对其研究较为领先,但由于地点和环境的不同,美国的研究模型不一定适合中国电层离的情况。且我国南方地区均处于磁赤道异常区域,电离层情况非常复杂,研究难度大。故需要在低纬度地区进行电离层监测,建立本区域的电离层模型,以支持各项高精度应用。 |
| | 民航领域的导航与监视技术 | 国外的高精度服务系统如 WAAS 和 EGNOS 系统已在民航领域取得广泛应用,且逐渐推广至通航、铁路、公路、精准农业等领域,日本 MSAS、印度 GAGAN 等系统也已取得一定规模的民航应用。国内由于"北斗"3 号建成晚于美国的 GPS,同样 BDSBAS 系统目前处于系统建设和验证阶段,尚未开展大规模应用,尤其是距离民航应用尚存在较大差距,因此仍需开展相应的应用技术和终端产品技术研究。 |
| | "北斗"与 5G、低轨卫星导航、物联网、人工智能、大数据等新兴技术的融合 | 行业市场和大众市场需求正瞄向了更加精准、泛在、融合、安全和智能,对"北斗"的跨界融合提出了迫切的需求,亟须解决"北斗"与各新兴技术的融合技术。 |
| | 导航行业应用 | 精度、完好性等方面较低,无法全面满足行业应用需求。如交通方面,"北斗"在交通应用处于技术含量不高的基本定位层面,利用导航增强技术实现车联网、智能驾驶等高水平应用尚处于探索阶段,定位在精度、完好性等方面尚无法满足特定要求。 |

续表

| 方向 | 技术瓶颈名称 | 薄弱环节 |
| --- | --- | --- |
| 卫星遥感 | 10厘米、20厘米级高分辨率卫星遥感数据获取技术 | 大量遥感应用需要能够满足1:500或1:1000比例尺的遥感影像，现在世界范围内还没有民用遥感卫星能够达到这个要求。 |
| | 大带宽低成本遥感卫星星地、星间数传技术 | 随着遥感卫星分辨率和幅宽的提升，遥感数据传输带宽要求已经逐步提高1Gbps以上，低成本、大带宽激光、微波数传技术可靠性仍然较低。 |
| | 低成本民商遥感卫星全球实时测控技术 | 各个遥感星座卫星数量逐步从几颗提升到几百颗，迫切需要全球实时测控，目前国内仍然缺乏。 |
| | 高质量、高精度地面遥感处理技术 | 能够满足每天PB级遥感数据的处理技术精度、可靠性、处理效率仍然较低。 |
| | 面向亿万消费级遥感应用的共享云生态平台技术 | 存储的大量遥感数据得不到有效利用；同时大量遥感用户表示数据获取、数据共享难。 |

表2-4　载人航天与空间探索领域技术瓶颈分析

| 重大工程 | 技术名称 | 薄弱环节 |
| --- | --- | --- |
| 载人/无人月球探测工程 | 月面大范围移动技术 | 开展载人月面移动任务需求和功能要求分析、任务模式与系统设计研究，突破月面大范围移动路径规划、月面自主感知、导航与控制、月面着陆移动一体化系统、大承载长寿命高可靠弹性车轮、月面低重力大范围移动平稳操控等技术，研制移动系统工程样机、月面大范围移动路径规划系统，开展移动系统性能测试、地面大范围移动试验验证。 |
| | 月面科研试验站结构及构建关键技术 | 重点根据选定的月球站类型，开展刚性舱段、柔性连接及建筑式方案的对比分析研究，根据选定的科学目标，确定月球科研试验站的结构方案，从构型设计、结构材料及构建方式等方面开展深入研究。重点攻关的技术包括柔性连接接口设计技术、月球站检漏技术、月球站3D打印技术。 |
| | 月面科研试验站能源关键技术 | 可以考虑核能源技术、薄膜太阳电池技术、可再生燃料电池技术及空间太阳能电站无线能量传输技术等。此外，还可开展利用原位材料生产的太阳能电池技术研究，最终可以发展成为月面的电力网，但是必须关注月尘的影响和清除方案。重点关注的技术包括月面核能发电技术，太阳能供电技术。 |

续表

| 重大工程 | 技术名称 | 薄弱环节 |
| --- | --- | --- |
| 载人/无人月球探测工程 | 月面科研试验站生命保障关键技术 | 目前国内外尚无成功应用在航天上的生物再生生保系统，尽管生物再生生保系统技术难度很大，但是要最终建成永久性月球站，必须依靠生物再生生保系统。重点攻关的技术包括微生物废物处理技术、植物栽培技术、动物蛋白生产技术。 |
| | 月面推进剂补加技术 | 月面推进剂补加技术是未来月球科研站一项关键技术，月面补加推进剂，实现对月面机器人或探测器能量补加，能够实现科研站正常有序运转。在深空探测任务中，大多数选择表面张力储箱，需突破基于表面张力储箱的月面补加系统技术，同时，需要进一步进行关键组件技术攻关和地面模拟验证试验，保证月面实际应用有效。 |
| 空间科学与深空探测工程 | 弱引力天体表面附着与固定技术 | 弱引力天体主要体现为太阳系中小行星天体，其质量小，形状不规则，引力十分微弱，这些小行星引力位特征与大行星引力位存在一定差异，如何构建小行星引力位模型，设计探测器轨道构造，均具有一定的难度。要实现安全软着陆任务，需选择合适着陆点，在探测器下降过程中逐步减速，垂直着陆。突破该技术，将探测器成功在其表面附着并固定对任务顺利实施至关重要。 |
| | 火星表面起飞上升技术 | 火星表面起飞上升是火星取样返回任务的难点之一，探测器需在火星表面复杂环境下生存、取样和并起飞上升。分析火星表面起飞上升关键环节，通过设计、仿真、分析和试验验证，确定火星表面起飞上升关键环节的技术途径与关键参数，开展火星表面起飞上升多方案比较与优化，是火星取样返回的工程顺利实施的关键。 |
| | 高效能源与推进技术 | 随着探测目标距离的不断增加，核反应推能源、同位素热/电源、新型燃料电池等新型能源技术必须突破，并在深空探测中发挥重要作用。推进技术是人类进入空间能力的决定性因素之一，深空探测任务对发射能量的需求很大，往往需要公里级以上的速度增量，研究各种应用新原理和方法的新型先进推进系统是提升深空探测能力的主要方向。 |
| | 木星系及行星际穿越飞行策略及轨道优化技术 | 轨道设计与优化是航天任务设计中首要而关键的一环。相比近地卫星轨道，深空中繁多而各异的目标天体、多样而复杂的力场环境、丰富而奇妙的运动机理，包括平动点应用、借力飞行和大气减速等，赋予了轨道设计与优化技术新的内涵。开展轨道设计与优化技术研究，对深空探测任务飞行效率提升、降低燃料消耗等方面具有重要意义。针对木星系及行星际穿越探测任务复杂、任务约束多、飞行环境因素不确定等问题，突破飞行策略及轨道优化技术，为我国首次木星系及行星际穿越探测任务提供全面的技术保障。 |
| | 太阳系边际探测器超长寿命保证技术 | 太阳系边际探测按计划2024年出发，2049年到达100A.U.，在轨运行超过25年，远远超出目前地球同步轨道卫星15年、遥感卫星8年的在轨使用寿命指标。因此需要突破超长寿命保证技术，对拓展我国探测器空间探索能力至关重要。 |

续表

| 重大工程 | 技术名称 | 薄弱环节 |
|---|---|---|
| 空间科学与深空探测工程 | 小行星资源开发与利用技术 | 小行星资源开发与利用是指对小行星进行近距离综合探测,对其资源进行识别、获取并加以利用的过程。目前,美、日、欧等对小行星探测与资源开发利用成果显著,发展脉络清晰,已完成S类、C类小行星多任务多方式探测,正由远距飞越观测、近距绕飞观测向着陆原位、取样返回逐次发展。我国目前在小行星资源开发利用方面与国外差距较大,目前尚未实施小行星探测任务,同时对于小行星探测、检测数据库建设和数据发布、科普重视等方面还需要加强。 |
| | 灾害性空间天气预警与决策技术 | 对太阳活动和其他空间环境扰动持续监测,开展日地空间环境整体关联性模式研究,预报太阳活动扰动在行星际空间的传播及其驱动磁层、电离层和中高层大气的扰动变化,进行高性能空间天气预报。 |
| | 太阳系边际探测技术 | 开展太阳系行星际空间环境、典型天体、邻近恒星际空间环境探测,了解星际侵入物质、太阳系边际结构、恒星际介质特性,揭示日球层动力学演化、星际侵入物质/恒星际介质与太阳风相互作用的效应和机理、太阳系典型天体的起源与演化。 |
| | 分布式微纳卫星的日地空间多时空尺度课重构组网探测技术 | 开展基于分离载荷的多尺度立体探测技术研究,突破分离载荷多要素综合探测技术,高效能源、自主定位、星间通信、组网构形和姿态相位调整等分离组网技术,实现多要素综合的模块化集成、智能小型化、轻量低功耗等空间探测技术能力。 |
| 空间站工程 | 太空智能机器人技术 | 针对空间站运营及在轨建造大型空间设施对舱外精细操作服务能力的客观需求,以中大型结构在轨建为技术验证手段,完成包括多分支灵巧机器人舱外精细操作技术、人机协同操作技术、多机协同操作技术、自主操作技术等关键技术验证和空间桁架结构构建、大型天线和大型光学设备在轨组装、载荷维修维护等在轨任务验证。解决航天员出舱负担重、出舱安全性、补给任务重和机械臂在轨维修的难题,实现智能机器人全面或部分代替航天员出舱作业,为我国未来在轨建造大型空间设施任务提供技术保障。 |
| | 超大型空间光学装置在轨组装与维护技术 | 在轨组装空间光学装置是一种将空间望远镜设计为由多个分体模块,通过一次或多次发射送入预定轨道,并在轨道上通过航天员/智能化空间机器人完成组装,由望远镜在轨完成光学级自动化调校的技术。该技术将突破现有"整体式"空间光学设施的研制思路,大幅降低反射镜制造、装调、集成与检测的难度,彻底突破运载工具对口径的制约,有效控制载荷的制造、测试和发射成本,实现在轨组装分块光学体制验证和技术突破。 |

续表

| 重大工程 | 技术名称 | 薄弱环节 |
|---|---|---|
| 空间站工程 | 大型桁架结构在轨构建技术 | 未来航天器超大型载荷支撑结构（如公里级天线）和超大型结构平台（如深空探测中转站、空间站扩展暴露平台等），已无法采用传统的"地面制造在轨展开"方式，在轨构建将是实现这些需求的有效途径。采用一种基于金属带材塑性成形的在轨原位制造技术，突破金属杆件在轨成型设备设计与验证、成型工艺评估与验证、在轨制造杆件质量评价方法等关键技术，将实现一种新的航天器建造模式，解决目前依靠展开方式无法满足未来对大尺寸高刚度结构需求的难题，推动在轨维护、深空探测等领域的快速发展。 |
| | 在轨充气可展开密封舱技术 | 面向未来载人深空探测、月面居住及空间站扩展密封舱的应用需求，开展并突破充气密封舱体结构长寿命承载与密封、无损折叠与展开、柔性舱体刚化、复杂空间环境防护等关键技术研究，为空间站舱容扩展提供有效技术手段，为未来载人月球基地建设奠定基础。密封舱技术一旦突破，是载人密封舱技术的新跨越。将极大降低密封舱的发射重量，使更大尺寸的密封舱在空间站上的实施成为可能，无论从载人系统任务的实施还是降低发射成本方面具有重大意义。 |

# 第三章

# 航天产业与技术发展路线分析

## 第一节 航天产业与技术发展路线图的制定方法

### 一、关键技术的遴选方法和过程

遴选原则：航天产业涉及的技术领域广泛，为突出重点，项目组确定了关键技术遴选的基本原则，着眼于关键技术群的战略性、技术先进性和牵引带动性，遴选对航天产业发展起重大推动作用的关键技术群/技术项。

遴选方法：遴选采用问卷调查的方式，按照航天运输领域、航天器系统的设计与制造领域、卫星应用领域、载人航天与空间探索领域的划分分组，由各领域专家根据战略性、技术先进性和牵引带动性进行评估。

遴选范围：问卷发放专家覆盖国家航天局、自然资源部、国家气象局、中国科学院、北京航空航天大学、中国航天科技集团有限公司、中国航天科工集团有限公司等机构的相关专家，发放对象以总师、研究员等专家为主。

遴选流程（图3-1）：①领域专家组第一次会议，讨论并划分子产业领域，提名子产业领域专家组组长，讨论子产业领域技术课题。②各子产业领域专家组第一次会议，讨论确定子产业领域应该优先发展的技术课题（15~20项），包括技术课题名称、课题描述责任人以及参与调查的专家名单。③领域专家组第二次会议，讨论各子产业领域提出的技术课题，形成待调查的技术课题清单，讨论德尔菲调查问卷，④德尔菲调查，组织调查问卷发放、回收和问卷分析。⑤领域专家组第三次会议，根据德尔菲调查结果，确定10项左右优先发展的关键技术。

```
                                    ┌─ 讨论并划分子产业领域
                  ┌─ 领域专家组      ├─ 提名子产业领域专家组组长
                  │  第一次会议      └─ 讨论子产业领域技术课题
                  │
                  │                  ┌─ 技术课题名称
                  ├─ 各子产业领域专家 ├─ 课题描述责任人
                  │  组第一次会议    └─ 参与调查的专家名单
  关键技术        │
  遴选过程 ──────┤                   ┌─ 讨论各子产业领域提出的技术课题
                  ├─ 领域专家组      ├─ 形成待调查的技术课题清单
                  │  第二次会议      └─ 讨论德尔菲调查问卷
                  │
                  │                  ┌─ 组织调查问卷发放
                  ├─ 德尔菲调查      ├─ 调查问卷回收
                  │                  └─ 调查问卷分析
                  │
                  └─ 领域专家组      ── 根据德尔菲调查结果，确定10
                     第三次会议         项左右优先发展的关键技术
```

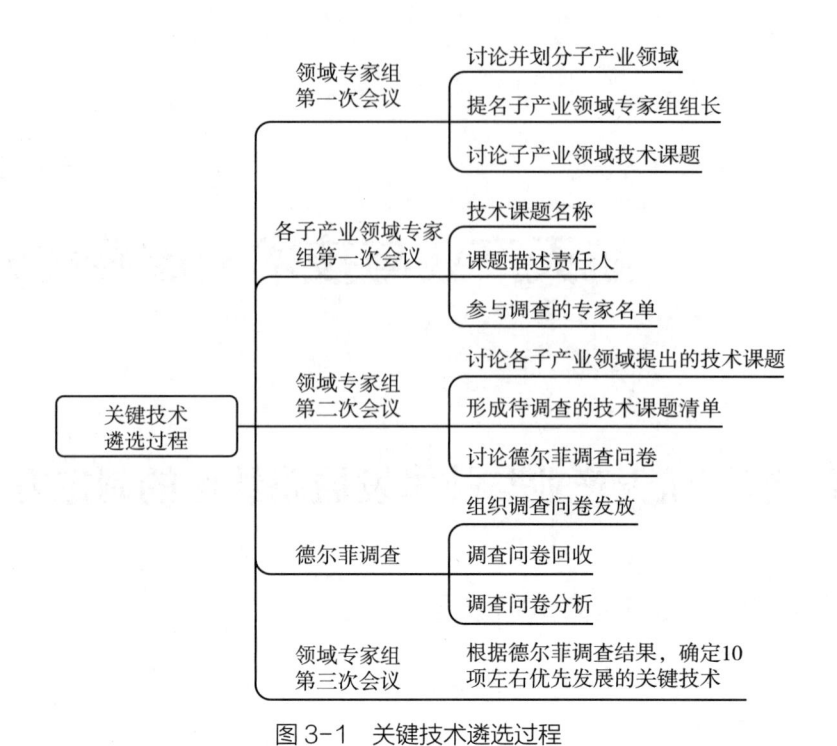

图 3-1　关键技术遴选过程

## 二、路线图制定方法与过程

1. 调研问卷

针对第一轮筛选出的关键技术设计调研问卷（表 3-1）。

表 3-1　调研问卷

| 1. 对该技术的熟悉程度（单选） ||||
|---|---|---|---|
| 很熟悉 | 熟悉 | 较熟悉 | 不熟悉 |
| 2. 该技术对产业发展带动作用（单选） ||||
| 重大 | 较为重大 | 一般 | 不明显 |
| 3. 该技术在我国预计实现时间（单选） ||||
| 2021—2025 年 | 2026—2030 年 | 2030—2035 年 | 2035 年以后 |
| 4. 当前我国研究开发水平（单选） ||||
| 无法预见 | 国际领先 | 接近国际水平 | 落后国际水平 |
| 5. 对产业的带动作用表现在（可多选） |||||
| 带动现有产业规模突破 | 带动现有产业技术升级 | 突破现有产业发展瓶颈 | 促进现有产业结构调整 | 促进新兴产业形成 |
| 6. 技术水平领先国家和地区有 _____ |||||
| 7. 当前制约该技术发展的因素 _____ |||||

### 2. 数据处理方法

参与调研专家的熟悉程度分别为"很熟悉""熟悉""较熟悉""不熟悉"四类，对其作答观点在最终结果中的分量分别赋予权重4、2、1和0，以突出熟悉专家观点的权威性，忽略不熟悉专家的判断的影响。

以"2.该技术对产业发展带动作用"为例，"重大""较为重大""一般""不明显"权重分别为100、50、25、0。假设$N_i$代表"卫星灵活载荷及其地面管理系统"技术项目中第i种熟悉程度的专家人数（i=1，2，3，4），$N_{i1}$、$N_{i2}$、$N_{i3}$、$N_{i4}$分别代表选择"很熟悉""熟悉""较熟悉""不熟悉"的专家人数，那么$N_i=N_{i1}+N_{i2}+N_{i3}+N_{i4}$，则选择"很熟悉"的专家统计得到的"卫星灵活载荷及其地面管理系统"得分的计算公式为

$$I_1 = \frac{N_{11} \times 100 + N_{12} \times 50 + + N_{13} \times 25 + N_{14} \times 0}{N_1}$$

"卫星灵活载荷及其地面管理系统"技术"对产业发展带动作用"的最终得分公式为

$$I_{jh} = \frac{N_1 \times I_1 \times 4 + N_2 \times I_2 \times 2 + N_3 \times I_3 \times 1}{N_1 \times 4 + N_2 \times 2 + N_3 \times 1}$$

对"3.该技术在我国预计实现时间"统计采用得分均值。

对"4.当前我国研究开发水平"的统计与上述过程相似，"国际领先""接近国际水平""落后国际水平"权重分别为100、50、0。

调查问卷结论在各领域产业与技术路线图的论证过程中有所体现。

## 第二节 航天运输产业与技术发展路线分析

### 一、发展愿景

围绕2035年左右实现由航天大国到航天强国转变的总目标，坚持与我国经济和科技发展相适应的发展战略，构建体系完整、分布合理、性能卓越的航班化航天运输系统，大幅提升我国进入空间、空间运输和天地往返的能力，满足我国各类空间活动对航天运输系统的使用需求。推动技术攻关与工程应用，实现新、老运载火箭科学接

替，使我国航天运输系统总体能力达到国际一流水平，迈进航天强国行列，专业领域技术水平进入国际前沿、引领世界航天发展。

2035年左右，拥有完备的重型及大、中、小型运载火箭型谱，能力覆盖完善；轨道转移运载器类型多样，指标领先，实现高性能、长时间在轨、多次起动等能力；重复使用运载器的工程应用成熟，发射成本具有较强的国际竞争力。满足我国自由进出空间的需求，能够支撑我国高效利用空间的各项任务按需开展。进出空间领域整体水平达到世界领先，可支撑载人登月、月球科研站建设、载人火星探测等标志性工程。

具备完备的支撑航天运输系统发展的先进设计、制造和试验保障能力，试验体系完善，手段先进。从单一系统的独立化设计向协同化设计转变，实现多学科、多专业、多手段、多路径的复合协同化高效设计能力；由独立研发攻关模式向协同攻关模式转变，发挥新型举国体制优势，充分联合国内优势单位进行技术攻关研发。实现核心部组件100%国产替代，消灭卡脖子采购环节，实现高度全自主可控，具备批量化高端智能制造生产能力，达到国际领先水平。

## 二、重大产品及关键技术

### 1. 重大产品

海上发射运载火箭：海上发射作为现有陆基发射的有益补充，可以从根本上解决火箭飞行与子级落区安全性问题，提高运载火箭发射任务适应性和灵活性，提高低倾角轨道发射运载能力，降低运载火箭发射服务成本。

新一代无毒无污染中型运载火箭：基于"通用化、系列化、组合化"的设计理念，通过模块化组建、低成本改造、性能提升等多种措施，逐步建成"无毒无污染、简测发、低成本、高可靠"的中型运载火箭，能力覆盖GTO和SSO中大型有效载荷发射需求，不断提高我国航天运输系统的技术水平，完善火箭型谱，推动火箭更新换代，显著提升我国进入空间能力，为利用和控制空间提供重要支撑。

重型运载火箭：随着新一代运载火箭的成功首飞，我国运载火箭近地轨道的运载能力实现25吨，达到了国际主流火箭的水平。但随着美国重型火箭的研制，我国在空间探索与空间开发能力、规模和水平上，与美国等航天强国的差距逐渐拉大。迫切需要研制近地轨道运载能力百吨级的重型运载火箭，跨越式提升我国进入空间的水平和能力，同时带动新材料、新工艺、新器件、新装备等基础工业跨越式发展，促进航天科技和工业快速发展,推进我国由航天大国向航天强国的转变。

中大型固体运载火箭:中大型固体运载火箭定位于满足十几吨、几十吨至上百吨级载荷的发射,满足未来高频次大吨位载荷上行运输需求,为商业发射提供更大能力的快速发射服务,全面支撑太空经济产业发展,拓展太空活动新边疆。

先进轨道转移运载器:通过先进轨道转移运载器研制使我国具备长期在轨、多次起动、性能卓越的轨道转移运载器系列,大幅提升我国高效率空间运输能力,满足后续更远的深空探测、更灵活的轨道部署、更多样化的空间应用需求。

火箭动力重复使用运载器:火箭动力重复使用运载器往返于地面和低地球轨道之间,通过重复使用提供低成本的航天运输服务,主要为低轨系统提供物资补给,按需返回。通过火箭动力重复使用运载器研制使我国具备低成本、大规模、快速进出空间的能力,降低单位载荷发射成本,缩短发射周转周期。

组合动力重复使用运载器:组合动力重复使用运载器采用组合循环动力发动机,水平起飞、水平降落,具备完全重复使用的特点。通过组合动力重复使用运载器研制,使我国具备灵活起降、航班化的运输能力,实现普通机场水平起降和自由空天飞行。

空基运载火箭:空基运载火箭是利用飞机携带至高空发射的运载火箭,与地面发射运载火箭相比,具有"机动、快速、廉价"的特点。可用于快速发射小型航天器,缩短发射周期,降低发射成本,可以显著提升快速进入空间和有效利用空间的能力。

新概念运载器:通过研制新概念运载器,使我国提前布局基于核推进、光帆推进、大功率电推进、爆震发动机、电磁发射等动力系统的前沿运载器概念研究。针对总体构型气动布局、发动机和总体结构一体化设计、新型材料等技术重点攻关,大幅提升我国进出空间的能力,带动先进材料、先进工艺、先进元器件的发展和应用。

2. 关键技术

新一代高性能运载火箭技术群:基于模块化的运载火箭总体设计技术;运载火箭总体一体化优化设计与评估技术;大推力高性能发动机技术;大直径箭体设计制造及应用技术;智能感知与飞行控制技术;核热推进技术。

快速响应航天发射技术群:低成本高可靠固体火箭总体设计技术;空基发射技术;天基组装发射技术;快速发射优化设计技术。

先进在轨运输技术群：低温推进剂在轨贮存与传输技术；长期在轨及快速部署技术；深空电推进技术。

重复使用天地往返技术群：可重复使用运载器总体设计技术；火箭基组合发动机技术。

先进发射与地面支持技术群：无人值守测试发射技术；海上发射技术。

结构加工制造技术群：批量化生产及智能制造技术；火箭自动化装配技术；大型复杂曲面薄壁覆盖件充液拉深成形技术；大直径厚壁筒形壳体强力旋压成形技术。

材料工艺技术群：先进材料和智能结构技术；可重复使用发动机关键材料体系及其工程化应用技术；适应核热推进系统用关键材料体系及其应用技术。

## 三、重大产品及关键技术预计实现时间

1. 重大产品预计实现时间

2021—2025 年，完成海上发射运载火箭、新一代无毒无污染中型运载火箭、中型固体运载火箭建设，全面建成新一代运载火箭型谱。

2026—2030 年，完成大型固体运载火箭、重型运载火箭研制，具备 LEO 百吨级进入空间的能力。完成水平起降两级部分重复使用运载器飞行试验，形成两级完全可重复使用工程化应用能力。航天运输能力跻身世界航天大国前列。

2031—2035 年，完成水平起降两级完全重复使用运载器飞行试验，先进轨道转移运载器实现长时间在轨应用，空基运载火箭技术取得突破。航天运输系统达到世界一流，引领世界航天发展。

2. 关键技术预计实现时间

（1）新一代高性能运载火箭技术群

基于模块化的运载火箭总体设计技术：模块化、通用化、组合化设计技术是航天未来发展的趋势之一，在重型运载火箭等新研火箭中采用了该技术，基于通用模块组合形成满足不同运载能力需求的构型，减少产品生产设备数量和规模，提升产品配套能力、缩短任务准备周期，降低火箭研制成本，提升火箭产品市场竞争力。到 2025 年实现运载火箭"模块化、组合化、系列化"的总体先进设计流程改进，用于运载火箭设计模式转型与提升。

运载火箭总体一体化优化设计与评估技术：随着我国航天设计的软、硬件水平不断提高，基础理论认识不断深入，已经开展了多专业、多学科的联合设计优化。

通过进一步开展多专业联合设计和仿真分析，提升仿真预示精度与飞行试验数据的分析与回归优化能力，用于运载火箭性能提升建设，支撑航天发展需求。2025年实现基于模型驱动的多专业协调设计和优化，2030年完成总体参数不确定性分析，2035年完成基于地面试验和飞行子样的数据深度挖掘，建立高效化、一体化总体设计体系。

大推力高性能发动机技术：针对大、重型运载火箭运载能力大、运载效率高的任务需求，必须进一步提升液氧煤油、氢氧等采用无污染推进剂的发动机性能以及发展大推力固体发动机，同时针对长寿命工作任务特点开展可靠性提升，技术指标达到国际先进水平，为未来大、重型运载火箭提供先进、可靠、安全、绿色环保和使用维护便捷的强大动力装置，确保飞行的高安全和高可靠。2025年实现关键技术突破，2030年实现工程应用。

大直径箭体设计制造及应用技术：箭体直径是影响火箭运载能力最重要的因素之一，箭体直径大小决定了火箭的规模和能力。从对国外十余种大型、重型运载火箭的箭体直径和运载能力的统计分析可以看出，火箭运载能力与箭体直径之间存在着接近线性的正相关关系。需要开展大直径箭体设计制造关键技术攻关，形成重型运载火箭研制、试验和生产的能力。2025年实现关键技术突破，2030年实现工程应用。

智能感知与飞行控制技术：针对运载火箭对物理环境、自身状态等进行自主、多源、异构的态势感知，重点开展面向全任务剖面的健康态势感知与能力重构体系建设。构建运载火箭智能飞行控制体系架构，开展火箭任务重构与轨迹在线规划、智能计算制导与控制、智能化在线估计与补偿控制、数据驱动制导控制等关键技术研究，提升飞行故障主动处理能力，提高可靠性和智能化水平，增强飞行任务的履约能力。到2025年实现运载火箭飞行过程中在线故障诊断和任务重规划；到2035年实现运载火箭智能测试发射及飞行，提升航天运输系统的智能化水平，提高飞行可靠性和多任务适应性。

核热推进技术：核动力火箭以其高比冲、大推力的独特性能，具有化学推进火箭无法比拟的深空探测优势。美国和俄罗斯均开展了核热火箭发动机理论研究、地面试验和产品研制。核热推进发动机和运载器的应用将大幅提升载人与深空探测任务能力，其应用将迅速引领空间推进技术领域的再一次跨越。开展核热火箭发动机系统性能计算分析、核热火箭发动机堆芯设计、堆芯控制策略等关键技术研究，到2025年实现缩比样机研制，到2035年实现装置研制。

（2）快速响应航天发射技术群

低成本高可靠固体火箭总体设计技术：为适应商业航天市场高频次、低成本发射需求，成本要素成为固体火箭总体设计的关键设计约束，在降成本的同时需确保火箭的发射可靠度能够保证高要求。开展全寿命周期多学科及成本耦合设计，实现系统方案的简化和优化，保证性能指标、成本及可靠性，降低单位载荷发射成本。到2025年实现关键技术和工艺突破，进一步降低固体火箭生产制造成本。

空基发射技术：开展空基发射总体设计、机箭一体化设计、机箭分离设计等关键技术攻关，最终完成飞行试验验证，为未来空基运载火箭系统研制提供技术储备。到2025年用于近地轨道及太阳同步轨道的微小卫星发展建设；到2035年形成支撑工程化、实用快响火箭发展建设的能力。

天基组装发射技术：天基组装发射是一种间接提高运载能力的方法，是降低对单发运载火箭能力需求的有效途径，可实现大规模轨道转移，满足大规模空间任务对运载能力的需求，支撑我国深空探测活动。需要突破运载火箭大尺寸和重负载交会对接、在轨加注、在轨测试、地面仿真验证等关键技术。到2025年形成地面演示验证能力，完成总体方案；到2035年完成飞行试验验证，具备天基发射能力。

（3）先进在轨运输技术群

低温推进剂在轨储存与传输技术：低温推进剂已经在国内外运载火箭和上面级上得到了成熟应用，是进入空间及轨道转移最经济、效率最高的化学推进剂，但其沸点低，极易蒸发，难于贮存，当前技术发展水平限制了其长时间在轨使用。低温推进剂在轨贮存与传输技术获得突破，可以应用于未来各类飞行器中，提高任务效率，提升空间探索能力。到2025年实现地面系统集成演示验证，到2035年实现应用，支撑我国轨道转移运载器能力提升。

深空电推进技术：电推进是把外部电能转换为推进剂喷射动能。国际上近年来新提出一种具有划时代意义的地球静止轨道航天器平台——全电推进平台，采用霍尔电推进系统完成航天器所有推进任务。全电推进系统平台是在现有技术条件限制下，最大限度地提升航天器有效载荷承载能力的一种方案。我国需要在电推进技术领域加速布局，推进电推进技术的发展和应用，到2035年实现工程应用。

（4）重复使用天地往返技术群

可重复使用运载器总体设计技术：组合动力重复使用运载器的发展将有力促进航

空航天技术一体发展与融合创新，牵引空天动力、可重复使用轻质高效防/隔热材料、先进制造与检测、高超声速空气动力学、先进控制理论等领域从基础科学理论、基础科学技术层面的原始创新。需重点突破宽速域可重复使用运载器总体设计技术。到2025年实现小规模验证，到2035年实现集成飞行演示验证。

火箭基组合发动机技术：火箭基组合发动机将火箭发动机和超燃冲压吸气式发动机有机结合在一起，成为单级入轨重复使用航天器的优选动力之一。目前我国已开展了相关的技术研究和试验，未来亟需在此方向布局，跟进并推进我国在火箭基组合发动机方向的研究。到2025年实现飞行演示验证，到2035年实现工程应用。

（5）先进发射与地面支持技术群

无人值守测试发射技术：运载火箭射前流程中特别是推进剂加注过程，对安全性要求非常高。与国外先进技术相比，我国运载火箭加注及测试发射的无人值守水平、操作测试自动化水平总体上距离国外先进技术仍有较大的差距。针对运载火箭测试发射智能化发展需求，实现无人值守模式下的自动操作、自动测试、自动加注及自动发射，提高发射系统的安全性、快速可靠发射等能力。到2025年实现工程应用。

海上发射技术：海上发射作为现有陆基发射的有益补充，主要满足GEO和零倾角卫星发射需求。在赤道发射卫星不受轨道倾角的限制，可提高火箭运载能力或延长卫星在轨寿命。对于轨道倾角为0附近的卫星，低纬度发射可以降低变轨需要的能量，甚至还可以简化火箭的系统方案。研究基于海上移动平台的运载火箭发射技术，可以提高运载火箭发射任务适应性和灵活性，降低运载火箭发射服务成本。到2025年完成装备研制，满足发射要求。

（6）结构加工制造技术群

批量化生产及智能制造技术：批量化是实现火箭产品短周期快速生产制造的关键，打造批量化生产能力有助于形成良好的航天产业生态链。智能制造是全球制造业发展的新方向，将在未来若干年逐步开展全面部署，我国航天运载器实现智能制造可以带动设计理念、设备水平、工艺能力等的跨代。到2025年实现火箭产品短周期快速生产制造，到2030年实现智能加工制造，提升机加工工艺和自动化智能化水平。

（7）材料工艺技术群

先进材料和智能结构技术：随着航天运输系统向高推重比及可重复使用方向发展，国外航天运载器普遍采用高强轻质金属材料和先进复合材料等先进材料技术，实现飞行器结构轻量化和综合性能提升。智能结构集成了微型传感器、驱动装置和微处理器等元器件及记忆合金、多功能复合材料等特殊材料，可以实现结构轻质化。同时，针对航天运输系统发展，需要研究材料性能检测、内部质量表征及寿命评估与预测技术。到 2025 年形成先进材料快速研制能力，到 2035 年完成智能结构的研究，进一步提升运载火箭的性能。

### 四、研发水平国际比较分析

#### 1. 新一代无毒无污染中型运载火箭

我国的"长征"6 号改、"长征"7 号改等新一代中型运载火箭初步建成投入使用或正在建设中，可以满足我国部分中大型高轨有效载荷发射，但新一代运载火箭能力无法完全覆盖所有有效载荷的发射需求，尚未完成基于绿色无污染推进剂的新一代运载火箭升级换代。美国、欧洲航天局已经在运载火箭中完全淘汰有毒推进剂。

#### 2. 重型运载火箭

我国重型运载火箭正在开展方案深化论证和关键技术攻关，支撑我国载人月球探测、火星探测等重大任务实施。美国 50 多年前已经成功研制过"土星"5 重型运载火箭，并实施载人登月任务，"土星"5 火箭自 1967 年 11 月首飞到 1973 年 5 月共进行了 13 次发射并全部成功。目前，美国 LEO 能力 70 吨级的"法尔肯"重型火箭已经飞行成功，LEO 百吨级的"超重–星舰"研制进展顺利，并且基于星舰提出了载人登月任务计划和火星计划。

#### 3. 先进轨道转移运载器

我国已经形成了系列化的轨道转移运载器，具备多种轨道的部署能力。目前我国常规上面级最长具备两天在轨能力，可以满足某一类任务需求，暂时无法覆盖深空、高、中、低轨不同规模多种有效载荷的发射任务需求。美国在研的先进上面级 ACES 采用低温动力，通过集成流体管理，在轨时间可达 7 天，经过在轨加注可进一步拓展在轨时间。俄罗斯的"弗雷加特"上面级和"微风 M"上面级采用模块化结构，可根据任务进行灵活配置，具有较强的多任务执行能力。

#### 4. 重复使用运载器

重复使用运载器方面，我国目前开展了理论研究和低空低速着陆控制、缓冲着陆机构等部分原理样机验证，尚未开展全面工程研制。美国早就研制了世界上第一例往返于地面和宇宙空间的部分重复使用的航天运载器，1969 年提出方案设想，1981 年实现首飞，在役期间共进行了 135 次飞行，遭受了 2 次重大事故，于 2011 年退役。英国基于空气预冷组合动力的云霄塔单级入轨飞行器的关键发动机进入实质研发阶段。

5. 空基运载火箭

国外已经具备完善的陆、海、空三位一体航天运输体系，我国目前在空基运载火箭领域仍然属于空白。

6. 中大型固体运载火箭

国外的中大型固体运载火箭，美国发展了"战神"1号固体运载火箭，运载能力25.4吨/LEO，定位于空间站货物运输等航天发射服务，已于2009年10月完成了首飞；印度发展了PSLV固体运载火箭，运载能力3.25吨/LEO，是一种通用型中型固体运载火箭。目前我国固体运载火箭LEO能力仅1吨级，与世界先进水平还存在着不小的差距。中大型固体运载火箭研制成功后，将推动我国固体运载火箭水平达到世界先进水平。

针对17项关键技术，根据德尔菲问卷调查回函专家对"我国研发水平"问题的认同度，来确定被调查技术方向在我国的研发水平。从调查结果看，我国航天运输系统整体研发水平仍落后于世界航天强国/组织。总体看，美国在航天运载器领域拥有绝对技术优势，其次为欧盟、俄罗斯，之后为我国和日本。

其中，80%以上的参调专家认为美国在总体、动力、电气、结构设计和生产技术方向均处于绝对领先地位，尤其"三化"总体设计、智能感知与控制、总体一体化优化、重复使用、固体火箭发动机等技术，100%的参调专家认为美国领先。对"大直径箭体设计制造及应用技术"，80%的参调专家认为俄罗斯领先、65%的参调专家认为美国领先；对"海上发射技术"，90%的参调专家认为俄罗斯领先、40%的参调专家认为美国领先。结构设计和生产方面，专家一致认为欧盟显著优于俄罗斯。总体上欧盟实力相对较为均衡，俄罗斯则在电气方面存在一定短板。我国和日本在总体设计方面实力相当，但日本在"批量化生产及智能制造技术""先进材料和智能结构技术"方面仅次于美国，领先于我国；我国则在"基于模块化的运载火箭总体设计技术""海上发射技术"等方面较优于日本。

对我国的研发水平排序，基于模块化的运载火箭总体设计技术、低成本高可靠固体火箭总体设计技术、海上发射技术位列前三；可重复使用运载器总体设计技术、空基发射技术、核热推进技术的研发水平为最后三位，说明我国仍需加大在这些技术方面的研发力度。

### 五、可行性和制约因素分析

基于航天运输产业领域的未来重点发展产品及关键技术开展分析，主要制约因素如下。

根据专家调研结果，对航天运输系统研发制造领域所列的 17 项关键技术，制约因素占比最大的为资源投入，其次是工业基础能力，制约性相对较弱的为人才和政策。

从各技术方向看，先进在轨运输技术群、先进发射与地面支持技术群受到的制约条件相对较少，除研发投入之外，没有特别突出的制约因素；重复使用天地往返技术群的基础理论也亟待突破；新一代高性能运载火箭技术群、重复使用天地往返技术群同时受体制机制、国际环境的制约；结构加工制造技术群、材料工艺技术群受工业基础能力的制约相对明显。

受研发投入因素制约较大的技术前几位包括智能感知与飞行控制技术、大推力高性能液体发动机技术、大直径箭体设计制造及应用技术、先进材料和智能结构技术、批量化生产及智能制造技术等，其中批量化生产及智能制造技术、先进材料和智能结构技术同时受工业基础能力制约。可见我国在航天前沿技术攻关、新材料和先进制造等基础能力建设方面仍需加大投入。

受体制机制因素制约较大的技术分散在各技术群，主要包括基于模块化的运载火箭总体设计技术、运载火箭总体一体化优化设计及评估技术、可重复使用运载器总体设计技术、低成本高可靠固体火箭总体设计技术。

受人才因素制约较大的技术主要为火箭基组合发动机技术、空基发射技术，其中，火箭基组合发动机技术同时受工业基础能力的制约。

## 第三节 航天器研发制造产业与技术发展路线分析

### 一、航天器设计与制造领域发展愿景

2035 年左右，卫星性能达到世界领先水平。遥感卫星的分辨率、定量化指标，通信卫星的网络化、容量等指标，导航卫星的定位精度、服务范围等指标均为国际最优。在轨道保障与维护以及空间资源开发利用等方面取得原创性突破。成为国际卫星

技术主要的创新中心。在频段利用、量子、新型能源、新材料等方面取得突破，成为新系统和新服务的策源地，新标准和新规则的制定者，成为高端航天人才聚集高地。率先在我国实现智能化空间系统，引领国际空间技术发展。

## 二、航天器设计与制造领域发展与技术群重要程度排序

1. 基于新一代信息技术引领下的航天器智能制造模式

随着航天产业的快速发展，尤其是航天产品的批量化、集成化、智能化要求以及复杂度越来越高，使得研发模式已从单件定制和试验性生产模式逐步转变为批量化生产模式。为此，重点发展：空间飞行器数字化制造顶层设计体系，优化总体设计；基于统一数据源打通数字化研制线，实现设计、工艺、制造、AIT 纵向链路贯通，形成数据、业务、信息流基于统一平台的空间飞行器数字化企业集成；以两化深度融合为主线，以提质增效为核心，打造基于数字生态系统的智能制造新模式；建立型号研制全生命周期管理机制，实现航天研制模式向个性化、动态化、智能化转变。

2. 基于模型数字织锦的航天器协同研制技术

研究基于模型数字织锦的航天器协同研制关键技术，在研发、生产、测试和维护过程中无缝使用相同的数字信息，跨领域最大化利用通用产品，发挥规模经济的效应，实现高性价比、灵活和创新的解决方案。采用数字织锦技术通过先进的制造技术和流水化生产彻底改造空间飞行器零部件的生产，交错使用基于模型的设计、分析、增材制造、自动化装配、测试和检验，以降低有效载荷成本，缩短研制周期，使生产效率得到更大程度的提高。

3. 基于多维多尺度数字孪生体的航天器制造集成应用

面向制造业应用的物理空间、信息空间与业务空间的多维融合已成为智能制造落地实施的关键。对智能制造系统与过程进行数据/模型驱动的空间建模与虚实映射，研究人、机、物等多主体在智能制造共融空间中的互联交互与业务协同逻辑，结合数字孪生技术实现逻辑，建立多维多尺度智能制造空间虚实映射建模方法、复杂多维时空域下智能制造过程及数据建模方法。针对数字化模型与物理实体进行虚实同步建模，构建高保真数字车间数字孪生系统，感知航天器产品制造/装配生产要素物理信息，生成产品制造/装配与检验规划等，驱动物理车间的设备动作执行，完成制造、装配、检测等全过程全业务全要素的设计、验证、操作实施、实时呈现、动态计算与综合、调整与优化、精度预测、生产效率分析及设备利用率分析等，实现制造/装配

设计与操作的无缝衔接及制造/装配状态和过程的动态感知、实时分析、自主决策、精准控制和可视化。

4. 面向全流程的工业/企业大数据驱动的空间飞行器制造技术

针对空间飞行器智能车间的运行分析与决策问题展开研究，研究大数据驱动的车间运行分析与决策新模式，以及实现新模式的方法论体系与具体技术体系，推进车间运行向性能优化目标不断演化。针对航天器研制、测试和在轨方面对大数据管理能力及智能化分析手段的需求，开展单机、分系统产品数据采集、系统级智能测试数据采集、航天器在轨数据采集等技术研究，构建大数据分析平台，利用大数据技术挖掘航天器数据背后的隐形价值，结合卫星在轨管理等业务环节进行卫星的状态评价和综合效能评估，提高卫星的使用效能和工作寿命，为卫星用户提供动态的卫星应用效能评价，进而实现航天器研制模式和业务流程的优化与再造。

5. 基于大规模知识图谱和模型的航天器智能制造技术

知识图谱作为人工智能分支技术，将事物背后的隐性关系转化为计算数据并以可视化的形式展现出来，让不可见要素变为可见、不可计算要素变为可计算、不可联接要素变为可联接。采用基于模型的系统工程方法，建立覆盖航天器工程设计各阶段的集成设计系统，构建知识驱动、多专业一体化的集成优化设计环境，建立型号需求、功能、性能、制造和维保等各类模型，以模型为核心打通虚拟研制线，基于虚拟样机进行产品功能性能验证，进行产品可靠性、可制造性、可测试性分析；建立知识库和知识管理系统，构建一系列通用模型库、参数库、经验禁忌库等；引入知识搜索引擎技术构建航天特色的知识地图，支撑基于知识的管理与搜索；结合研发流程与业务活动，主动推送知识应用，形成基于知识库驱动的型号研制模式。

6. 面向批量化发射部署的卫星智能制造技术

随着我国空间基础设施的部署与建设发展，以卫星为代表的航天器研制任务量不断增加，结构的复杂化、精密化以及功能的多样化，促使产品所包含的设计信息量和工艺信息量猛增，随之而来的是生产线、生产单元、生产设备内部的信息量不断增加，制造过程和管理过程的难度与风险也必然不断增加。为突破传统航天器制造的探索性、复杂性、高风险性决定的单件小批量生产模式，开展面向批量化发射部署的卫星智能制造技术研究，为未来航天发射快速响应提供技术支持，推动未来航天器智能制造的产业发展与广泛应用。

### 7. 航天器结构部件增材制造的创成式设计技术

空间飞行器创成式设计和增材制造的巧妙结合将使其轻量化设计上升到一个全新的高度，研究创成式设计与增材制造技术的无缝集成，实现空间飞行器个性化、轻量化设计，研究最优费效比条件下使得空间飞行器各项性能达到最优的设计制造方案，实现空间飞行器创成式设计与增材制造的深度融合。

### 8. 超材料设计与增材制造技术的结合将推动实用化发展

超材料结构向轻薄化、可调频、低损耗、高性能的实用化、器件化方向发展，其亚波长单元尺寸远小于其工作波长，使其具有极薄的外形结构，有利于其轻薄化设计；增材制造技术能充分发挥其在任意复杂结构制造方面的优势，制造出许多所设计的复杂超材料结构，实现超材料的结构功能一体化制造，为基于功能需求的超材料结构器件设计制造提供了新方法。

研究采用增材制造技术实现超材料结构与功能一体化设计制造方法，将有力推动超材料结构研究快速发展，推动超材料器件向轻薄化、宽频带及高性能的实用化方向发展，研究制造技术与电磁、物理、材料等学科结合，加速探索超材料结构研究规模制造的实现途径。

### 9. 空间超大型结构在轨制造技术

空间在轨增材制造属于在轨制造的一种重要形式，它将有效解决未来空间超大型天线系统建设的难题，为超大型空间结构的在轨建设和维护提供有效手段，对推动我国天文观测、空间太阳能发电等领域技术发展与应用具有重要作用。

随着我国在轨任务需求的增长和规模的扩大，在可以预见的未来将会有更多且更大的空间系统在轨运行。研究超大型结构如大口径空间望远镜、超大型通信卫星天线、超大型太空发电站等的在轨增材制造技术，可将单次/多次发射入轨的结构模块、功能模块等基本单元依序组装成期望的大型空间系统的在轨组装技术，研究空间机器人在轨增材制造中的应用等。

### 10. 高性能、功能材料增材制造技术

随着工业技术的发展，传统铜锡合金产品性能已难以满足航天器产品的工程要求。开发选择性激光熔化技术作为增材制造技术的一种，具有快速、设计自由度开放、材料利用率高、成形效率高、能成形高度复杂形状且综合性能优异的零件等优点，为开发出高端铜锡合金产品提供了可能。研究以选区激光熔合为代表的金属增材制造技术在镍钛合金结构近终形制备上的应用研究，以制造大型复杂结构的镍钛记忆

合金构件。

### 11. 精密、超精密加工领域

**（1）航天器用非金属基复合材料精密加工技术**

航天先进树脂基结构复合材料将以航天产业需求和发展为牵引，重点突破航天技术发展中的关键共性材料技术和瓶颈技术，全面实现基础材料系列化、标准化，成型工艺低成本、自动化、数字化及智能化，复合材料构件高可靠、功能化、整体化。一是完善高性能纤维及树脂基体等关键基础材料体系。二是大力开展工艺模拟及仿真技术研究建立复合材料树脂流动与浸渍、抑制孔隙产生、热传递及固化动力学模型。三是开展高效低成本制造技术研究，如液体成型技术、树脂膜渗透工艺、真空辅助树脂转移法、预制体整体制备技术、自动铺带技术、自动纤维铺放技术等研究，并应用于生产实际。

目前的陶瓷基复合材料加工技术方面，复杂结构的制备手段（成形、加工、连接、密封等）还需进一步完善；对服役环境下的失效机制还需深入研究；发展复合材料可控制备技术与低成本化技术、复杂结构精密成形与加工技术、高温连接与密封技术、多场耦合极端环境的测试技术与失效评价等。

**（2）大尺寸弱刚度结构低应力精密加工技术**

空间飞行器大尺寸弱刚度结构低应力精密加工变形问题的研究是建立理论模型，分析输入参数（影响变形的因素）对输出结果（变形）的影响，旨在降低加工变形量，保证零件设计尺寸精度。开展空间飞行器大尺寸弱刚度结构低应力构件加工残余应力的建模与修正技术、加工变形机理研究、仿真建模、参数优化研究等。加工变形问题的建模涉及材料学、力学和机械制造等多学科，高温高压、高应变率、塑性变形等多场耦合，需研究切削力、切削热、装夹系统、工艺参数、工况、材料初始残余应力和加工残余应力等多种因素的影响性分析。

**（3）大型空间光学结构超精密加工**

大型高分辨率的对地、对空光学观测系统被广泛地应用于军事，科研等各个领域，由此对离轴非球等形式的复杂曲面光学大镜的需求也不断增加。由于望远镜口径的不断增大以及拼接镜技术的发展，离轴非球面的应用也越来越常见。以提高复杂光学大镜少轴弧面磨削的效率、质量及其大规模工程应用为目标，从少轴磨削对五轴磨削的可替代性入手，创建少轴弧面磨削虚拟轴等效原理模型，研究少轴运动学、轨迹规划、误差建模与补偿、砂轮-工件接触区域、砂轮几何磨损、以接触区域为基础的弧面砂轮局部变形、磨削力建模问题，研究少轴磨削过程中涉及的几何学问题。

12. 特种加工技术领域

针对激光加工，研究非金属复合材料宏观切割、铣削与制孔技术；非金属复合材料激光清洗技术；非金属复合材料微细结构加工；非金属复合材料的激光连接技术；非金属复合材料激光制造数字化和机器人化装备等。

针对超声振动加工，研究椭圆超声振动切削装置，研究刀具磨损的抑制机理和减缓技术等。

针对电加工，研究高温合金材料如镍基，钛合金零件电化学加工技术，对加工后零部件的整体性能建立仿真模型研究。

13. 热加工与精密成形技术领域

开发空间飞行器钛合金精密薄壁构件形性调控热处理技术，成形工艺仿真模型与分析技术，开发铝合金、钛合金、镁合金塑性成形技术和热处理装备，开发精密热成形、热管成形壁板成形、电致成形、旋压成形和碳纳米管铝新材料加工技术等。

14. 先进连接技术领域

研究高强铝合金搅拌摩擦焊关键技术、大厚板结构电子束焊接技术，根据电子束能量的特点，建立新型焊接热源模型和液态金属冲刷模型，针对平焊和横焊熔池流动行为和凝固行为开展研究等。研究航天器智能化焊接技术，建立焊接热力仿真模型，研究变极性等离子焊、搅拌摩擦焊在大型密封舱体结构纵缝与环缝焊接中应用，研究复杂空间曲线焊缝变极性等离子焊、搅拌摩擦焊在焊接结构技术，建立舱体结构的应力与变形仿真与控制模型，突破大型热控结构的低温钎焊技术，研究基于网络和云计算的焊接虚拟制造技术，开发电弧增材制造技术及智能焊接机器人等。

15. 表面工程技术领域

表面工程已由传统表面工程向复合表面工程、纳米表面工程及表面工程的自动化发展。航天装备材料表面处理工艺技术正朝向高效化、低能耗、高性能化方面发展。空间飞行器制造表面工程技术发展重点包括高精度成像杂光抑制涂层制造技术；轻质非金属及柔性薄膜表面高效金属化技术；航天器激光打击防护涂层制造技术；耐高温及抗辐射热控涂层制造技术；多层光学薄膜及智能热控薄膜以及涂层等。

16. 电气互联技术领域

电气互联方面，开展高功率密度及高组装密度的高可靠互连工艺技术。开展环氧印制电路板、高导热陶瓷基板装联及封装技术，组装能力向小型化、高密度化发展，产品承载能力向高压、大电流化发展；产品适应能力向耐恶劣复杂环境发展，产品兼容能力向有铅、无铅混装方向发展；重点开展耐宇航恶劣环境的纳米钎料互连技术、航天器用高压电子产品电气绝缘及防护技术、航天器高速通信系统互联技术、智能电缆网制备技术、电缆网在线监测技术、宇航用半导体分立器件高可靠封装技术等。

17. 复合材料成形技术领域

（1）大型复合材料天线反射面高精度成型技术

随着航天器、卫星以及通信等系统对高精度碳纤维复合材料天线的精度和口径提出了更高的要求，传统的加工成型方法下已经不能满足大口径和高精度天线反射面的大批量制造需求。系统研究天线反射面材料及其模具材料的可制造性，加工工艺和面形测量方法，并探讨适应于大口径天线反射面的加工设备方案突破大口径天线反射面的高精度制造瓶颈，为大口径、高精度天线反射面的应用作出重要贡献。

（2）网格承力结构连续缠绕成形技术

采用理论建模、有限元数值分析和实验验证方法，研究各设定载荷下不同编织结构的应力分布以及结构的宏观力学响应规律，为网格承力结构连续缠绕成形技术提供系统的依据和参考。

（3）复合材料展开结构高精度连续成型技术

以形状记忆聚合物及其复合材料的基本力学性能表征为契机，通过理论推导、仿真分析、试验研究等手段，设计并制造出基于形状记忆复合材料的智能结构，并且将其应用于空间可展开天线结构之中，为形状记忆复合材料在智能主动变形结构中的应用打下了一定基础。

（4）柔性薄膜复合结构制备工艺技术

未来卫星将朝着大型化、多功能化、重型化方向发展，过多的有效载荷需要更大的电源系统，目前常规的空间太阳电池将难以满足后续空间技术的快速发展要求，因此需要开展新型空间用太阳电池的研发工作。对空间太阳电池的效率、可靠性与重量都一直存在着持续改善的需求，而这一改善的过程中，柔性薄膜电池的开发可以为其提供极多的技术补充。应尽快研究柔性薄膜复合结构制备工艺技术，提高其抗电子、质子辐照的能力。

## 三、航天器设计与制造领域发展与技术群预计实现时间

1. 重大产品

（1）遥感

1）2025 年前发展重点

按照一星多用、多星组网、多网协同的发展思路，建设陆地、海洋、大气系列卫星，布局光学、微波和其他 3 类观测手段，配置高轨、低轨 2 种轨道资源，逐步形成由 7 大类卫星星座（陆地高分光学星座、陆地中分光学星座、合成孔径雷达 SAR 卫星星座、海洋水色卫星星座、海洋动力卫星星座、气候观测卫星星座、天气观测卫星星座）和 3 类观测卫星（物理场探测卫星、海洋监视监测卫星、大气成分探测卫星）组成的面向地球系统综合观测的遥感卫星体系，实现对地球陆地表面、海洋、大气等多种要素综合观测，具备高、中、低多层次空间分辨率，覆盖可见光、红外、微波、激光等波段，满足我国不同行业和产业发展需求。

2）2030 年前发展重点

启动综合要素观测系统建设，利用多种遥感手段从多角度观测陆地环境要素，提供有效全球气候变化和环境监测手段，加强资源共享，构建稳定运行的具有中国特色的综合要素对地观测卫星体系。

微小卫星全球资源探测：突破多体制载荷共硬件设计、微小卫星片上载荷技术、微小卫星全域空间层析探测技术、微小卫星大数据空间计算技术等难题，实现全球资源（含水下资源和目标）的实时探测，推动资源探测领域从浅地表到深地层、深海层的演进，从分时孤立探测到实时大数据的发展。

高精度微波探测：通过高精度同步技术，实现不同平台、不同视角、不同时刻的微波成像，同时大幅降低系统建设成本。统一辐射源保证不同图像间的高相关性，通过分布式接收系统的数据联合处理，实现超高分辨率成像、高精度干涉测高、高精度形变监测和多维多角度成像等，打破现有微波系统性能瓶颈，实现微波遥感技术跨域式发展。

通过全自动星上自主任务管理、快速海量星上数据处理、高速星地数据传输和自主信息分发等技术，实现空间计算。

以高轨超大口径高分辨率成像和稀疏孔径成像、衍射成像为突破口，开展高轨监视系统的技术攻关，形成对我国领土和领海，以及重点地域和海域的持续监测能力，

有效地为国家防灾减灾、海洋权益、国防安全等提供重要信息支持。

发展分辨率达到 0.5 米微小卫星星座/星群。

3）2035 年前发展重点

大力发展计算式成像技术，充分利用地面系统信息处理能力，用小代价实现高品质遥感，促进前沿遥感技术的发展，拓展遥感卫星的应用领域。米级分辨率的高轨对地观测系统可达到实用阶段，高轨对地监视系统性能获得极大提升，发展量子、太赫兹、中微子等新型探测手段，在技术手段方面实现全域感知、全谱透明，极大地增强我国防灾减灾、海洋维权以及维护国家安全的能力。

发展多星自主任务智能协同技术，卫星系统根据感当前的资源状况、外部环境和其他约束，面向任务需求，自主做出各种决策，避免资源浪费，促使高分辨率成像系统走向智能化，形成智能化先进成像系统。该系统为数字地球提供高分辨率、高精度、稳定的遥感数据源，实现主要城市的测绘数据更新率达到小时级，其他地区至少每周测绘数据更新一次，使广大用户可以无时无处地享受数字地球带来的便利。

（2）通信

1）2025 年前发展重点

建成覆盖全球主要地区、与地面通信网络融合的通信广播卫星系统。满足行业和区域重大应用需求，支撑空间资源规模化、业务化、产业化发展需求和技术先进、全球覆盖、高效运行的空间信息走廊的建设目标。

天基组网示范：验证星间建链、高速传输、宽带接入、混合组网、空间路由交换等技术，开展空间骨干节点互联、信息实时回传、信息广域分发等通用服务示范。

新一代互联网示范：验证新一代互联网的体系架构、技术体制、服务能力，验证其可扩展性、可管控性、安全性、移动性。

异构网络融合示范：验证由天基信息网、互联网及移动通信网融合的一体化体系架构及异构组网技术，开展陆、海、空、天各类用户随遇接入、无感切换、按需服务等功能示范。

一体化示范：验证网络资源动态分配、服务融合、动态组网、网络重构、网络区分服务、按需隔离等技术，开展网络无缝切换、安全可定制的服务保障模式示范。

2）2030 年前发展重点

一环：构建由 6 个 GEO 卫星星簇组成的"天基骨干网"，完成天基网络信息骨干传输。

一线：构建由 4 颗 GEO 卫星组成的天基接入网，完成我国国土及"一带一路"的信息接入。

一网：构建由全球无缝覆盖的低轨通信卫星星座，完成天基网络信息接入。

天地互联：构建 15 个地面信息节点，完成天基网络与地面网络的信息交互。

社会新型需求综合微小卫星：重点发展面向社会新型需求的商业遥感、通信（移动通信、WIFI 等）综合卫星，创造新的用户需求与市场形态。

3）2035 年前发展重点

结合我国天地一体化信息网络工程的建设规划，全面融合各类应用终端和信息系统，实现海量信息跨域多层次自主融合与云处理。通过可重构信息"基地"、智能化接入"系统"、地空海综合"网络"的建设，实现服务需求提前预判、服务项目主动策划、服务能力自动升级，完成由"信息随需获取"到"服务随心而至"的跨越式提升，建成"引领需求、管理信息、设计服务"三位一体的信息体系。

可重构信息"基地"是由多个部署在高轨、两极悬停轨道和拉格朗日点的可重构"综合服务基地"。可重构"综合服务基地"以业务重构以及功能重构为主要特征，实现信息生成、获取、传输与应用于一体。可重构信息"基地"以激光通信、太赫兹通信为基础，可实现物理层绝对安全的通信，并充分利用空间温度等特殊条件，为深空通信和星间通信提供 TGbps 级别的通信传输。

智能化接入"系统"是由高轨卫星为主体、低轨卫星和空间飞行器为辅组成的多功能、智能化应用终端接入系统，是实现各类应用终端随需接入和为用户提供全面信息服务的窗口。系统通过高效同频组网、动态频率资源按需调配、陆海空天频率整体协调技术，实现系统资源智能多维复用。

地空海综合"网络"是由地面、海上、空中各类应用终端，通过基于智能决策的路由和个人路由等技术构成的分布式、自适应、智能化信息网络。各类应用终端通过可重智能化接入"系统"与可重构信息"基地"互通，获取各类信息服务。每个使用网络的终端都将满足其无处不在、独享网络的信息服务需求。

（3）导航

1）2025 年前发展重点

围绕"北斗"导航系统用户使用需求，通过开展备份星研制、全球卫星导航支持系统建设、全球系统导航卫星故障模拟与仿真系统建设、系统稳定运行及服务性能提升策略研究，提高卫星系统在轨运行服务保障能力，确保卫星在轨稳定运行。

瞄准构建基准统一、覆盖无缝、安全可信、高效便捷的国家综合定位导航授时体系，全面突破卫星导航升级换代和定位导航授时体系两大领域的关键技术，开展下一代卫星导航系统论证与关键技术攻关，为卫星导航专项任务拓展和国家PNT体系专项建设奠定技术基础。

2）2030年前发展重点

基于"北斗"系统的国家综合PNT体系的建设与应用：以"北斗"系统为核心与基石，体系化地开展PNT基础前沿技术研究，构建国家综合PNT体系。着力突破卫星导航系统性能提升、高精度时空基准动态维持和传递、Micro-PNT等核心关键技术。完成室内、水下和太空等特殊区域的定位导航授时技术试验应用，建成体系服务性能评估与干扰监测示范网络，完成关键技术攻关成果综合集成和体系框架验证。适时启动新一代"北斗"卫星导航以及补充、备份和增强系统建设。初步构建国家综合定位导航授时体系，提供初始服务，具备体系化的对抗能力。

全空域的高性能导航服务：通过高效合理的导航信号体制、优化的信号功率分配、更高精度的星载时频基准和测量技术，提高运控系统对相关参数的注入频度及精度，实现全球服务范围内亚米级的定位精度和纳秒级的授时精度。完好性满足民航一类精密近进需求，提升系统服务的连续性和可用性，为用户提供及时、有效和可靠的告警信息的能力。通过国际合作，积极实现GNSS资源优化整合，最大限度地选择利用国际卫星导航信号资源，提高"北斗"系统在全球卫星导航领域的影响力。

3）2035年前发展重点

脉冲星探测及其导航：通过探测20颗以上脉冲星构成的天然导航星座辐射的X射线脉冲信号，构建X射线脉冲星导航系统，在整个太阳系内为各类航天器提供全信息、全空域、长时间、高精度、自主性的导航信息服务。

月球/火星中继通信及导航定位：包括可用于月球对地不可见区域探测和大范围月面活动的中继通信和月面定位与导航系统、月球全球卫星导航星座。

深空探测和星际导航网建设与应用：实现近地星体卫星导航，近地空间卫星导航，建设星际航行卫星导航骨干网。

量子导航定位：探索远距离星间亚毫米测量方法，突破集测距和通信为一体的新体制测量技术，解决纠缠态光子信号的产生与控制、光子脉冲到达时间测定和高精度天基量子测量系统建模问题，研制天基量子测量系统。

2. 关键技术

（1）基于开放式软件平台的软件定义卫星技术

从总体设计上创新性、革命性的采用开放平台技术，侧重低成本、批量制造的目标效应，实现系统性能指标满足要求，目标成本和批产效率最优。由高性能分布式计算机、星载高速路由和通用载荷处理系统组成开放式信息系统。标准接口实现各类载荷间的接口与协议转换，实现各类载荷的即插即用。开放式软件平台在满足自主任务规划的情况下，软件平台开放、开源，结合星载操作系统和超算能力，支持载荷动态重组，应用软件动态重配和加载。卫星应用软件开源设计，通过发布 App，满足不同用户的功能需求。

开展以高性能开放式星载处理平台和通用操作环境为基础的新一代架构卫星系统的研究。首先突破平台与系统、软件定义载荷等关键技术，预计 2025 年前实现开放式软硬件验证平台搭建，进行软件定义卫星技术验证。进而，实现工程应用，力争 2030 年实现新一代架构卫星研制。最终，实现 2035 年具备为部署大规模星座提供支持的能力。

（2）基于数字孪生的卫星设计与试验技术

利用数字孪生技术手段，建立可以完整映射物理卫星产品实时功能与性能的高保真虚拟模型集合，以模型和数据为驱动，运用虚实交互反馈、数据融合分析、决策迭代优化等手段，将系统模型与设计模型、载荷模型、任务方案等进行关联，通过对数字孪生卫星、设计模型和反映全生命周期的孪生数据等进行结合，实现对各种空间环境中的任务设计、轨道设计、星座设计、网络设计等进行快速仿真验证，从而提高卫星系统的设计迭代速度，降低卫星系统的开发成本和开发风险。

2025 年，完成关键技术攻关，构建"虚实结合"的卫星设计与试验验证系统，开展技术验证。2030 年，完成卫星系统核心功能的虚拟样机研制，进一步数字化卫星设计与试验验证系统，实现对各种空间环境中的任务设计、轨道设计、星座设计、网络设计等进行快速仿真验证，提升卫星系统的设计迭代速度。2035 年，以虚拟样机为主要载体进行扩展，全面实现数字孪生卫星研制，提高卫星的设计迭代速度，优化卫星设计研制模式，满足卫星设计的智能化、高效率、低成本等需求。

（3）基于高频谱使用效率的星际信息网络技术

基于高频谱使用效率的星际信息网络技术主要突破统一 IP 路由与轻量化协议实

现技术、基于地面集中管控的网络管理控制技术、异构网络无缝融合及切换技术、空间自主网络管理控制技术、基于人工智能的路由技术以及任务驱动的柔性通信载荷技术。确保各类信息可靠、及时、按需分发至各类用户，对产业发展带来重大效益，满足天基信息网络由"信息驱动"向"服务驱动"方向转变需求。

到 2025 年形成一体化的互联结构，能够为火星、月球和地球等用户提供一个统一的信息通道。2030 年，实现星际网络和地球网络可统一管理和调配。2035 年，能够按照用户的接入需求实现自由切换或并发传输，从而实现频谱资源的高效利用。

（4）天基密集组网技术

天基密集组网技术可实现"网络节点间逻辑链路构建，实现端到端业务通信"，是实现天基宽带互联网异构互联的基础。为使信息在异构网络间多跳传输，组网技术必须具备高效、灵活、可扩展、智能化等特点。天基密集组网技术主要包括接入与资源复用技术、星载交换技术、空间路由技术等核心内容，对产业发展带来重大效益。

2025 年突破天基密集组网技术理论研究，搭建地面演示验证系统。2030 年，构建覆盖全球的星地一体化网络在轨验证系统。2035 年建成高、中、低轨结合的全球覆盖天基卫星网络系统。

（5）天基量子通信技术

天基量子通信是利用量子纠缠效应进行信息传递的一种新型通信方式，在量子通信系统中，信息的发送和接收方共享两个纠缠在一起的几乎完全一致的变化，从而实现用不加外力的方式传输信息，传输的只是表达量子信息的"状态"，作为信息载体大的光子本身并不被传输。在这一过程中，发送和接受方需纠缠光子的数量取决于报文的长度。量子通信的社会价值更加广泛，不仅可用于军事、国防等国家级保密领域，还可用于金融、数据中心、物联网、区块链等国民经济领域。

2025 年研制空间量子通信载荷和地面接收机技术逐步成熟，并在高轨验证量子密钥分发功能。2030 年，研究实现空间量子通信与激光通信的波分复用，实现多路量子通信的复用，实现白天条件下低轨量子通信。2035 年，突破诸多技术，并与云计算等前沿技术相结合，实现技术普惠发展。

（6）基于人工智能的天基复杂网络管控技术

基于人工智能的天基复杂网络管控技术网络管理技术是为实现天基互联网高效运行、灵活服务而建立的管理架构、机制与流程，是保障天基宽带互联网安全、可靠、稳定运行的关键。网络管理技术，按照指令和网络协议自主控制管理天基网络资源和业务服务，是整个天基宽带互联网的大脑和中枢神经。天基互联网管理对象复杂，用户需求多样，网络服务要求高，存在网络动态性，管理内涵丰富，除基础的网络管理内容外，需要扩展网络资源调度、服务能力保障、数据分发、卫星监控、任务状态切换、入网权限管理等一系列与航天任务密切相关的工作。

2025年，完成多种手段的天基复杂网络管控理论方法研究，完成原理系统研制与验证。2030年，对功率、带宽分配、频率规划重构等问题开展数学建模与仿真，面向用户需求，开展业务建模，提出多维自适应资源管理流程。2035年，实现系统资源的按需灵活配置，提供不少于2级全网资源动态分配和限速和速率保障误差小于5%。

（7）区块链天基应用技术

区块链天基应用技术是新一代信息技术的重要组成部分，是分布式网络、加密技术、智能合约等多种技术集成的新型数据库软件。近年来，区块链技术和产业在全球范围内快速发展，应用已延伸到数字金融、物联网、智能制造、供应链管理、数字资产交易等多个领域，展现出广阔的应用前景。当前，我国区块链技术应用和产业已经具备良好的发展基础，区块链对我国经济社会发展的支撑作用初步显现，但将区块链与天基技术的有效结合亟待突破。

2025年，开展基于区块链的航天器控制技术、基于区块链的指挥通信技术关键技术攻关与试验验证。2030年，发展基于区块链的天基资源共享服务技术，形成初步的基于区块链分布式记账式天基资源共享分发能力，用于天基资源共享基础网络发展建设。2035年，基于天基通信网络，开展区块链的航天器控制技术、基于区块链的指挥通信技术应用。

（8）天基时空基准建立与维持技术

天基时空基准建立与维持技术研究以构建我国天地一体化的时空基准体系为目标，通过实现天基时空基准自主建立、维持与传递，提升星座长期自主运行能力，实现天地常态异构互备，支持天基时空基准达到国际领先水平。实现基于地面锚固可长期自主运行，服务性能不下降；无地面锚固自主运行180天，定位精度优于15米。该技术采用后，降低对地面支持的需求以及对海外建站的依赖，实现降低地面系统运行成本，提升系统稳定性的目标。

2025年完成星座钟组守时技术的攻关与验证，在"北斗"3号GEO/IGSO备份卫星上搭载星座守时载荷开展在轨试验。2030年实现天基频率驾驭技术攻关与验证，利用少量导航卫星配置的高性能基准钟修正星座自主守时期间产生的整体频率漂移，提升守时时长和精度。2035年实现天基原子时与天基脉冲星时的联合守时技术的研究工作，生成无守时时长约束的天基时间基准，并利用脉冲星天地共视实现天基时间基准向地面时间基准的溯源技术。

（9）导航服务性能提升技术

导航服务性能提升技术以全面提升卫星导航信号的精度、完好性、连续性、灵活性等服务性能，及实现导航载荷的数字化、高集成、可扩展、易制造为目标，满足未来用户对更稳定的卫星导航信号、更高精度的定位导航服务、灵活多样对抗手段的需求。新型数字化载荷星载实现技术是实现未来导航卫星智能对抗、灵活赋能、功能集约的关键；导航信号质量提升技术开展导航信号质量性能影响因素分析及建模、信号质量监测和自主预失真补偿方案设计等研究，为实现更高精度的导航服务提供支撑；基于软件的导航信号高连续性技术开展空间环境防护加固技术、导航信号故障智能检测与无感恢复技术研究，提升导航信号连续性。

2025年实现导航服务性能提升技术攻关，逐步开展地面和在轨搭载验证工作，针对在轨薄弱环节和下一代初步论证成果进行升级。2030年实现导航服务性能提升技术导航卫星工程应用，初步具备更稳定的卫星导航信号、更高精度的定位导航服务、灵活多样对抗手段的能力，支持下一代卫星导航系统建设。2035年根据技术在轨应用情况，不断完善导航服务性能提升技术，实现我国下一代卫星导航系统的服务性能指标达到国际领先水平。

（10）智能化导航卫星技术

形成硬件柔性配置、软件定义功能的模块化、可重构、开放式的系统架构，大幅降低重量、体积、功耗等以及提高导航卫星功能配置的灵活性。在功能方面，自主健康管理、在轨信息处理等方面的功能将逐渐加强，人工智能技术将得到在轨应用；在传输方面，实现空间、星内一体化网络通信，传输速率和接入能力将进一步提升；在硬件方面，多核高性能处理器、高性能FPGA乃至AI处理芯片等将在轨应用，提升导航卫星的计算存储能力；在软件方面，新型操作系统、云计算软件框架等将得到应用。

2025年实现智能化导航卫星原型开发成功，具备高速信息传输、高性能异构计算、大容量存储能力，支持下一代卫星导航系统的研制与部署。2030年实现智能化导航卫星工程应用，具备星载智能健康评估诊断、载荷灵活配置、网络智能管理能力，支持下一代卫星导航系统建设。2035年完善导航卫星在轨智能化服务，支持下一代卫星导航系统智能运维。

（11）多要素多尺度陆海综合观测技术

构建多种探测手段、多种分辨率的天基陆海综合观测系统，实现对地球自然和人类活动的持续、多维、精细状态感知能力，对国家安全、社会管理、日常生活、科学研究都有重要意义。逐步实现对地观测手段包括可见光、红外、高光谱/超光谱、激光、P/L/S/C/X/Ka/Ku波段SAR等。需要突破相应的体系设计、载荷开发和卫星设计等技术。

2025年实现全天时高重访对地观测系统、大幅宽精细光谱探测系统、大比例尺立体测绘系统、亚中尺度海洋动力要素探测系统、大幅宽SAR全球海洋成像系统研制发射与在轨应用。2030年实现多波束激光雷达生物量探测系统、低频SAR生物量探测系统、光谱遥感植被健康探测系统、浅海地形与海洋生产力探测系统、大幅宽海洋流场探测系统、高精度海冰与积雪探测系统、分布式层析SAR三维测绘系统研制发射与在轨应用。2035年实现单光子成像高动态探测系统、次地表三维结构探测系统研制发射与在轨应用。

（12）高功能密度遥感卫星研制与数据应用技术

发展标准化有效载荷、卫星平台技术，开发机电热复合功能结构、可重构星载综合电子系统、智能化星载数据处理框架等高集成度、高功能密度产品形态，构建完整的商业元器件、单机设备、软件产品支撑遥感卫星制造的供应链，实现大规模、高效能商业遥感卫星星座、星群快速构建，以及海量图像数据的高效处理分发，促进遥感卫星数据在金融、地产、交通、应急、农林渔业等各行各业的应用。实现卫星成像分辨率优于0.5米，整星重量不超过1.5吨，星上具有任务规划、任务协同、数据处理、信息提取、情报分发等功能，从需求上注到获取图像的时间不超过30分钟。

2025年实现0.5米分辨率遥感卫星批量研制与发射应用，星上实现任务规划、数据处理等功能。2030年实现标准化有效载荷与卫星平台研制成功与在轨应用，空间分辨率达到0.3米，星上实现任务规划、任务协同、数据处理、信息提取等功能。2035年实现0.3米分辨率遥感卫星批量研制与发射应用，从需求上注到获取图像的时间不超过30分钟。

（13）遥感卫星星群自主运行与管理技术

发展大规模遥感卫星星群在轨图像处理、数据融合、信息提取、分布式任务分配与自主任务规划技术，实现轨道、载荷、平台各异的异构星群自主运行与管理，星间任务、图像与信息的高效传递，直接支持用户使用。满足全球用户对天基遥感数据的快速定制、快速获取需求。预计2035年前实现规模不小于1000颗遥感卫星的星群自主运行技术，星群具有自主任务协商分配、任务状态实时追踪、在轨数据快速处理等服务能力。

2025年实现星群分布式任务分配与自主任务规划理论方法的突破，实现核心算法的地面验证与在轨试验。2030年实现星群在轨图像处理、数据融合、信息提取、任务分配与任务规划功能全部在轨应用，星群按步骤发射组网。2035年实现轨道、载荷、平台各异的异构星群自主运行与管理，星群规模达到1000颗以上。

（14）基于遥感的低轨巨型星座技术

突破超大规模星座的多目标跟踪传感器资源调度、低轨空间碎片环境对大型低轨星座的影响防护等难点与关键技术，大幅度提升遥感星座系统的全天时全天候的成像覆盖、多源多模态数据获取能力，推动遥感全链路定量化信息处理，支持迅即高效的行业精准决策。

2025年，实现对国内、外低轨巨型星座发展态势进行深入分析，研判低轨巨型星座发展应用需求与关键技术，提出民用低轨星座建设和发展方案，完成基于遥感的低轨巨型星座方案的设计。2030年，突破低轨巨型星座的卫星研制过程中的关键技术，实现卫星硬件电路集成化、功能实现软件化、总装测试流水化、发射部署迅捷化、在轨运行自主化。2035年，完成基于遥感的低轨巨型星座的发射部署与组网运行，通过星座智能自主任务规划、指令控制、数据处理、信息交互，引导实现多星协同任务实施，提供面向终端用户的信息产品实时服务。

（15）自主学习型智能遥感卫星系统技术

开展自主学习型智能遥感卫星系统技术的研究，突破星载软硬件系统架构设计、面向目标实时感知的深度学习与无监督自主学习技术、在轨自主任务生成与决策等关键技术，实现复杂空间环境下的卫星在轨自主感知、智能决策与信息分发，完成海量多源异构数据在轨智能获取、解译、共享。本技术是遥感卫星系统未来的必然发展趋势，将引领实现AI赋能遥感技术的跨越式发展，满足对地观测的快速响应，有针对性地实现多样性的观测任务保障，为卫星产业带来重大的效益。

2025年，完成对国内外自主学习型星座发展态势的深入分析，完成对应用需求的梳理与关键技术的研判，完成面向卫星自主学习的软硬件系统的设计、研制与测试。2030年，突破智能化目标实时感知、在轨自主任务生成、在轨卫星自主决策等领域的关键技术，开展新技术的工程化在轨测试与应用。2035年，实现自主学习、智能处理的新型遥感卫星系统的研制与发射部署，形成完整的自主任务分配与智能数据处理链路，牵引自主学习智能处理遥感技术在各领域的应用革新。

（16）空间飞行器智能制造技术

空间飞行器智能制造技术是航天制造技术与数字化技术、智能技术及新一代信息技术的融合，是面向空间飞行器高质量、高效率、高效益研制的需求，实现产品全生命周期、全流程、全要素的数字定义与互联互通，形成具有动态感知、实时分析、自主决策、精准执行功能的制造系统，使得制造过程中的人与"机"深度交互、信息系统与物理系统高度融合，形成面向产品全生命周期、高度自动化的先进制造技术集群及应用系统。

2025年完成多系统建模与设计空间智能决策技术、制造物联网、基于高保真数字孪生的航天器制造集成应用技术攻关与核心系统开发，工业大数据分析技术实现突破，逐步实现机器学习技术与工艺技术融合。2030年制造过程泛在感知技术深入发展，突破以知识图谱为核心的多维数据关联与分析，实现以数字孪生等智能制造技术在生产线、车间中的工程应用，典型型号任务应用。2035年实现人工智能技术嵌入空间飞行器智能研制流程，与先进制造技术集群及应用深化融合应用，全面实现型号工程性应用。

（17）空间飞行器增材制造技术

增材制造技术，是基于"分层切片+逐层堆积"的思想，采用离散材料（液体、粉末、丝、片、板、块等）逐层累加原理制造实体零件，相对于传统的材料去除技术（如切削等），增材制造是一种自下而上材料累加的制造工艺。与传统机加工和模具成形等制造工艺相比，增材制造技术将三维实体加工变为若干二维平面加工，大大降低了制造的复杂度。增材制造技术不受零件形状和结构的约束，从理论上说，任意复杂形状都可应用该技术在无需刀具、模具的条件下快速地将设计变为现实。

2025年实现高性能铝轻量化空间飞行器结构增材制造构件的全面应用，实现空间站舱内备品备件在轨增材制造技术的应用验证。2030年实现机热、机电、光机热、机电热等多功能空间飞行器结构增材制造构件的全面应用，实现空间超大型结构在轨增材制造技术的应用验证。2035年增材制造技术成为支撑空间飞行器结构高性能、低成本研制的重要手段，在轨增材制造技术成为空间飞行器在轨构建的重要手段。

### (18) 空间飞行器工艺与装备技术

空间飞行器工艺与装备技术是整星和单机产品在工程实现过程中采用的工艺技术及装备的总称，覆盖航天器星/船、探测器工程研制零部件至总装制造全过程，包括高效精密加工、精密成形、先进连接、表面工程、复合材料和非金属材料成型、装配、电气互联及电子元器件制造等多专业工艺，涉及数控系统、伺服电机、测量仪表等关键部件和高档数控机床、工业机器人等装备，渗透在航天器总体技术和各分系统实现过程中，是航天器工程研制的技术基础。

2025年突破以高速再入防隔热材料、深空探测防护涂层的航天器先进材料制备技术，取得标志性应用。突破展大口径光学镜片高效加工、非金属基复合材料精密加工、高强铝合金搅拌摩擦焊等连接技术，形成移动机器人等智能装备。2030年实现多能功能超材料、自感知自修复智能材料等先进材料规模化应用。以移动机器人自主加工、高密度高可靠电气互联等技术为代表的先进制造工艺技术与装备实现稳定生产。2035年突破可调节超材料、智能自主性能调控材料为代表的航天器先进材料制备技术，实现融合人工智能的柔性制造装备全面应用。

## 四、研发水平国际比较分析

### 1. 基于开放式软件平台的软件定义卫星技术

美国和欧洲的四大卫星研制商全部加入软件定义卫星发展行列，启动或实施了多个软件定义卫星项目，如空客的"量子"卫星及洛马公司的"智能"卫星等。欧美卫星研制商已较成熟掌握该技术，多颗基于开放式软硬件平台的软件定义卫星将在两年内发射，并完成多项验证试验。同时，我国成立软件定义卫星技术联盟，并于2018发射了第一颗采用开放系统架构的软件定义卫星"天智"1号，该星是一种拥有多种软件、可实现按需重构、完成多种任务的智能成像卫星。预计到2035年，我国基于开放式平台软件定义卫星的星座可具备部署大规模设计、制造、部署能力。

### 2. 基于数字孪生的卫星设计与试验技术

在国外，数字孪生率先在国防军工领域开展应用研究。2012年，面对未来飞行器轻质量、高负载、长寿命的严苛研发需求，NASA和美国空军合作并共同提出了未来飞行器的数字孪生范例。美国海军通过虚拟化宙斯盾系统的核心硬件，构建了宙斯盾系统的数字孪生，并利用虚拟宙斯盾系统进行了实弹射击且成功命中目标，实现了美国海军武器系统形态以及升级模式的重大变革。在国内，数字孪生技术在航天领域也有不少研究，然而，现阶段数学模型主要实现功能级模拟，使模型仅限于数学仿真环境内部的迭代优化，缺乏与实际物理环境的交互。一方面无法将地面物理试验与在轨飞行试验等宝贵实际数据应用到模型的不断细化与完善中，另一方面造成了模型仅在方案设计与软件研制阶段的局限性应用。

3. 基于高频谱使用效率的星际信息网络技术

到 2035 年，进一步发展智能感知与自主接入技术以及人工智能及大数据技术，综合运用信息领域先进理论和技术、通过天基物联网、天基云计算、智能多维云导航、全维智能传感、天基信息大数据挖掘与情报智能分析等技术有效实现天基网络节点之间的泛在精准物联，技术水平可达世界先进水平。

4. 天基密集组网技术

到 2035 年，天基密集组网技术已经构建成高、中、低轨结合的全球覆盖天基卫星网络系统，为地面、空间等各类移动用户终端、卫星系统、星际舰船等提供高动态、大用户容量的一体化即时网络服务，解决了单节点下各类用户超高密度接入及组网实现方式，实现覆盖整个空间的卫星通信网络。

5. 天基量子通信技术

到 2035 年，量子加密技术和云计算进行有机结合，形成密钥资源池，从而弹性满足用户个性化需求。

6. 基于人工智能的天基复杂网络管控技术

到 2035 年，我国已经建成天地一体的管控系统，是卫星网络实现全球服务、高效运行的重要保障。

7. 区块链天基应用技术

到 2035 年，成功突破基于区块链的天基资源共享服务技术，形成成熟自动化全覆盖的天基资源安全分发共享能力，支撑天基资源智能共享体系发展建设。不断加快技术规模化、建设具有世界先进水平的区块链产业生态体系，实现跨越发展。

8. 天基时空基准建立与维持技术

2018 年，欧洲"伽利略"系统研制团队提出了"开普勒"计划，用于接替"伽利略"导航星座。该方案可实现无需地面维护的星座时间自主维持，仅需一个地面站可维持星座构型以及与 UTC 时间同步，"开普勒"计划于 2021 年发射首批试验卫星。

目前国内在天基守时方面的技术基础和研发积累与未来需求还存在差距，光钟、新型原子钟还在预研阶段，预计到 2035 年达到国际先进水平。

9. 导航服务性能提升技术

未来世界各大卫星导航系统不断提升空间信号精度、系统定位精度等导航服务性能。我们必须紧紧抓住科技/产业革命的重要机遇，充分利用"北斗"、低轨星座等系统快速发展和升级换代的窗口期，乘势而上，解决"北斗"系统在全球高精度、全球完好性等瓶颈，实现导航服务性能跃升，为经济社会发展提供支撑。

10. 智能化导航卫星技术

面向未来卫星导航任务的智能化复杂应用需求，智能化已成为未来导航卫星的重要发展方向，美国、欧洲等国家已相继在 GPS-III、NTS-3、"伽利略" G2 以及各大卫星制造商的新一代卫星平台研发中逐步开展卫星智能化技术的研究及在轨试验，目前国内的技术基础和研发积累与未来需求还存在差距，预计到 2035 年达到国际先进水平。

11. 多要素多尺度陆海综合观测技术

目前我国的陆海对地观测系统处于国际先进地位，探测手段覆盖可见光、高光谱、C 波段 SAR 等；空间分辨率可见光达到 0.5 米、SAR 达到 1 米、高光谱达到 30 米；由于低轨卫星多采用太阳同步轨道，观测时间多集中于上午 10 点半附近，观测时机分布不均匀。按照规划的发展，将逐步达到国际领先水平。

12. 高功能密度遥感卫星研制与数据应用技术

目前我国的高功能密度遥感卫星研制与数据应用处于国际先进地位，已经发射的高分辨率遥感卫星包括高分多模卫星、高分 2 号、高景 1 号、吉林 1 号、北京 3 号等。空间分辨率最高达到 0.5 米，成像谱段最多包含 1 个全色和 8 个多光谱谱段，星上具备云判、辐射校正、几何校正、区域提取、快速分发等功能。但相比与美欧最新的 WorldView-Legion、Pleiades-Neo 等系列卫星，在空间分辨率、集成度、功能密度上仍有差距；相比美国的"黑杰克"计划，在标准化商业遥感平台和有效载荷的研制上还需要进一步规范化。按照规划的发展，将逐步达到国际领先水平。

13. 遥感卫星星群自主运行与管理技术

当前国际上卫星数量最多的遥感卫星星群为美国的"鸽子"星群，卫星数量达到近 300 颗；而低轨互联网卫星"星链"的规模已经达到 1000 颗以上。我国在大规模异构遥感卫星星群的自主运行与管理技术方面还处于基础研究阶段，进行了去中心化的分布式任务协商分配方法研究、算法开发,在地面进行了仿真分析。需要加快研究工作,尽快向工程应用转化,促进星群任务自组织技术的发展。

14. 基于遥感的低轨巨型星座技术

我国高度关注低轨巨型星座的发展,国外系统提出伊始即开始跟踪研究,系统建设的主要特点是在企业多头分散发展基础上,政府主导统筹推进相关工程已有实施,相关应用已在探索阶段。在国际市场上,SpaceX、Planet 等商业航天企业形成产业凝聚优势,基于星座的低轨道卫星系统逐渐成为领域竞争的热点,大规模商用遥感卫星星座从爆炸式增长转入稳定部署与运行阶段。新型商用遥感小卫星星座计划出台,数据分析服务能力增强。

15. 自主学习型智能遥感卫星系统技术

航天器智能自主运行是技术发展的必然,当前新一代人工智能处于第三次爆发期,也是人工智能牵引航天技术的重要时期。目前国内科研机构围绕智能遥感对地观测、自主学习、智能感知等方面已经开展了一系列的研究,在智能遥感相关理论研究、智能遥感卫星系统论证、微小卫星智能网络、空间遥感智能卫星载荷及关键技术、星上影像智能化处理及自主运行等方面,取得了一定的研究成果。目前国外NASA、欧洲航天局等研究单位在星上数据实时处理和压缩、自动数据分析、特征提取和数据压缩、卫星仪器和系统模拟故障自动检测和诊断、深度学习地面支持系统等方面,已经成功在型号中开展了应用。

16. 空间飞行器智能制造技术

空间飞行器智能制造技术从当前的单点技术攻关与局部试用阶段,到 2035 年有望发展达到空间飞行器智能制造技术的工程性型号应用阶段;我国的空间飞行器智能制造水平将达到世界领先水平,与美国、欧盟、俄罗斯等并肩为空间飞行器智能制造的世界前列。

17. 空间飞行器增材制造技术

2035 年,预计 3D 打印技术与系统能够在航天器复杂关键结构制造中广泛应用,典型结构件在轨制造与应用。我国的地面与在轨增材打印技术确定宇航先进制造国家中居于一流企业行列。

18. 空间飞行器工艺与装备技术

到 2035 年我国空间飞行器工艺与装备技术达到国际先进水平,建立完整智能制造装备、工业机器人集成应用模式和标准规范,全面实现武器装备工艺生产过程的智能化，构建出完整智能装备谱系，实现对武器装备产品种类、工艺领域的全覆盖，自主研制的高端工艺装备具备 90% 代替国外设备的能力。

### 五、产业与技术实现可能性和制约因素分析

#### 1. 空间飞行器制造创新驱动能力亟待加强

我国是制造业大国，同时也步入航天大国的行列。但在空间飞行器高端产品创新设计方面，部分设计工具软件受制于人，设计方法和理念需要创新和改进，创新设计能力需要加强。当前，众多高端芯片的核心技术尚无法突破，产业自主发展的能力不强，难以打破市场垄断。

#### 2. 空间飞行器制造业与互联网技术等新兴信息技术的融合程度低

随着新一代信息技术与制造技术的深度融合，世界经济竞争格局正在发生深刻变化，制造业重新成为全球经济竞争的制高点。各国纷纷制定以重振制造业为核心的再工业化战略，加快谋划和布局，加大科技创新力度，积极参与全球产业的再分工。我国空间飞行器先进制造作为高端制造的代表，已经成为世界强国争夺的制高点之一。面对网络协同制造、大规模个性化定制等新型生产模式的变革，亟待加强危机意识认识，做好应对准备。

#### 3. 商业航天发展和深化改革要求，空间飞行器制造亟待转型升级

航天产业国有公司保增长、调结构的双重压力愈加巨大，空间飞行器制造转型升级的需求日益凸显。面对新形势、新任务和新要求，现有管理体制机制与改革形势、发展任务和国际一流目标的要求还不适应，迫切需要调整优化，创新发展理念和转变发展模式、不断增强航天制造领域核心竞争力的战略部署，迫切需要加快实施空间飞行器制造转型升级。空间飞行器制造推动航天关键技术达到国际先进水平的压力愈加巨大，需求更加迫切。

## 第四节　卫星应用产业与技术发展路线分析

### 一、卫星应用领域发展愿景

加强应用基础研究，拓展实施国家重大科技项目，突出关键共性技术、前沿引领技术、现代工程技术、颠覆性技术创新。以国民经济、社会发展和公共安全重大需求

为牵引，以业务化和规模化发展为目标，以强化自主创新能力和公共服务能力建设、推进卫星应用公共资源的共享、培育卫星应用企业集群和产业链为重点，以体制机制创新和开放式发展为途径，以加强卫星应用和培育卫星应用市场为突破口，加强国家对卫星应用产业的宏观管理和政策引导，统筹规划与建设卫星及其应用系统，加大对卫星应用产业扶持力度，促使卫星应用产业成为加强与改善政府宏观管理和科学决策的重要手段，不断提高卫星应用业务化运行能力，形成具有国内外市场竞争力的新兴产业。

2035年，我国以天基互联网、"北斗"导航系统、对地观测系统为代表的民用空间基础设施全面完善，形成覆盖全球的新一代天地一体化信息网络，具备全球无缝覆盖的泛在服务能力，实现信息获取、信息存储、信息传输和信息挖掘的跨域多层次深度融合，打破天基网络与地面网络独立发展的格局，为各类应用终端搭建信息传输通道，实现全球范围内终端的随遇接入。

建成具备全球服务能力的卫星应用基础平台和公共信息服务体系，建立机制完善、标准规范统一、实现应用覆盖全球、以"一带一路"建设为重点的空间信息服务网络和智能空间信息服务系统。全面开展卫星通信、导航与遥感融合化服务，实现空间信息与大数据、物联网、移动互联网、云计算、人工智能、区块链、5G/6G等新一代信息技术的高度融合，重构行业应用模式、商业思维和商业模式，打造商业航天、"航天+"战略性新兴产业新业态，迎来卫星广泛应用的时代。

传统应用市场方面。开展新业态、新的应用模式、新技术、新体制机制创新研究，大力推进空间信息与行业应用系统、行业数据深度融合，实现空间信息在广播电视、教育培训、应急管理、防灾减灾、国土资源、海洋资源、生态环境、交通运输、能源电力、农业生产、卫生健康、气象等传统行业领域的全面深度应用，极大地提高行业监管的时效性和精细化水平，深耕传统行业市场。

新兴应用市场方面。研究制定完善的卫星共用共享机制，推动卫星应用向大众化、区域化、国际化发展，开拓形成新型城镇化、智慧城市、现代农业、社会服务、汽车自动驾驶等新兴应用市场，满足智慧行业应用、民生领域高品质普遍信息服务和大众信息消费等对先进、高效、多样化空间信息产品的广泛、迫切需求，形成新的产业增长点。

国际市场方面。重点为"一带一路"沿线国家提供卫星应用基础设施建设与服务，服务沿线国家能源资源开发、基础设施建设、环境治理与减灾、文化传播、商业金融、公共安全等重点领域，并带动卫星整星和设备出口，开拓卫星应用国际市场。

2035年，实现空间技术与经济建设、社会生活深度融合，卫星应用产品与服务国际市场占有率达到国际领先，航天产业在国民经济中的份额和辐射带动作用明显，形成传统应用市场焕发新春、新兴应用市场齐头并进、国际市场方兴未艾的卫星应用产业繁荣发展新局面。卫星应用产业规模达到30000亿，国产卫星应用的贡献率超过90%。

## 二、卫星应用领域产业发展与技术群重要程度排序

### 1. 重大产品

（1）卫星通信

灵活载荷地面管理系统：高性能、高可靠性的商用级系统，满足卫星运营商对卫星互联网的软件定义和灵活运营需求。

天地一体网络信关站：支持高低轨卫星协同工作、天地网络融合的商用级地面信关站，满足终端用户动态、连续接入天地网络的应用需求。

云化卫星互联网综合服务系统：公有云、私有云、边缘云高度融合的卫星互联网系统，满足云网融合环境下卫星互联网终端用户固定接入、移动接入、内容投递和基站中继、视频监控等多种业务需求。

与5G/6G融合的卫星互联网系统：与地面移动网络融合应用、共生发展的卫星互联网系统，满足用户大带宽、低时延、高质量、广覆盖等多样化的通信需求。

天地一体化信息网络融合终端：支持天地一体组网、天地多网络接入的融合和集成终端，满足用户多星多轨道接入、星地协同传输、全球无缝宽带通信需求。

（2）卫星导航

卫星导航应用基础芯片、模块：物联网、高精度和高可信应用，"北斗+5G"通导芯片与模组满足社会数字化转型，实现万物互联需求。"北斗+低轨增强"芯片和模组满足社会生产和生活对精准时空信息的需求。民航等高可信领域高端应用芯片和模组满足"北斗"民航应用"五步走"需求。

卫星导航信号、信息处理核心处理软件：高精度、高完好性、高时间同步应用，满足PPP、RTK、PPP-RTK/PPP-AR、移动通信短基线增强应用需求，满足亚纳秒级时间同步需求。

融合应用终端型谱：满足卫星导航与5G、物联网、卫星互联网等融合应用的终

端型谱，民航、低轨增强等高可信应用满足"北斗"民航应用"五步走"，满足低轨增强行业和大众应用需求。

卫星导航增强服务平台：统筹卫星导航增强系统服务平台建设，以产业化需求为牵引，充分利用现有星基、地基增强系统等基础设施资源，实现信息资源汇聚共享增值，提供高精度、高安全时空信息增强服务，在交通运输、公共安全、救灾减灾、农林牧渔、城市治理等重点方向应用。"十三五"期间，国家已基本集成卫星导航星基、地基导航增强系统。随着"北斗"3号系统开始提供服务，高精度、高安全时空信息增强应用场景，需要融合RTK、PPP-RTK、完好性增强技术，以及更为泛在、融合的星基、地基增强服务。从位置服务向以时空为核心的智能服务转变，满足行业更加精准、泛在、融合、安全和智能的需求。

卫星导航性能监测与评估平台：一是依托全球连续监测评估系统，广泛利用国内外资源，对"北斗"系统星座状态、信号精度、信号质量和系统服务性能等进行全方位的监测和评估；二是实时监测国际民航组织规定的GPS L1单频和双频多星座GNSS服务性能，针对中国空域异常及时告警，为我国民航RNP/RNAV、ADS-B的服务运行提供安全保障。"十三五"期间我国建成全球连续监测评估系统，为"北斗"系统稳定运行提供支撑。面向民航运行的卫星导航性能监测与评估平台，将为GNSS和BDSBAS的应用验证评估工作提供独立的测试评估手段，为我国民航RNP/RNAV、ADS-B的服务运行提供安全保障，为后续民航推动以"北斗"为核心的双频多星座运行概念提供支撑。

（3）卫星遥感

高分辨率遥感标准产品：近实时（分钟级）遥感应急监测，10厘米、20厘米级高分辨率光学卫星遥感应用，满足1∶500或1∶1000比例尺的遥感影像应用，填补世界遥感产业空白，满足全球范围内地震、洪水、泥石流等预警需求。

高价值遥感增值产品：每天更新的DOM亚米图像，每年更新的1∶2000～1∶10000比例尺的全球数字高程模型。满足全球范围内高精度、无需拼接、匀色处理的遥感影像服务，满足基础测绘、智慧城市、三维建模等高精度增值服务需求。

面向不同行业的海量卫星遥感信息消费产品：面向公众用户与专业用户提供近实时更新、泛在服务的遥感信息消费服务。利用深度学习等智能处理技术，逐步达到准实时信息提取；综合应用产品所有服务，以向导式、互动式的方式提供，集成电子商务功能，通过在线与离线两种方式提供用户所特定需求的应用产品，并反馈结果给用户，提升海量遥感数据应用产品的处理和交付效率，满足亿万消费者的空间变化监测需求。

海量遥感卫星影像自动处理系统：针对海量遥感影像生产，特别是国产卫星影像高效快速生产的大型处理系统，实现海量多源遥感数据的快速处理和生产，满足DOM、DSM、DEM等自动化、流程化、业务化生产，实现遥感功能和GIS资源一体化整合。2025年每天新增300TB、2035年每天新增10PB量级海量遥感数据，实现准实时数据处理，遥感产品几何、辐射精度达到世界领先水平。

生态化海量卫星遥感数据共享云服务平台：以整合、共享为宗旨，充分利用海量遥感数据建立的卫星遥感数据共享服务平台。以资源共享方式为用户提供数据信息，实现数据的网上浏览及分析处理，从而达到提高遥感数据使用率，实现其社会效益及经济效益的目的。依托新一代信息技术，统筹各类遥感数据源和应用共性产品，实施应用软件工程化、业务化、产业化、国际化，建立面向全球1亿级信息消费者的快速处理、云服务能力。

海量遥感卫星数据存储云平台：针对海量遥感影像的原始数据、中间成果数据、处理和生产成果数据以及基础地理信息数据构建的大型存储云平台。以数据存储层为资源和对象，支持存储区域网，为上层应用提供数据来源及前期预处理支撑，为遥感处理生产提供海量存储容量。实现2025年存储1EB、2035年存储30EB遥感数据。

海量遥感卫星影像管理云平台：针对多源遥感影像和生产成果的管理、浏览、查询、共享发布的集成平台。实现海量遥感影像和相关空间数据资源的集中式一体化管理，建立遥感影像与其相关空间数据资源的元数据标准规范，建设多源空间数据综合管理系统，开发集矢量数据、栅格/影像数据、元数据、快视图/接幅表图片等入库、查询、下载、统计、管理功能于一体的多源空间数据管理云产品。

2. 关键技术

（1）卫星通信

灵活载荷地面管理技术：灵活载荷是卫星互联网高效服务、智能化应用的基础，灵活载荷地面管理系统直接关系到卫星通信网络的应用服务能力和市场竞争力。

高低轨卫星互联网一体化组网技术：按照用户需求，动态灵活地实现点对点、星状、网状及混合网络等网络结构，灵活地分配卫星、波束、带宽等资源。

低轨导航增强技术：实现低轨导航精度增强和完好性，通过双频信号播发、信息增强等方式，实现现有"北斗"卫星系统的精度改善，达到动态分米级和静态厘米级服务能力。

**低轨网络安全防护技术**：面向低轨卫星互联网用户群体多、业务承载能力强的特点，通过低轨卫星网络安全防护实现网络的内生安全、网络安全共享、用户安全隔离、最大化网络的应用服务场景。

**巨型星座节点组网融合与自主运维技术**：开展低轨巨型空间网络卫星自主规划研究，实现卫星网络的在轨可靠运行、故障快速恢复，提供智能化网络的优化与自主的资源调度，提高网络的利用率和服务质量。

**基于星云结合的云网一体技术**：通过将地面云服务与低轨卫星网络的低时延、高通量相结合，提供超越传统卫星网络的云服务效能。通过在地面云计算平台附近直接部署卫星网络接入点，实现全域灵活的服务接入与创新。

**智能频率干扰监测与频谱共享**：频率是无线和移动通信的必要且稀缺资源，干扰排除和秩序保障是无线和移动通信的基础条件。随着5G的大规模商用以及空天地海一体化信息网络的持续建设，频率干扰和频谱资源紧缺将愈发严重，应用人工智能、大数据等信息技术实现智能频率干扰监测、频谱资源的高效共享利用十分必要。

**多体制通信终端一体化设计技术**：实现灵活波束控制的相控阵天线控制，具备高低轨卫星系统自适应通信协议按需加载、波形自适应适配，实现终端的小型化和低功耗。

**低成本Ka频段T/R芯片技术**：Ka频段T/R芯片是支撑卫星宽带终端相控阵天线的核心芯片，其性能和成本直接影响卫星终端应用效能和推广速度。目前国内Ka频段T/R芯片价格昂贵，限制了高通量卫星移动通信的发展，未来随着低轨卫星互联网的全面建设，T/R芯片成本更是应用推广的瓶颈。研制国产自主可控的低成本Ka频段T/R芯片具有广泛的应用前景。

（2）卫星导航

**高性能"北斗"SOC导航芯片设计与生产技术**：需解决兼容多频点的快速捕获技术、高精度环路自适应跟踪技术、基于粗差处理的测量误差建模与抑制技术，解决包含动态电压功耗切换技术、门控时钟技术、多阈值电压技术、多电压域技术、多种工作模式在内的超低功耗SoC设计技术，以及基带模块硬件电路功耗优化设计技术和固件DutyCycle软件功耗优化技术，芯片制程工艺由28纳米向22纳米或14纳米演进。

**卫星导航信号、信息处理核心处理技术**：需解决PPP、RTK、PPP-RTK/PPP-AR、移动通信短基线增强信号处理技术，RAIM、PRAIM等ABAS技术、GLS/VDB一体化设计技术，解决高性能抗干扰技术、空间环境自适应环路设计技术、基于时钟远隔锁相的时钟同步方法和在轨动态环境下调钟精度的地面测试技术。

卫星导航与 5G、物联网、卫星互联网等融合设计技术：需解决多源大数据流式计算架构设计技术、多源大数据流失计算数据传输技术、高可用技术、先进架构下可重构平台应用技术、Kafka 消息队列集群技术、分布式消息调度、无中心接入网关技术、Redis 集群技术、空间数据集群技术、企业服务总线技术（MULE）和海量多源数据存储技术。

多源融合的综合处理技术：需解决多源大数据流式计算架构设计技术、多源大数据流失计算数据传输技术、高可用技术、先进架构下可重构平台应用技术、Kafka 消息队列集群技术、分布式消息调度、无中心接入网关技术、Redis 集群技术、空间数据集群技术、企业服务总线技术和海量多源数据存储技术。

高可靠星基 PPP-RTK 服务系统技术：①"北斗"星基增强智能车联网等领域安全服务总体技术，包括总体需求、体系架构、体系标准和评估体系的研究。②安全可靠时空服务技术，包括"北斗"GPPP 信号区域完好性监测、"北斗"信号干扰与诱骗实时识别和区域预警、基于"北斗"GPPP 的多频误差高精度改正计算、基于"北斗"交通大数据的广域态势实时分析和驾驶引导技术研究。③车辆多源传感器融合高精度实时定位技术，融合"北斗"星基增强定位、车载传感器、5G 定位、路侧"北斗"辅助信息，实现"北斗"GPPP 快速整周模糊度固定和高精度定位。④车载多源态势感知与融合技术，利用"北斗"测量信息，构建"北斗"车载态势感知系统，并和其他车载态势感知系统融合，实现车辆、非机动车和行人的高精度实时态势测量与感知。⑤高清道路导航地图广域构建和局域分发技术，基于"北斗"星基增强（SBAS 和 GPPP）支持广域高清道路导航地图生成，服务于车联网的局域高清道路导航地图的栅格化的实时分发技术。⑥基于 5G、LTE-V 和"北斗"的智能车联网实时数据分发技术，融合 5G、LTE-V 和"北斗"RDSS 三种网络，实现大范围、低延时海量用户接入和可靠数据实时分发交互。⑦导航卫星高精度时空基准确定技术，联合地面监测网、低轨天基监测平台实现导航卫星高精度时空基准确定。⑧高精度卫星端初始相位偏差与硬件延迟参数解算技术，利用地面监测站网数据和导航卫星高精度时空信息解算卫星端相位延迟，实现单用户绝对定位中非差载波相位模糊度的确定。⑨区域大气延迟高精度反演与建模技术，利用地面监测站数据反演区域大气信息，开展精密大气建模和预报，实现用户端精密定位快速收敛。

卫星导航性能实时监测与评估技术：①格网电离层垂直误差完好性评估技术，利用中国区域数据开展电离层的时空特性研究，建立电离层威胁模型，具备对系统播发的电离层完好性参数进行实时评估的能力。②用户差分距离误差（UDRE）完好性评估技术，通过实时精密轨道确定技术、实时精密钟差确定技术等，具备对系统播发的UDRE参数开展实时评估的能力。③信号质量监测（SQM）评估技术，对不同码型的相关特性开展研究，构建SQM监视器检测变量，确定检测阈值，确保播发的UDRE参数能够包络信号畸变引起的误差。④基于有限样本的完好性评估和预测技术，通过对有限实测数据进行完好性评估变量建模和分布特性分析，尤其是变量尾部分布研究，明确最优估计方法，具备基于小样本数据开展完好性指标的快速评估能力。

（3）卫星遥感

云计算及大数据处理技术：面向海量遥感数据，发挥云计算不受地域、空间、时间、行业限制的优势，对多源多尺度遥感卫星数据、高程数据、土地利用数据、模式模拟数据及生物生态数据、大气海洋数据、基础地理数据及地面观测数据等多科学数据，进行实时在线计算处理，高效快捷地处理数据资源。在云计算的基础上运用大数据处理技术能够起到强强联手的作用，能够在进行海量数据处理的同时，深入挖掘遥感数据中核心内容，实现遥感信息可视化。

基于计算机视觉及机器学习的遥感数据信息提取技术：由于遥感图像覆盖范围广、时效性强、数据量大等固有的特点，传统的信息提取技术已不能满足遥感信息提取对计算精度、计算速度与扩展性的要求。计算机视觉与机器学习技术可灵活构建由大量参数刻画的模型，结合地形或地表辅助要素数据、遥感解译样本及专家知识库，充分挖掘数据之间的上下文关联，实现样本数据的自动学习，提升遥感影像分类的精度，突破传统遥感数据要素自适应快速分类的瓶颈，实现遥感信息提取的自动化。

多星多源异构数据融合处理技术：借助持续积累的遥感数据样本优势，将统计学习、机器视觉等智能方法与以载荷机理、目标特性为基础的成像算法和目标识别方法相结合，实现多传感器成像质量和目标对象提取精度共同提升的应用技术，将多方数据协同处理，以达到减少冗余、综合互补和捕捉协同信息的目的。

基于区块链的遥感数据共享分发技术：充分利用区块链的去中心化、不可篡改、共识算法、智能合约的四大特点，保障遥感数据的可靠、安全、全面的共享分发。

遥感数据大带宽星地、星间传输与实时测控技术：匹配遥感卫星Gb级大数据量实时传输需求，研制开发标配于遥感卫星的微波和激光终端，布局并建设激光数传测控通信地面接收站网，突破测控与数传新技术体制，发展星上智能化大存储能力，2030年实现全球实时测控及获取能力。

### 三、卫星应用领域产业发展与技术群预计实现时间

1. 重大产品

（1）卫星通信

1）2025年

灵活载荷地面管理系统：完成以数字透明处理（DTP）载荷为主的载荷管控原型系统开发，开展实验应用验证在轨灵活组网服务能力。

高低轨一体化组网信关站：形成支持高通量卫星、低轨透明转发卫星、低轨转发试验星的一体化信关站，支持点对点高速传输、企业专网组网、星状网、网状网、星网混合等一体化组网模式，支持虚拟化子网应用、区域漫游组网，支持用户规模大于100万，开展高通量在陆、海、空、天领域的大规模应用，形成低轨卫星的示范应用。

云化天地融合网络综合服务系统：完成系统原型建设，开展示范应用，验证能力。

与5G/6G融合的卫星通信体制：完成与5G融合的卫星通信体制的技术验证，2025年具备广泛应用能力，服务于各类用户终端和卫星系统的通信连接，提供灵活的组网方式和业务服务能力。

低成本终端相控阵天线：完成Ka频段低成本终端相控阵天线的技术突破，具备宽扫描角度、低成本的特点，可以利用液晶相控阵、超材料等技术。

天地一体多模应用终端：形成支持高通量灵活载荷卫星、低轨互联网卫星的天地一体多模应用终端，支持与地面5G融合，升级支持低轨导航能力，卫星通信终端速率优于1Gbps，升级支持星载等动态应用。

2）2030年

高低轨一体化组网信关站：具备在轨功率、覆盖类灵活载荷管控能力，实现与卫星网络测控运控融合，具备天地网络资源自适应管控能力。形成支持高通量灵活载荷卫星、低轨互联网卫星的一体化信关站，支持点对点高速传输、企业专网组网、星状网、网状网、星网混合等一体化组网模式，支持全球一体化漫游组网，支持用户规模大于1000万，支持超低时延组网，开展高低轨组网的全面应用。

云化天地融合网络综合服务系统：实现高低轨卫星互联网系统云化、融合发展，

提升综合服务能力。

与 5G/6G 融合的卫星通信体制：通过技术演进实现与 6G 系统的初步结合，具备后向兼容能力。

低成本终端相控阵天线：完成 Ka 频段和 Q/V 频段低成本相控阵终端在家庭、汽车、飞机及船舶等载体上的广泛应用。

天地一体多模应用终端：形成支持高通量灵活载荷卫星、低轨互联网卫星的天地一体多模应用终端，支持与地面 5G 融合，升级支持低轨导航能力，卫星通信速率优于 1Gbps，升级支持星载等动态应用。

3）2035 年

构建星地网络深度融合、泛在互联的天地一体通信网络体系，具备按需服务能力。实现终端天线的灵活部署，全面支撑工业互联网、车联网、AR/VR 等行业应用。

（2）卫星导航

1）2025 年

卫星导航应用基础芯片、模块：突破小尺寸下低轨增强、物联网通信、电源管理等 SoC 芯片前端、后端设计实现技术，采用超低功耗工艺研制"北斗" IP 与 5G 集成"北斗+5G"融合的通导一体化芯片和"北斗+低轨增强"芯片，符合公路、海事、电力等关键行业需求。采用 RTCA/DO-254、RTCA/DO-178 和"北斗" CTSO 标准开展民航等高可信领域高端应用芯片研制，满足"北斗"民航应用第一步位置追踪需求，通过适航认证，通过填补国产空白。

卫星导航信号、信息处理核心处理软件：在高精度、高可靠导航信号、信息处理技术方面形成突破，满足 PPP、RTK、PPP-RTK/PPP-AR、移动通信短基线增强应用需求，满足国际民航组织垂直引导进近（APV-I）完好性需求，形成一批核心处理软件，亚纳秒级时间同步完成关键技术攻关。

卫星导航与 5G、物联网、卫星互联网等融合应用终端：从系统侧和应用侧两个维度形成融合应用，在系统侧加强对 5G 信号定位能力的深入挖掘、将"北斗"系统和 5G 移动通信服务融合；消除在芯片工艺、内置嵌入式软件、低功耗技术方面与国外的差距，形成系列化的基础支撑产品，在融合感知终端方面，形成定位技术赋能的多传感器融合感知应用。基于低轨导航星座，全面提升导航服务精度、完好性、连续性和可用性，保证在民用恶劣传播环境、军用对抗电磁环境下导航、定位、授时服务的可靠性、安全性和鲁棒性。满足"北斗"民航应用第一步位置追踪、第二步辅助监视、第三步独立式辅助导航和第四步集成式辅助导航需求，通过适航认证，通过填补国产空白。

卫星导航增强服务平台：地基增强方面，PPP-RTK技术实现厘米级到分米级的实时定位服务，同时收敛时间达到秒级；在低轨增强方面，具备全球GNSS高精度监测能力。围绕卫星导航在交通运输、公共安全、救灾减灾、农林牧渔、城市治理等重点行业应用领域，推动"北斗"导航成为定位导航与授时服务的标配化设备。

卫星导航性能监测与评估平台：对"北斗"系统星座状态、信号精度、信号质量和系统服务性能等进行全方位的监测和评估，同时完成民航局GNSS性能监测与评估系统建设。

2）2030年

卫星导航应用基础芯片、模块：与国产5G芯片解决方案进行融合，可自动适配5G NSA和SA双模组网，支持TDD和FDD两种模式，支持5G Sub-6GHz和全球主流频段，并向下兼容4G；支持VoLTE/Audio/eSIM等多种功能，提供USB/UART/SPI/I2C/SDIO等通用接口；支持3GPP R15版本，研发具备高集成、高性能、低功耗等技术优势的"北斗+5G"融合的通导一体化芯片。研究支持"北斗"3号和低轨增强信号的全球卫星导航系统多系统多频高精度"北斗+低轨增强"芯片，面向手机应用场景实现高精度定位大众应用，实现室内外无缝定位。采用RTCA/DO-254、RTCA/DO-178和"北斗"CTSO标准开展民航等高可信领域高端应用芯片研制，满足"北斗"民航应用第二、第三和第四步辅助监视和辅助导航需求，通过适航认证，通过填补国产空白。

卫星导航信号、信息处理核心处理软件：实时精密单点定位类软件在达到静态厘米级、动态厘米到分米级的定位服务的同时，缩短收敛时间，具备完好性验证能力。高动态、高灵敏度信号并行快速捕获类软件可适应微弱信号捕获，在高灵敏度、低功耗、抗多径等方面形成竞争力。满足国际民航组织垂直引导进近（APV-Ⅱ）完好性需求；亚纳秒级时间同步完成示范验证。

卫星导航与5G、物联网、卫星互联网等融合应用终端：探索"北斗+5G"协同发展模式，"北斗+5G"从物联网位置追踪应用演进为高精度应用，提供高定位更新率、高精度位置服务能力；基于低轨互联网星座突破信号频率优选与信号体制设计技术、完好性监测及播发技术、精密轨道钟差产品生成技术等体制关键技术以及空间段、地面段和用户段关键技术，提供室内外无缝定位服务和增强服务。满足"北斗"

民航应用第五步主导航需求，通过适航认证，通过填补国产空白；卫星导航性能监测与评估平台实现实时监测 GPS L1 服务性能，针对中国空域异常及时告警，为我国民航 RNP/RNAV、ADS-B 的服务运行提供安全保障。

卫星导航增强服务平台：作为"天基监测站"，通过在低轨卫星上配置高精度 GNSS 监测接收机，采用地面区域监测网+天基全球监测网的观测体制实现中高轨导航卫星与低轨通信卫星的联合精密定轨与钟差确定，解决我国海外建站的不足。围绕卫星导航在交通运输、公共安全、救灾减灾、农林牧渔、城市治理等重点行业应用领域，从位置服务向以时空为核心的智能服务转变，形成与行业需求深度绑定、与传统手段和新技术手段深度融合的解决方案。

3）2035 年

卫星导航应用基础芯片、模块：基于"北斗"新体制，完成"北斗"与未来新型通信手段融合技术。卫星导航信号、信息处理核心处理软件固化时间同步技术软件产品，提升高灵敏度、低功耗、抗多径能力。卫星导航与 5G、物联网、卫星互联网等融合应用终端"北斗"新型体制信号与 5G、物联网、卫星互联网的更泛在融合。卫星导航增强服务平台积极布局我国海外建站的速度和密度，建成全球 GNSS 监测体制，为国外用户提供基于"北斗"的行业解决方案。卫星导航性能监测与评估平台实现全球空域异常及时告警，为全球航空服务运行提供安全保障。

（3）卫星遥感

1）2025 年

高分辨率遥感标准产品：在现有高分对地观测系统、空间基础设施计划及各类商业遥感卫星星座的基础上，国产光学遥感卫星标准产品的最高分辨率从 0.4 米提升到 0.25 米，应急遥感成像监测的响应时间从 48 小时提升到 3 小时。

高价值遥感增值产品：除了需要高分辨率、高精度遥感影像产品，用户常常希望拿到产品后可以直接应用，无需亲自进行拼接、匀色、摄影测量等专业处理。满足这种需求的是全球覆盖的货架式增值产品——遥感正射影像（DOM）及数字高程模型（DEM/DSM）产品。2025 年在现有省级覆盖、年度更新的亚米分辨率 DOM 和 1∶50000 比例尺全国覆盖、1∶10000 比例尺省级覆盖的 DEM/DSM 基础上，实现全国覆盖、年度更新的 0.5 米分辨率 DOM 货架产品；1∶10000 比例尺 DEM/DSM 全国覆盖。

面向不同行业的海量卫星遥感信息消费产品：面向公众用户与专业用户提供近实时更新、泛在服务的遥感信息消费服务。利用深度学习等智能处理技术，逐步达到准实时信息提取；综合应用产品所有服务以向导式、互动式的方式提供，集成电子商务功能，通过在线与离线两种方式提供用户所特定需求的应用产品，并反馈结果给用户，提升海量遥感数据应用产品的处理和交付效率，满足亿万消费者的空间变化监测需求。2025年在现有能够满足3万遥感用户的月度变化监测基础上，国产遥感监测服务实现满足十万用户、周级变化需求。

海量遥感卫星影像自动处理系统：基于网络和大型空间数据库对各种源数据和产品数据集中处理，制定一系列的完整统一的遥感数据管理与生产方法，确保生产优质高效开展，实现每天新增300TB基于源数据生产遥感影像DOM、DEM、DSM等成果图件的全流程快速生产。

生态化海量卫星遥感数据共享云服务平台：建立海量卫星遥感数据共享的协调机制，解决数据重复采购问题，提高数据处理水平和深化应用的水平，构建包含多个网络节点、由高速宽带网连接的共享网格平台，推进高空间分辨率遥感数据产业化实施。2025年云服务用户达到50万。

海量遥感卫星数据存储云平台：利用具有高可用性、高可靠性、高可扩充性的存储区域网络设备和管理软件，构建以冗余的光纤通道为传输载体的开放式存储局域网，通过云应用服务发展云环境下海量卫星遥感数据组织与资源共享的云存储产品。2025年实现存储1EB遥感数据能力。

海量遥感卫星影像管理云平台：实现影像和相关空间数据资源的集中式一体化管理，建立遥感影像与其相关空间数据资源的元数据标准规范。

2）2030年

高分辨率遥感标准产品：进一步提升以光学遥感分辨率和应急响应时间为代表的各项各类遥感标准产品指标，国产光学遥感卫星标准产品的最高分辨率提升到0.15米；应急遥感成像监测的响应时间提升到10分钟。

高价值遥感增值产品：实现全国覆盖、季度更新的0.3米分辨率DOM；洲际覆盖、年度更新的优于0.5米分辨率DOM货架产品；1∶10000比例尺DEM/DSM洲际覆盖；1∶5000比例尺DEM/DSM省级覆盖。

面向不同行业的海量卫星遥感信息消费产品：进一步提升通过手机终端、面向大众的消费级遥感应用服务水平，实现满足百万用户、天级变化监测的需求。

海量遥感卫星影像自动处理系统：基于云计算技术开发集空间数据2D和3D一体化空间信息服务，提供动态可伸缩的虚拟化资源计算服务，全面提升遥感数据处理产品的扩展性、专业化程度以及智能化水平,实现每天新增 1PB 卫星遥感影像高性能的自动化生产。

生态化海量卫星遥感数据共享云服务平台:针对多平台、多源、多系统的遥感数据特征,深入挖掘多源、长序列遥感数据产品共享机制,制定标准化的遥感数据产品共享标准,开发面向应用产品的遥感数据实时共享技术,建立高效的遥感数据产品共享系统,实现面向特定应用的海量卫星遥感数据共享应用体系。2030 云服务达到 100 万用户。

海量遥感卫星数据存储云平台:具备提供高性能、高安全性的数据备份服务与网络存储空间,提供基于虚拟化技术和云存储管理平台的资源动态扩展和资源共享架构,构建有机的网络集成式海量数据存储架构。2030 年实现存储 5EB 遥感数据能力。

海量遥感卫星影像管理云平台:开发集矢量数据、栅格/影像数据、元数据、快视图/接幅表图片等入库、查询、下载、统计、管理功能于一体的多源空间数据自动化管理系统。

3)2035 年

高分辨率遥感标准产品:国产遥感卫星标准产品达到国际领先水平,光学遥感的最高分辨率提升到 0.1 米,填补世界遥感产业空白,满足 1∶500 比例尺的遥感影像应用;应急遥感成像监测的响应时间提升到 10 秒钟,近实时服务客户。

高价值遥感增值产品:实现全国覆盖、季度更新的 0.1 米分辨率 DOM;全球覆盖、季度更新的优于 0.5 米分辨率 DOM 货架产品;1∶10000 比例尺 DEM/DSM 全球覆盖;1∶1000 比例尺 DEM/DSM 省级覆盖。面向不同行业的海量卫星遥感信息消费产品:实现满足千万用户、小时级变化监测需求。

海量遥感卫星影像自动处理系统:支持海量遥感数据在云端进行自动化生产和解译,并支持大数据分析和挖掘,整合遥感信息和技术资源,将遥感数据、信息产品、应用软件、计算资源作为公共服务设施,实现每天新增 10PB 卫星遥感影像高性能的自动化生产。为用户提供一站式的空间信息处理云服务。

生态化海量卫星遥感数据共享云服务平台:建立统一的卫星遥感数据共享平台,实现海量卫星遥感数据跨平台跨系统的虚拟交换,提供可缩放、松耦合和非特定平台环境下共享信息的能力,实现卫星遥感数据的集成共享、分布式应用处理及建立开放式信息交换服务体系。2035 云服务达到 1000 万用户。

海量遥感卫星数据存储云平台:实现云存储模式的海量遥感数据资源云存储环境配置,构建以存储设备、网络设备、集群中间件、虚拟化工具、业务管理、云应用服务以及相应协议标准等多个部件协同作用、共同组成的海量遥感卫星数据存储云平台。2035年实现存储30EB遥感数据能力。

海量遥感卫星影像管理云平台：建成具有可扩展性的、先进灵活的后台支撑服务平台，搭建云后台支撑与运维系统，建立多元影像服务门户，对外提供强大的卫星遥感数据服务支撑。

2. 关键技术

（1）卫星通信

1）2025年

卫星灵活载荷管理技术：攻克高可信高速星地链路、灵活载荷智能管控等关键技术，研制DTP载荷仿真及管控系统，开展以DTP载荷为主的载荷管控技术验证和原型系统研制。

高低轨通信卫星一体化组网应用技术：攻克波形智能加载技术、SDN/NFV技术、网络切片技术等关键技术，研制高低轨通信卫星一体化组网应用信关站和终端，支持高通量卫星，低轨透明转发卫星、低轨转发试验星的应用示范。

低成本Ka频段T/R芯片技术：攻克多波束多通道低成本Ka频段T/R芯片技术，研制样片和天线样机。

2）2030年

卫星灵活载荷管理技术：攻克在轨功率、覆盖类灵活载荷管控关键技术，研制软件定义载荷仿真及管控系统，验证卫星网络测控运控融合。

高低轨通信卫星一体化组网应用技术：攻克超低时延宽带组网技术、全球一体化漫游组网和垂直切换技术，升级支持高通量灵活载荷卫星、低轨互联网卫星的一体化信关站和终端。

低成本Ka频段T/R芯片技术：全面开展高通量动中通天线、低轨天线、高低轨一体化终端天线应用。

3）2035年

实现高低轨一体化智能化组网应用升级，卫星网络测运控管理深度融合发展，具备天地网络按需服务能力。

（2）卫星导航

1）2025年

高性能"北斗"SOC导航芯片设计与生产技术：开发高性能、低成本、低功耗的行业特色"北斗"芯片，需解决兼容多频点的快速捕获技术、高精度环路自适应跟踪技术、基于粗差处理的测量误差建模与抑制技术，完成 RTCA/DO-254 和 RTCA/DO-178 贯标，补充完善"北斗"基础关键器件。

卫星导航信号、信息处理核心处理技术：需解决 PPP、RTK、PPP-RTK/PPP-AR、移动通信短基线增强信号处理技术，RAIM、PRAIM 等 ABAS 技术、GLS/VDB 一体化设计技术，满足国际民航组织垂直引导进近（APV-I）完好性需求。突破高性能抗干扰技术，空间环境自适应环路设计技术，基于时钟远隔锁相的时钟同步方法和在轨动态环境下调钟精度的地面测试技术。

卫星导航与 5G、物联网、卫星互联网等融合设计技术：实现卫星导航与 5G、物联网的融合，突破低功耗和小型化设计技术。

多源融合的综合位置服务平台设计技术：突破基于容器的服务部署与管理技术、基于 SpringCloud 的微服务治理技术、基于 ELK 的日志综合管理技术、基于 Netty 的大并发数据接入技术、基于 Flink 的海量数据实时分析与规则引擎技术和基于 ETL 的数据清洗整合技术。

卫星导航性能实时监测与评估技术：完成 GPS/BDS 民航单频服务信号监测，针对基本导航服务的信号质量、定位精度、完好性、连续性和可用性开展评估；完成 BDSBAS 单频服务性能监测，实现基于有限样本数据的完好性监测；完成 GPS/BDS 监测告警在民航领域应用。

高可靠星基 PPP-RTK 服务系统技术：完成基于地面监测站、低轨星座的 GNSS 导航卫星精密时空基准确定；完成 GNSS 导航卫星 / 低轨卫星联合精密时空基准确定，实现导航卫星天基监测。

2）2030 年

高性能"北斗"SOC 导航芯片设计与生产技术：解决包含动态电压功耗切换技术（DVFS）技术、门控时钟技术、多阈值电压技术、多电压域技术在内的超低功耗 SoC 设计技术，以及基带模块硬件电路功耗优化设计技术和固件 DutyCycle 软件功耗优化技术和基于低功耗芯片制造工艺下后端设计技术，提升国产"北斗"定位芯片的市场竞争力，推动"北斗"行业终端规模化应用，促进"北斗"应用健康、稳定、持续的发展。

卫星导航信号、信息处理核心处理技术：PPP、RTK、PPP-RTK/PPP-AR、移动通信短基线增强信号定位精度提升，收敛时间缩短，融入数据安全，满足小型化、轻质化设计要求；持续攻关 RAIM、PRAIM 等 ABAS 技术、GLS/VDB 一体化设计技术和符合性验证技术，满足国际民航组织附件 10 中垂直引导进近（APV-Ⅱ）完好性需求。

卫星导航与 5G、物联网、卫星互联网等融合设计技术：突破惯性导航 IRS 技术、GNSS 与惯导融合技术、融合终端电磁兼容设计技术、通信导航高集成度收发一体化天线设计技术、抗干扰阵列天线设计技术和适航符合性方法研究。

多源融合的综合位置服务平台设计技术：突破大数据流式计算架构设计技术、大数据流失计算数据传输技术、高可用技术、先进架构下可重构平台应用技术、Kafka 消息队列集群技术、分布式消息调度、无中心接入网关技术、Redis 集群技术、空间数据集群技术、企业服务总线技术（MULE）和海量数据存储技术。

卫星导航性能实时监测与评估技术：完成 GPS/BDS 民航双频服务信号监测，针对基本导航服务不同模式下定位精度、完好性、连续性和可用性开展评估；完成 BDSBAS 单频服务性能监测，开展 BDSBAS 完好性风险研究和验证，完成 BDSBAS 民航应用验证。

高可靠星基 PPP-RTK 服务系统技术：在 GNSS 导航卫星精密时空基准的基础上，基于地面监测站开展 GNSS 非差模糊度固定和高精度大气建模，实现基于 GNSS 导航卫星的区域/全球快速精密定位；开展 PPP-RTK 精密定位完好性体系、关键技术研究，支撑后续生命安全应用。

3）2035 年

卫星导航与 5G、物联网、卫星互联网等融合设计技术："北斗"新型体制信号与 5G、物联网、卫星互联网的更泛在融合。多源融合的综合位置服务平台设计技术：实现人工智能与位置服务的融合，从位置服务向以时空为核心的智能服务转变，满足行业更加精准、泛在、融合、安全和智能需求。

卫星导航性能实时监测与评估技术：完成 BDSBAS 民航应用验证，并基于"北斗"信号新体制更新。

高可靠星基 PPP-RTK 服务系统技术：实现 GNSS 导航卫星/低轨卫星联合导航定位授时，构建弹性 PNT。

（3）卫星遥感

1）2025 年

云计算及大数据处理技术：突破高速数据解析、转换与装载等大数据整合技术；

主要完成对已接收数据的辨析、抽取、清洗等操作，实现大数据预处理技术。

基于计算机视觉及机器学习的遥感数据信息提取技术：利用深度卷积神经网络，在图像产生视点变化、尺度变化、类内变化、图像变形、图像遮挡和背景杂斑的条件下，发展快速高精度的图像分类技术。基于端到端的卷积神经网络体系结构，在没有任何全连接层的情况下进行密集预测，实现多尺度图像的快速分割。基于区域全卷积网络算法，减少推理过程的计算量，实现简单、快速的目标识别。基于循环神经网络模型和深度信念网络模型，适应端到端学习，采用离线预训练和在线微调技术，优化流程、结构和参数，实现目标的动态跟踪。

多星多源异构数据融合处理技术：针对电磁波"天—地"两次循环中全链路产生的各类误进行校正，实现多星高精度成像中全链路误差建模与估计。基于神经网络固有的并行性、自组织、自学习和对输入数据具有高度容错性等功能，实现神经网络异构数据融合模型的构建。

基于区块链的遥感数据共享分发技术：实现每个节点都按照块链式结构存储完整的数据，且每个节点存储都保证独立与地位等同，构建分布式账本。

遥感数据大带宽星地、星间传输与实时测控技术：随着遥感卫星分辨率和带宽的提高，遥感卫星的星地下传数据码速率已经达到 Gbps 量级。面向未来十几年的遥感大数据量实时传输需求，需要每颗遥感卫星都标配于大带宽微波和激光终端，布局并建设激光数传测控通信地面接收站网，突破测控与数传新技术体制，发展星上智能化大存储能力。现有数传和测控指标为星地数传 1Gbps 带宽，数传范围可以实现国内完全覆盖，遥感卫星业务测控为天级更新；2025 年实现星地数传 3Gbps 带宽，数传范围可以实现部分国际覆盖，遥感卫星业务测控为小时级更新。

2）2030 年

云计算及大数据处理技术：建立大数据存储管理数据库，重点解决复杂结构化、半结构化和非结构化大数据管理与处理技术；开发新型数据库技术和大数据安全技术。

基于计算机视觉及机器学习的遥感数据信息提取技术：实现无监督学习技术，自行查找多源遥感数据及地理信息数据中的结构，发现数据中隐藏的模式，实现特征自主学习，无监督学习的智能化算法将带来更快，更准确的预测结果。

多星多源异构数据融合处理技术：针对高分辨率下高维耦合成像参数估计困难的问题，创建嵌入生成对抗网络的成像物理模型，以不同成像误差参数和大量存档数据为输入，通过成像物理模型得到大量的半物理仿真数据，建立以成像误差参数为标签的仿真数据集作为训练集。构建基于证据理论的融合模型，将不同平台、不同类型传感器、不同时相的遥感数据以综合可信度为基础实现目标的识别决策。

基于区块链的遥感数据共享分发技术：实现交易信息公开，账户身份信息高度加密的非对称性加密；在效率和安全性之间取得平衡，实现共识机制的构建。

遥感数据大带宽星地、星间传输与实时测控技术：实现星地、星间数传 10Gbps 带宽，数传范围可以实现全球完全覆盖，遥感卫星业务测控为分钟级更新。

3）2035 年

云计算及大数据处理技术：着重突破可视化分析、数据挖掘算法、预测性分析、语义引擎、数据质量和数据管理。

基于计算机视觉及机器学习的遥感数据信息提取技术：实现即兴学习技术。即基于海量卫星遥感数据及物联网数据，在没有确定和预设的优化目标条件下，通过自主观察和交互来获得知识，实现不间断的自我驱动能力和解决问题的能力，能够即兴的、变通的处理异常事件。

多星多源异构数据融合处理技术：针对多模态数据下的多任务信息提取，创建可持续学习的、记忆保持的多任务特征共享网络模型，并引入小样本增量训练机制，实现多模态数据下多要素的并行提取。针对信息融合中所检测的目标特征具有某种模糊性的现象，利用模糊逻辑法构建多源数据融合模型，实现对检测目标的识别和分类。

基于区块链的遥感数据共享分发技术：基于不可篡改的数据，实现预定规则的自动化执行，完成智能合约的构建。

遥感数据大带宽星地、星间传输与实时测控技术：实现星地、星间数传 20Gbps 带宽，数传范围可以实现全球完全覆盖，遥感卫星业务测控为实时更新。

## 四、研发水平与领先国家分析

### 1. 卫星通信

在重点产品方面，世界航天强国已经发展了高低轨协同的卫星通信网络体系，例如 O3b 中轨星座已经商业运营，并已经实现与 SES 高轨通信卫星协同组网应用。目前我国卫星通信方向的主要产品是面向高轨卫星的应用系统，亟需发展高低轨协同的地面应用系统，研发天地融合的多模终端。到 2035 年，将基于我国高低轨协同卫星互联网应用系统,实现 6G 天地融合、实用的卫星量子保密通信系统、实用的太赫兹卫星传输系统和天地融合的系列终端产品。

在关键技术研发水平方面,我国高低轨协同、天地网融合的新一代卫星通信网络处于建设期,高低轨卫星一体化组网技术目前尚在起步阶段,而国外 Gilat 等公司已在相应的低轨卫星上完成了测试,系统支持高低轨多频段一体化应用。在终端方面,国内以重庆西南集成电路设计有限责任公司、浙江大学为主要代表,其中西南集成已成功研制 4 通道硅基毫米波芯片。国外针对低成本硅基 T/R 组件芯片研发起步早,工艺线先进,以美国 GF 的 45 纳米 RFSOI 工艺为代表,形成以 SpaceX 8 波束 /64 路移相器为典型的多波束卫通芯片产品。Anokiwave 研制的 CMOS 工艺 Ka 波段芯片,芯片售价可降至 200 元 / 通道。到 2035 年,将突破天地协同运营管理相关技术瓶颈,实现天地网络按需服务能力;突破终端芯片研制的技术瓶颈,全面开展高通量动中通天线、低轨天线、高低轨一体化终端天线应用。

2. 卫星导航

(1)高性能"北斗"SOC 导航芯片设计与生产技术

国内有数家公司正在开展 28 纳米、22 纳米制程高精度定位芯片研制,但与国际新进工艺尚有差距,且对自主接收机完好性监测(RAIM)/SBAS/PPP/RTK、抗干扰 /抗欺骗能功能支持能力弱,在设计工具、生产工艺和产线能力水平方面受制于国外垄断企业。

(2)高性能"北斗"/ 惯性融合导航技术

国外已有成熟的微 PNT 产品,国内车道级导航定位需求日益明显,现有高精度卫星 / 惯性融合导航系统主要采用高精度惯导设备、高精度天线、高精度导航接收机等独立设备完成演示验证,技术方案尚未完全成熟,与国外存在较大差距。

(3)复杂电磁环境下"北斗"鲁棒性提升技术

国外卫星导航 / 惯导融合方面有较多的产品,在个别领域的多源导航融合产品已得到应用,但在复杂电磁环境下的卫星导航鲁棒性问题一直是困扰业界的难点。国内众多高校及研究机构在多源融合导航方面进行了较为深入的研究,但尚未形成稳定可靠的技术产品。

(4)面向智能交通应用的高可靠星基 PPP-RTK 服务系统技术

星基 PPP-RTK 技术融合了 PPP 与 RTK 技术的优点,是当前卫星导航技术发展的热点,日本 QZSS 在日本本土提供基于 PPP-RTK 的 CLAS 服务,美国天宝和瑞典海克斯康公司均在欧洲和北美部分地区提供星基 PPP-RTK 服务，并开展了自动驾驶相关的导航定位测试。国内合众思壮、中海达、千寻位置均提供 PPP-AR 服务，千寻位置提供 PPP-AR 服务，但定位精度与收敛时间与国外相比还有一定差距。

（5）基于"北斗"的民航性能导航与监视技术

GNSS 已经在各国的航空中广泛运用，关于终端区飞机进近着陆，欧美等航空运输大国已经建成 GNSS I 类非精密进近，并取得良好的安全、经济效益，现正向 GNSS II 类及更高标准的精密进近程序发展。关于 MMR 接收机，美国、欧洲工业界已形成从产品研制、测试评估、适航审定、运行程序等一系列标准体系。2019 年 12 月，民航局颁发了中国民航第一张 GBAS 设备临时使用许可证，该设备主要为地面 GBAS 设备。针对应用于运输航空的机载 GBAS 设备国内尚无，航天恒星、中电 20 所、北航正在开展样机产品研制（基于 GPS），依托于 C919 航电架构，完成产品部分功能、性能验证，仍不能满足使用要求。MMR 方面，国内各机型中使用的多模式接收机仅支持 GPS，且均为国外产品；国内部分厂家正在开展多模式接收机产品研制，受限于民航领域"北斗"卫星导航应用相关标准，多模式接收机均未进行相关符合性验证、适航审定等工作，仅是依托现有工业标准完成部分指标测试，远不能满足民航领域应用要求。

（6）"北斗"与多传感器异构数据融合技术

欧美军方重点关注多传感器融合分析技术，如美军的 C4I、英军的 AIDD、欧洲的 SKIDS。国外交通领域，早已关注定位技术赋能的多传感器融合感知，规避车船飞行器运行中的事故风险、提升操纵效率。国外在大规模数据存储与检索领域已经有了一些开源框架，比如 Hadoop 大数据生态系统、NoSQL 数据库 HBase 和云实时搜索引擎 Elasticsearch（ES）等，并且这些技术在诸多领域得到了应用。国内在多源数据融合方面的研究起步较晚，主要集中在算法研究方面，在采集终端、算法、应用场景相结合的应用领域，尚处在前期摸索阶段，应用呈现碎片化特点。

（7）时空海量数据自动化处理技术

国外在该领域目前基于各行业平台建设云端服务器，进行数据交互。国内目前时空数据均为各行业应用独立服务平台，尚未形成通用化的自动化特征提取和推送平台。

（8）室内外多体制混合导航定位技术

1996 年美国联邦通信委员会颁布了一个行政性命令 E911，该行政性命令直接推动了 LBS 产业的发展，A-GPS 技术也在这个背景下应运而生。A-GPS 通过将地面移动通讯网络和全球卫星定位系统有机地结合起来，利用地面的移动通信基站向 GPS 接收机发送辅助定位信息，从而实现 GPS 用户的快速定位。目前 A-GPS 方案的提供商主要是美国的高通公司。同时，Locate 公司在 2003 年推出了 Locata 定位系统，Skyhook 公司在 2007 年推出了基于 Wi-Fi 的商用室内外 WPS 系统。这些系统的建成运行为室内外定位提供了成熟的解决方案，并且已经扩展出不同的应用场景。我国在 2012 年正式启动了"羲和"系统的建设。该系统是在协同实时精密定位技术的基础上构建的一个广域室内外高精度定位系统。在室外环境下，利用广域实时精密定位技术，可实现亚米级定位。在室内环境下，通过接收搭载了测距信号的 TC-OFDM 制式的移动通信信号，可以获得优于 3 米的定位结果，但距离分米级和厘米级定位精度还存在一定的距离。

（9）"北斗"与低轨导航卫星联合应用技术

国外铱星低轨星座已经开始提供独立导航军用备份能力，但尚无低轨星为 GPS 提供灵敏度提升及精度提升功能的相关文献，铱星仅在授时方面得到商业化应用。目前国内部分低轨试验星上已经进行了单星信号增强、精度增强功能验证。

（10）"北斗"与 5G 双向辅助融合技术

国外部分厂商对 2G/3G/4G 应用中，对多体制、多信息源融合技术开展研究。美国、欧洲等国家正在开展导航系统的现代化进程，结合综合 PNT 建设，从导航卫星、低轨卫星、地面增强等角度对多信息融合系统开展技术研究。民用主要集中在移动设备、高清视频等领域的 5G 应用，在紧急呼叫等业务中，要求运营商提供定位服务。国内相关技术还处于初期研究和起步阶段，尚未形成产业应用。

3. 卫星遥感

（1）重点产品研发水平与领先国家分析

卫星遥感产品集中了空间、电子、光学、计算机通信和地学等学科的最新成就，西方发达国家十分重视发展遥感卫星系统技术，从政策、资金等方面给予特别的重视和倾斜，并围绕遥感卫星系统的设计、研制、生产以及卫星遥感数据获取、接收、处理、分发、应用等全链路的关键环节制定了相应的标准，推动遥感卫星产品性能不断提升，由分立系统向综合体系发展过渡。

1）高分辨率遥感标准产品

以美欧商业遥感公司为代表的国外遥感产业从 1980 年代开始萌芽，1990 年代已经形成多家跨国遥感服务公司激烈竞争的状态。我国第一颗民用遥感卫星（CBERS-1）1999年才发射成功。

目前，世界最高分辨率的光学遥感卫星是美国MAXAR公司2014年发射的WorldView-3卫星，其标准产品分辨率达到0.31米。世界最高分辨率的合成孔径雷达遥感卫星是2007年发射的德国TerraSAR-X卫星，其分辨率达到0.25米。作为对比，我国最高分辨率光学遥感卫星是2020年发射的高分多模综合成像卫星，其分辨率达到0.42米；我国最高分辨率的合成孔径雷达遥感卫星是2016年发射的"高分"3号卫星，其分辨率达到1.0米。

2）高价值遥感增值产品

以美欧商业遥感公司为了满足高分辨率、高精度、即插即用式遥感增值产品需求，扩大非专业遥感用户数量和遥感使用范围，从20世纪90年代即开始研发并提供全球任意区域的货架式增值产品——遥感正射影像（DOM）及数字高程模型（DEM/DSM）产品。

美国MAXAR公司2010年开始提供覆盖全球3000个主要城市、月度更新的0.5米分辨率DOM。法国空客公司2009年开始提供国家级覆盖、年度更新的2.5米分辨率DOM货架产品。德国航空航天中心自2006年开始提供1∶25000比例尺、全球覆盖的DEM/DSM。美国MAXAR公司2012年开始销售全球任意地区的1∶10000比例尺DEM/DSM。

2020年我国完成主要基于"高分"2号数据的覆盖全国的亚米分辨率DOM产品。2016年我国利用"资源"3号卫星立体测图数据，完成覆盖全国的1∶25000比例尺DEM/DSM产品。截至目前，我国1∶10000比例尺DEM/DSM产品还未实现全国覆盖。

3）海量遥感卫星影像自动处理系统

国外影像生产系统主要是生产遥感影像4D产品的系统，包括遥感影像产品生产和数字摄影测量测图产品生产，主要包括法国的像素工厂Pixel Factory、德国的Inpho、美国的ERDAS等。国外影像生产系统是一套用于大型生产的对地观测数据处理系统，是一种能批量生产，且由一系列算法、工作流程和硬件设备组成的复合最优化系统，包含有技术节点数个，计算能力极强。输入卫星影像、航空数码等影像后，经过人为干预，通过自动化处理步骤，输出DOM、DEM、DSM（简称3D）等产品及其他中间产品，包含了内嵌生产流机制，可以在生产过程中查找相关任务，工作流机制基于产品自动处理而设计，同时也保持了用户直接和工作流交互的灵活性，管理工具可帮助用户查看每个项目的进展情况，并根据需要停止或重启某个工作。随着人工智能技术的应用和发展，国内外遥感数据生产系统也紧跟新技术发展趋势，国内现已实现遥感影像由全貌到细节、由整体到局部、由低分辨率到高分辨率的快速处理和生产，但起步较晚，功能设计上尚未成熟，尤其针对海量遥感数据的卫星影像自动处理系统欠缺，数据处理效率较低。

4）生态化海量卫星遥感数据共享云服务平台

随着全球需要卫星图像数据的国家或地区越来越多，国内外卫星运营商为了促进公司的收入和业务扩展，推动卫星数据共享网络进一步向全球扩张。其中，亚太和拉美等卫星遥感产业的新型区域集中了大量的商业卫星数据协议，但北美毋庸置疑仍是主要数据销售区。因特网定位服务也进一步拓展了卫星图像的私营用户范围。遥感卫星运营商通过借助因特网，与"虚拟地球"（如谷歌地球和 Bing 地图）等基于网络的数据和服务活动建立战略合作伙伴关系，提升了公众对卫星图像的认识及应用，进一步拓展了遥感数据共享网络全球影响范围。国内方面，目前国家相关机构逐步建立了一些遥感数据共享平台，但共享层次较低。

5）海量遥感卫星数据存储云平台

目前，我国国产卫星遥感数据存储能力在整体质量上同国外相比还存在一定差距，World Wind 是 NASA 的一款开源的三维地理信息系统，它以高传输宽带速度提供高达 TB 级的影像和数字高程模型数据服务，在地图显示的时候，World Wind 通过采用多分辨率图层技术实现了快速浏览、缩放遥感影像数据的目的。在通过数据库存储影像数据的同时，保证数据在存储时的完整性和统一性，随着大数据技术的兴起，利用 Hadoop 框架对空间数据进行存储，有效处理了单机故障与可扩展性不足等问题，通过 Key-Value 模型对遥感影响进行存储，将多个小文件合并为单个大文件，避免了浪费主节点的内存，极大程度提高了遥感数据存储能力。

6）海量遥感卫星影像管理云平台

国外遥感数据管理平台以美国谷歌地球为典型代表，谷歌地球是谷歌提供的全球主要城市卫星地图搜索，其服务器端架构采用能支持大量用户并发访问的、自主开发的云计算平台，主要包括独创的谷歌分布式文件系统 GFS，谷歌半结构化数据并行存储与访问接口 BigTable，用于 1TB 以上大规模数据集并行运算 MapReduce。谷歌地球有效集成多源、多尺度的影像数据、地形数据等空间信息，并统一进行组织和管理，整合到了三维虚拟地球中，且结合独有的搜索技术提高了数据的访问效率。在海量数据的网络传输方面，通过高效率的数据压缩技术，加快数据传输的速度，从而保证了客户端数据浏览速度，我国国内遥感影像管理平台与国外专业软件相比种类较少，功能也偏弱，目前国内高度重视遥感数据管理平台产业化发展与技术进步，现已实现遥感数据管理全中文交互式操作界面的平台研发，且性能趋于稳定，但仍存在一定差距。

（2）关键技术研发水平与领先国家分析

1）云计算及大数据处理技术

云计算在国际上发展时间较短，各国在技术层面的差距较小，中国的云计算发展要落后于美、日、韩等发达国家，但还有反超的机会。云计算需要有IT业的标准化及集中化作为发展的前置条件。IT业的标准化需要业务流程、业务应用和数据的标准化作为基础，只有业务标准化，才能推动云计算技术及模式的应用。美国的企业IT系统成熟度高，IT系统的整体应用时间很长，公司行为规范性更强，更接近于标准化。如企业总部使用某个系统，则该系统就会推广至全世界范围内的全部分部机构，集中管控程度极高。美国的云计算服务实施了数据中心全球扩张计划。在技术与产品方面，美国早就掌握了包括分布式体系架构在内的多种云计算的核心技术。美国云计算的应用也在政府的指导下有大规模的推广，在国防部、农业部等都有不同程度地应用云计算。此外，美国政府也对数据开发有很大的支持力度，保障美国民众能在任意时间及地点，利用任何设施或平台来获取政府信息、公共服务等各类数据。

在云计算产品及技术方面，国内在服务器、云操作系统等领域有重大的技术突破，有一系列的自主产权技术成果。在云计算应用领域方面，中国的私有云发展速度更快，国内政治形势及云计算发展技术，使得国内对私有云的创建与推广较为积极，在私有云的发展上也有了一定的进展，但在公有云服务上还有待加强。在政策上，中国政府发布了一系列的政策文件，以刺激市场供给为主，由政府来推动云计算产业发展建设，此外也发布了各种云计算发展指导条例，引导社会资金投入云计算产业建设中，并设立云计算产业专项资金，推动应用示范创新，国内发掘云计算发展中的不足，并结合各国发展实践来提炼云计算产业发展的关键性要素，在云计算的安全性、用户隐私等方面加强建设，以国外云计算发展经验作为我国云计算应用及产业发展的参考，推动国内云计算产业的持续进步，到2035年中国云计算将会有较大发展。

2）基于计算机视觉及机器学习的遥感数据信息提取技术

计算机视觉相关技术兴起于美国，但在近年的新一波发展浪潮中我国正大幅度的减少与美国在这一领域的差距。目前，中美在该领域的技术竞争上各有千秋，美国在计算机视觉技术基础算法的创新和研究积累上依然存有优势；而中国在该技术的应用上拥有更广阔的市场，且能够获取并使用更海量的数据。

机器学习相关技术兴起于美国，与前述计算机视觉相关技术一样，我国与美国的差距正在缩小。这一领域的几次算法创新特别是深度学习技术上的原创成果如神经网络反向传播、基于贪心算法的深度神经元网络构建等都由美国学者提出，另外深度学习对计算机的一些基础技术如 CPU、GPU 性能等要求较高，这些方面美国的技术积累优势依然明显。在全球化的时代，人工智能领域的竞争说到底是人才的竞争，在充分发挥集中力量办大事的社会主义体制优势的同时我国还应打造更好的科研环境，逆转美国在全球科技人才链上的制高点地位。

3）多星多源异构数据融合处理技术

国外主要的高分辨率遥感卫星系统，如美国的 Landsat、Terra、Aqua，欧洲的 Spot、ERS、ENVISA 等卫星系统持续建设。截至 2020 年 12 月，中国已发射对地观测卫星 190 余颗，在轨卫星数量局全球第二。相应的，每日获取遥感数据量呈指数级增长，中国已步入遥感大数据时代，开展多星一体化数据处理已成为发展趋势。德国布罗克曼公司构建的 Calvalus 系统，实现了多源卫星的批量处理，但仅在几何校正等少量处理技术方面统一考虑，性能有待进一步提升。在多星多载荷信息分析方面，随着以深度学习为代表的机器学习技术被广泛用于遥感数据解译，已有少量基于简单数据融合或模型叠加的多星并行信息提取研究，在一定程度上提升了图像中典型目标的提取性能，但距离实用尚有一定差距。

目前，国内外多星数据的处理和应用技术仍处于探索阶段，通过充分总结技术发展过程中的经验，汲取现有前沿方法的优势和特点，到 2035 年，中国有望利用不同卫星和载荷之间、不同任务和目标之间的共性特征和互补信息，构建多星一体化成像处理模型，生成高质量的海量样本数据，实现面向多星数据的多类地物要素的提取。国内目前全色与多光谱间的数据融合技术较为成熟，全色/多光谱和高光谱图像融合、全色/多光谱与合成孔径雷达图像融合、多光谱/高光谱与激光雷达图像融合的研究较为广泛，热红外遥感图像、夜光遥感图像、视频遥感数据和立体遥感图像的融合逐渐兴起，到 2035 年，视频、立体等新型遥感数据间的融合技术将会有大幅提升。

4）基于区块链的遥感数据共享分发技术

国内外区块链发展几乎同时起步，从全球来看，全球区块链发展正从全面否定与全面推崇的感性认识趋于理性认识，国外内都更加专注于探索区块链潜在的应用价值和商业模式。然而，国内外针对区块链技术的发展重点、部署策略和研发过程都有所不同。纵观全球区块链发展的主要市场，美国在获得区块链专利国家中排名第一、韩国排名第二、中国排名第三、日本排名第四。区块链是分布式系统、加密算法、数字签名、共识机制、智能合约等多种技术的集成体。区块链本身的创新之处在于技术融合。当前，区块链技术仍然处于高速发展阶段，技术创新不断实现。国外侧重于 BFT 共识算法、原子跨链、子链等底层关键技术。国际巨头将区块链作为核心战略进行布局，不断提供人财物力，集聚全球资源打造开源社区，输出原创技术和开源产品，影响和主导行业发展方向和路径。国内侧重于哈希锁定、分布式私钥控制、隐私数据授权访问等中间层关键技术，以及分布式应用、智能合约等应用层关键技术。

中国是较早开启对区块链技术研究和探索的国家之一，专利申请数量在全球遥遥领先，随着中国区块链政策的进一步放开，到 2035 年将会有更多的资源投入到区块链的研究，有利于中国抢占区块链技术制高点。

## 五、产业与技术实现可能性和制约因素分析

1. 卫星通信

1）标准化程度不高导致一体化设计困难

当前国内卫星通信应用网系基本由各设备厂商采用各自规范协议单独研制，标准化程度不高，系统也较为封闭，没有相对统一的应用接口，给高低轨一体化组网设计带来困难。

2）核心自主可控器件缺失限制卫星通信应用推广

卫星通信基带芯片、射频功放、低噪放、天线 T/R 芯片等核心器件基本依托于国外厂家，一方面成本高，产能有限；另一方面核心部件不能自主可控，影响产品升级速度和系统自主安全，限制卫星通信应用推广。

3）通信卫星与应用系统设备与国际先进水平还有差距

地面主站系统核心技术、芯片与国际主流产品在性能和成本上存在明显差距，且

终端需要和主站高度匹配，影响了国产主站和终端设备的规模化、产业化。国际采购主站系统成本高，同时终端难以实现低成本，交货周期不可控，阻碍向大众消费用户、行业用户等推广。国内卫星终端制造企业较多，市场拓展意愿强烈但在基础技术研发投入方面有限，天线、射频和基带技术和产品发展不均衡，限制了我国卫星通信应用的规模化、产业化发展。

2. 卫星导航

1）标准协议缺失问题

中国卫星导航应用在标准法规、发展规划、政策、测试评估等产业政策与行业规范方面，存在建设缺失和滞后现象，没有形成统一标准。

一是顶层统筹不足。"北斗"标准化顶层统筹力度较弱，缺少负责"北斗"系统民用应用标准研究制定的统一负责部门，导致标准体系实施难，各层级标准协调性差。

二是标准体系不完善，服务产品标准缺失。"北斗"在虽然在交通、电力、农业等行业开展了应用，但对"北斗"相关服务和产品的国家标准较少，在"北斗"标准体系中行业标准的数量偏少，使得不同领域的技术要求和产品规范难以协同，产业技术产品和服务发展杂乱无章、方向分散，难以形成有效的合力，制约了中国卫星导航产业链发展和规模化市场形成。

三是国际标准化话语权不强。"北斗"国际标准仅在国际民航、国际海事、移动通信、接收机通用数据格式、国际搜救、国际电工等应用领域取得了一定进展，但由于国内在"北斗"国际标准化工作中存在缺少人才鼓励机制，成为国际专家的积极性普遍不高、经费支持不足、企业参与"北斗"国际标准化工作积极性不高等问题制约了"北斗"产业的国际化推广。

2）产品质量偏低问题

"北斗"基础产品包括芯片组、模组、板卡、接收机、天线以及配套的嵌入式软件、高精度数据处理软件、GIS软件等。国内研制相关产品的公司众多且竞争激烈。高精度产品性能优良但设计、研发和生产成本较高，不利于推广应用；而中低端基础产品虽价格相对较低，但产品在可靠性、环境适应性等方面与国外产品（如天宝、诺瓦泰、uBlox）又存在较大差距，不能满足极端条件或应急情况下的特殊应用需求。

一是国内"北斗"基础产品研制厂商无法持续推进技术创新。国内参与"北斗"基础产品研制的厂商众多，市场竞争激烈，在产品还没稳固形成收益时迫于竞争压力不断降低成本和性能，以至于技术创新无法持续推进。

二是"北斗"产品和服务检测认证体系及质量监管机制不健全。由于缺失相应的标准，直接导致了针对市场上现有的产品和服务缺乏相应的检验认证体系，未形成"北斗"应用服务和运行规范，第三方检测、评估、监督机构的建设不完善，不能有效地保障"北斗"产品质量。

三是"北斗"上下游市场注重硬件而对卫星导航高精度软件及服务关注度较低。国内"北斗"基础产品注重硬件，对软件关注度不够，相关产品的核心算法、软件大多基于开源软件，原创性设计少，竞争同质化。

四是国内的芯片设计工具、工艺水平及制造能力不足限制了"北斗"基础芯片的产业发展。国际环境日趋复杂，产业关键环节"卡脖子"严重，使得我国"北斗"导航产业在芯片设计工具、工艺水平、制造能力、关键终端产品方面，存在着极大的不确定性。

3）产品升级换代问题

目前，部分涉及国家安全的关键行业和领域仍采用外国卫星导航系统和设备，造成国家安全风险且不利于"北斗"产业发展，同时民航、铁路、交通等行业领域的卫星导航应用仍需在技术上解决服务的高可靠、高安全性问题，实现"北斗"产品的升级。随着"北斗"3号服务全面开通，"北斗"2号将逐步过渡到"北斗"3号，在过渡过程中亟需基础产品的支撑。具体包括以下三个方面：

一是大众消费类产品对"北斗"的支持度不高。当前，在手机、导航仪、车辆等大众消费类产品中大多采用GPS，在"十三五"的推动下，绝大多数产品能够支持"北斗"系统，但大多数产品在定位解算时，优先使用GPS，甚至部分产品仅支持接收"北斗"信号、"北斗"完全不参与解算。

二是符合民航、车规、海事等专用标准，体现"北斗"特色服务的终端产品少。在民航、铁路、车辆、船舶等行业，大多采用GPS接收机，国内缺少符合相关标准要求的"北斗"接收机产品，这类应用不仅需要研制好产品，还要花大量人力物力财力进行认证；同时"北斗"3号系统启用了新的定位导航服务信号频点、提升了短报文服务能力、增加了星基增强等功能后，在产品领域，相关服务对应的基础产品仍存在空白，出现了系统服务已经开通、应用层面跟进滞后的情况，使得"北斗"3号特色服务难以快速落地应用、发挥作用。

三是"北斗"与行业应用需求、新兴技术融合度低。长期以来，我国"北斗"芯片、模块等基础类产品发展主要聚焦在定位导航授时服务能力本身，对于与相关应用场景的结合考虑仍有不足，而"北斗"时空信息如何接入是"北斗"在能源、电力、交通、物流、港口、智慧城市、生态监测等场景应用的关键环节，其中离不开"北斗"与5G、物联网、人工智能、大数据、卫星互联网等新兴技术的融合。由于"北斗"融合应用的技术、产品薄弱，导致"北斗"应用"最后一公里"的通道不畅，投入大，产出低，"就导航论导航""就北斗论北斗"现象较为突出，"北斗"应用难以形成有效价值和持续性。

4)"北斗"海外推广问题

"北斗"规模化、产业化和国际化是"北斗"产业生态趋向健全并得到良性发展的三个重要目标。"北斗"系统作为我国第一个具有全球服务能力的关键信息基础设施，其国际化发展水平更是衡量产业发展态势的重要标志，同时也"北斗"产业化工作的重点。目前，我国在境外有着大量的基础设施援助和建设项目，在互联网应用服务领域我国产品的市场占有率也处于前列。与此同时，在国际贸易、技术合作等方面，我国凭借巨大的内需市场，也有着极强的话语权。但是，"北斗"系统在"走出去"的过程中，并没有完全发挥相应优势，很多时候还是处于单打独斗的状态，远远没有形成统一的合力。具体包括以下三个方面：

一是"北斗"系统在海外的宣传推广力度不足，没有形成海外影响力。"北斗"系统在海外的宣传推广缺乏统一的规划，形式较单一，投入的力度、频次都不大，没有形成"北斗"产业"走出去"所需要的海外影响力和舆论氛围。

二是海外支持"北斗"的基础设施与运营服务匮乏，"北斗"产业走出去缺乏系统能力支撑。国际上现有的卫星导航增强系统，均以支持本国卫星导航系统或GPS为主，尚无一个卫星导航增强系统支持"北斗"系统，同时几乎全部海外卫星导航运营服务商都对其入网设备仅做支持GPS系统的要求，支持"北斗"系统的基础设施和运营服务匮乏，客观上造成对于"北斗"走出去缺乏支撑。

三是"北斗"海外服务体系尚待建立健全。"北斗"全球短报文、区域短报文是"北斗"系统与其他全球卫星导航系统的重要区别和优势，在国际上有较强的市场需求。然而"北斗"系统在该领域应用尚未有清晰的应用策略，以至于空有资源和需求，而不见产业及应用落地。

3. 卫星遥感

(1) 卫星遥感方向实现可能性分析

1) 卫星数据的多维使用牵引市场需求

卫星数据是航天遥感产业的核心资源，通过对卫星数据的进一步解析以及获取能力的不断提升，卫星数据实现了空间分辨率提升、时间分辨率提升、数据增值效应研究深入等阶段。在针对数据挖掘研究驱动下，与信息消费的模式带动下，卫星数据在更多行业领域得到应用。多维度的使用需求牵引了航天遥感产业的市场发展。匹配市场需求的发展节奏，航天遥感产业必然实现商业化改革，在对接市场需求的过程中实现自身产业的商业将价值挖掘。

2）应用领域服务外延拓宽

卫星遥感产业在市场驱动下，实现了服务模式的不断创新，航天遥感应用服务由传统的国土、农业、林业、交通、通信、测绘、城建、国防、水利、海洋、矿业、石油等专业领域，向新型的互联网、导航定位、无线通信等巨大产业领域开始拓延。在"互联网+"等宏观战略的推动下，航天遥感应用服务实现依托互联网衍生出更为广泛的新型业态。服务领域的广泛提供了航天遥感产业商业模式创新的巨大空间，巨大的产业空间也将催生产业商业化发展的步伐。为匹配航天遥感产业的服务领域拓宽发展，并进一步满足产业生态链的发展。

3）产业发展阶段不断递进

卫星遥感产业发展有其必然经历的阶段路径，卫星遥感产业经过了技术验证、实用新型产品研制、工业化匹配发展、技术性能不断优化，必将进入广泛的商业化应用阶段。卫星遥感产业是贯彻国家全面深化改革的顶层设计，同时，也是符合航天领域转型升级的发展趋势，进一步促进优势资源整合、结构转型升级，全面推动技术创新、商业模式创新及管理创新，实现卫星遥感产业的跨越发展，顺应产业发展路径，主动探寻产业的转型升级路线，是卫星遥感产业实现商业化的必然选择。

（2）卫星遥感方向制约因素分析

1）数据加工处理能力弱，高质量影像数据产品时效性差

目前国产遥感卫星地面接收处理的产能低，与接收的卫星数据量有较大的差距，导致数据处理时延长，不能满足用户的需求。

2）信息数据分发手段与渠道不足，积压与贫乏矛盾突出

目前国产遥感卫星数据缺乏快速高效的数据分发服务平台、手段和渠道，形成了供方产品积压与需方数据缺乏的矛盾局面。一方面国产卫星数据分发销售不畅，卫星用户仍然局限于少数政府行业部门，大量产品积压；另一方面，卫星影像应用用户、包括大量的省市县级的行业用户和企业个人用户不能顺畅地获取国产卫星影像。

3）数据资源分散、共享程度低，导致重复建设、资源浪费

目前我国使用对地观测数据的单位有数百家，较大的用户部门有 10 余家。大的部门有自己的数据处理、开发应用中心，小的部门仅仅限于开发应用。由于缺乏国家数据政策的支持和统一管理，各行业部门之间条块分割，数据共享程度有限，造成了一定的重复建设。此外，数据接收和共性处理（预处理）系统互相分割，结构杂糅，低水平重复建设严重。

4）行业应用不深入，没有融入常态管理、实现业务化

目前我国卫星遥感数据及其行业应用普遍存在深度不够的状况，数据源和数据处理、加工、分析的可靠性不高。导致卫星遥感数据及应用科研、试验层面多，一次性决策分析应用多，未能与行业用户的日常生产业务相结合、融入用户的常态管理与日常工作，未能形成高可靠性的业务化行业应用系统，无法实现高频次、流程化的应用局面。业务化、可靠性是我国卫星遥感行业应用推广普及的核心问题，也是卫星遥感信息产业发展的核心问题。

5）资金投入力度弱，关键知识产权对外依赖严重

国内创新上缺少动力，欠缺资金投入，且高度依赖国外开源软件产品，虽应用探索多于国外同行，但国际影响力不足。遥感应用涉及的各类关键技术，大多依赖于国外软件，国内虽借鉴并有所创新，但无法影响其技术路线，未形成自主可控算法和技术，且性能效率、安全性、稳定性还有较大提升空间。

国内的遥感处理软件系统成熟度低，发展时间短，大多以针对性的项目目标为主，缺少标准化。企业间的不同技术架构、数据接口等有一定差异，在技术与服务标准方面缺少完整的规范要求。

# 第五节　载人航天与空间探索产业与技术发展路线分析

## 一、载人航天与空间探索发展愿景

1. 载人航天

我国空间站建造完成后，将拥有巨大的应用与市场前景，主要包括太空制造类产业、太空制药及育种等生物类产业、空间人工智能技术类产业、微纳卫星在轨部署发射等民用航天服务项目，以及科普教育项目等，从而实现空间站应用的广泛参与，并

提高应用效益。开展空间站商业运营与应用，能够服务创新型国家建设，加强技术创新和实践创造，加强应用基础研究，突出关键共性技术、前沿引领技术、现代工程技术创新，为建设科技强国、航天强国提供有力支撑。推动空间站应用成果转移转化和应用推广，有利于促进产业优化升级和国民经济转型发展。

上述项目通过舱内试验载荷搭载服务、舱外立方星释放服务两种商业合作模式开展。

舱内试验载荷搭载服务：可借鉴美国 NanoRacks 公司模式，开展舱内搭载方面的商业运营。配置即插即用研究单元，建立标准化、低成本的实验研究平台，提供载荷单元的机、电、热等标准接口，支持立方体载荷形式的微小型实验装置搭载。

舱外立方星释放服务：在小卫星释放服务市场，可借鉴 NanoRacks 公司开展商业探索。基于即插即用的设计理念，在货运飞船舱外设计具有伴飞与监视功能的即插即用模块化小卫星发射工位，包括多规格的立方星分离机构和微小卫星释放分离机构，适应 1U 至 12U 立方星的压紧和释放。

2. 空间探索

2035 年，实施极地着陆和大区域科学探测任务、月面第二次采样返回任务、极地着陆和环月联合探测任务，完成探月工程四期。实施月球极区探测，开展机器人月球科研站关键技术攻关和基础设施建设。实施载人月球探测工程。突破月面定点着陆、月面高数据率通信等关键技术，探明月球极区地质演化历史，开展月基光学测距基准、月基对地观测等新研究领域，开展月球资源开发利用。

实施小行星多任务多目标探测与采样任务、火星采样返回探测任务、木星系及行星穿越探测任务。掌握太阳系内不同类型天体进/出能力，扩展极端环境和远距离探测能力，开展样品精细分析、类地行星物质成分的比较研究和木星系统的综合探测，实现我国行星科学跨越式发展。

至 2035 年，我国将聚焦宇宙起源与演化、太阳系的起源与演化、太阳活动及其对人类影响、行星的宜居性等重要基本科学问题，按照极端宇宙、时空涟漪、日地全景以及宜居行星四大科学前沿，开展暗物质探测、引力波探测、环日全景立体成像探测、太阳系边际探测及宜居行星探测等任务。为了实现重大任务的科学目标，需要大幅提升任务系统设计、运载、推进、测控、数传等探测能力，开发"高精尖"科学载荷技术和"超级"平台技术等，实现包括但不限于灾害性空间天气预警技术、绝对矢量磁场探测技术、行星际低频射电暴探测技术、太阳系边际探测技术、地外生命探测技术等关键核心技术突破。通过对这些技术的突破，将带动气象预报、太空资源开发利用等产业的发展。

## 二、载人航天与空间探索发展与技术群重要程度排序

1. 重大应用服务项目

我国空间站的建设和运营将为我国商业空间试验载荷提供理想的空间基础服务设施，同时也为我国该领域的发展提供了难得的机遇。充分利用我国空间站试验资源，在机柜内或舱外部署标准立方体载荷平台，从而实现对商业试验载荷的集成化及标准接口支持，降低舱内试验载荷的研制难度和研制周期。鼓励和支持社会资本、民营科技企业和公众参与空间站应用，鼓励通过商业模式创新开展空间站运营和应用以及成果推广，为国民经济持续、健康发展提供新的增长点。

在载人航天商业化服务方面工作，可从两个方向开展：一是挖掘或扩展航天器载荷支持能力，二是争取获得可支配的载荷商业化运行资源。建议成立类似于NanoRacks的商业公司进行我国空间站商业搭载服务。通过研制即插即用单元、扩展平台等措施，优化或扩展空间站载荷支持能力。在此过程中的研制、运输、安装等经费自行承担，优化或扩展的载荷资源，按比例一部分提供给工程总体，另一部分可自行支配，在工程总体允许的框架下，用于对外商业化运行。

可开展的工作包括：①通过配置即插即用单元，优化载荷支持能力，提供商业化载荷运行资源。②研制舱外扩展平台，提供商业化舱外载荷运行资源。③小卫星释放服务。

通过商业化合作，向载荷用户提供以下服务：①舱内外标准载荷实验服务。②定制独立载荷实验服务，如生物类试验、原材料元器件类实验等。③实验样品在轨分析服务，在空间站上配置通用分析设备，提供实验样品分析服务，将分析数据提供用户。④试验样品返回服务。

2. 关键技术

载人航天与空间探索产业关键技术及重要程度排序如下：①月面大范围移动技术；②月面科研试验站结构及构建关键技术；③月面科研试验站生命保障关键技术；④月面科研试验站安全防护关键技术；⑤太空智能机器人技术；⑥超大型空间光学装置在轨组装与维护技术；⑦大型桁架结构在轨构建技术；⑧在轨充气可展开密封舱技术；⑨弱引力天体表面附着与固定技术；⑩月面推进剂补加技术；⑪火星表面起飞上升技术；⑫高效能源与推进技术；⑬木星系及行星际穿越飞行策略及轨道优化技

术；⑭太阳系边际探测器超长寿命保证技术；⑮小行星资源开发利用技术；⑯灾害性空间天气预警与决策技术；⑰绝对矢量磁场探测技术；⑱行星际低频射电暴探测技术；⑲太阳系边际探测技术；⑳地外生命探测技术；㉑分布式微纳卫星的日地空间多时空尺度可重构组网探测技术；㉒高分辨率星载太阳极紫外光谱成像及宽波段能谱测量技术；㉓太阳系天体表面穿透器关键技术；㉔高分辨伽马射线暗物质探测技术；㉕高精度星载激光干涉测量技术。

### 三、载人航天与空间探索发展与技术群预计实现时间

载人航天与空间探索发展与技术群预计实现时间见下表。

表 3-5 载人航天与空间探索关键技术预计实现时间

| 技术名称 | 技术内涵 | 预计实现时间 | 前景与效益 |
| --- | --- | --- | --- |
| 月面大范围移动技术 | 模块化移动平台肩负巡视探测、设备物资搬运和基建等任务，需要模块化移动平台具有较高的牵引性能、承载性能、地形适应性能和机动性能，以确保上述任务能够安全、可靠地完成。 | 2030年进行月面初步验证；2035年实现月面应用。 | 预计可实现低重力环境下的汽车底盘、能源高效利用等突破性设计，促进新能源汽车的发展，促进平台模块化、标准化。 |
| 月面科研试验站结构及构建关键技术 | 月球基地结构构建技术包括不同舱段的连接、过渡以及不同功能层之间的层合等，是月球基地大型柔性模块结构设计及其组合、构建技术的关键，其难度超过了以往任何一种航天器结构技术。这些技术的突破对月球基地的建设具有十分重要的意义。 | 2030年进行月面初步验证；2035年实现月面应用。 | 突破柔性连接接口设计技术、突破月球站的检漏技术、突破月球站3D打印技术。 |
| 月面科研试验站生命保障关键技术 | 目前国内外尚无成功应用在航天上的生物再生生命保障系统，尽管难度很大，但要最终建成永久性月球站，必须依靠生物再生生命保障系统。 | 2030年进行月面初步验证；2035年实现月面应用。 | 未来可能开发出微生物废物处理技术和动物蛋白制造技术。以微生物废物处理技术为基础，可开展污水、废气处理以及环境治理等方面的产业化生产；以动物蛋白生产技术为基础，可以开展"人造肉"食品，并进行相应的产业化生产。 |
| 月面科研试验站安全防护关键技术 | 主要包括基地内部的月面辐照防护、高低温防护、空间碎片防护等，防护技术的实现与材料及结构设计是统一的、密不可分的。 | 2030年进行月面验证；2035年实现月面应用。 | 确保我国科研站的顺利建设和运营，积累防辐射材料技术、抗高冲击、轻质材料技术等。 |

续表

| 技术名称 | 技术内涵 | 预计实现时间 | 前景与效益 |
|---|---|---|---|
| 太空智能机器人技术 | 针对空间站运营及在轨建造大型空间设施对舱外作业能力提升的需求，以出舱作业辅助、出舱巡检和中大型结构在轨构建等任务为验证项目，完成出舱作业系统设计与在轨验证技术、多分支灵巧机器人舱外精细操作技术、非结构化环境下爬行技术等的验证。 | 2025—2026年实现技术验证；2027年实现应用。 | 出舱作业机器人可辅助或替代航天员开展舱外作业，减少航天员出舱次数和出舱作业时间，提高作业效率，解决航天员出舱安全性、补给任务重和机械臂在轨维修的难题，实现全面或部分代替航天员出舱作业，为我国未来在轨建造大型空间设施、载人登月等重大任务提供技术保障。 |
| 超大型空间光学装置在轨组装与维护技术 | 在轨组装空间光学装置是将空间望远镜设计为多个分体模块，通过一次或多次发射送入预定轨道，并在轨道上通过航天员或智能空间机器人完成组装，由望远镜在轨完成光学级自动化调校的技术。 | 2025—2026年实现技术验证；2027年实现应用。 | 将支撑未来超大口径空间望远镜的研制，实现天基遥感跨越式发展。可应用于高分辨率对地观测、空间天文和宇宙探索等领域，将成为航天强国建设的标志性成果之一。在轨组装技术可实现望远镜的维修与升级，可进行卫星燃料补加，降低对运载发射的要求。实现卫星延寿，提升遥感卫星的寿命和可靠性。 |
| 大型桁架结构在轨构建技术 | 未来航天器超大型载荷支撑结构和超大型结构平台已无法采用传统的"地面制造、在轨展开"方式，在轨构建将是实现这些需求的有效途径。采用一种基于金属带材塑性成形的在轨原位制造技术，突破金属杆件在轨成型设备设计与验证、成型工艺评估与验证、在轨制造杆件质量评价方法等关键技术。 | 2024—2025年实现技术验证；2026年实现应用。 | 通过大型桁架结构在轨构建技术试验验证，可以掌握金属杆件的在轨制造和大型桁架结构的在轨装配，可对空间站进行扩容、增加暴露平台、更大地发挥空间站效能。同时，通过该技术的验证，将会实现一种新的航天器建造模式，解决目前依靠展开方式无法满足未来对大尺寸、高刚度结构需求的难题，推动在轨维护、深空探测等领域的快速发展。 |
| 在轨充气可展开密封舱技术 | 面向未来载人深空探测、月面居住及空间站扩展密封舱的应用需求，开展并突破充气密封舱体结构长寿命承载与密封、无损折叠与展开、柔性舱体刚化、复杂空间环境防护等关键技术研究，为空间站舱容扩展提供有效技术手段，为未来载人月球基地建设奠定基础。 | 2025—2026年实现技术验证；2027年实现应用。 | 充气密封舱技术的突破是载人密封舱技术的新跨越，将极大降低密封舱的发射重量，使更大尺寸的密封舱在空间站上的实施成为可能，为载人登月密封舱进行技术储备，无论从载人系统任务的实施还是降低发射成本方面，都具有重大意义，还可应用至其他充气结构领域。 |

续表

| 技术名称 | 技术内涵 | 预计实现时间 | 前景与效益 |
| --- | --- | --- | --- |
| 弱引力天体表面附着与固定技术 | 弱引力天体主要为太阳系中小行星天体，其质量小、形状不规则、引力十分微弱，这些小行星引力位特征与大行星存在一定差异。如何构建小行星引力位模型、设计探测器轨道构造，具有一定的难度。要实现安全软着陆任务，需选择合适的着陆点，在探测器下降过程中逐步减速，垂直着陆。 | 2021—2023年实现技术验证；2024年实现应用。 | 突破该技术，将探测器成功在其表面附着并固定，对任务顺利实施至关重要。 |
| 月面推进剂补加技术 | 实现对月面机器人或探测器的能量补加，能够保障科研站正常有序运转，是未来月球科研站的一项关键技术。在深空探测任务中，需突破基于表面张力贮箱的月面补加系统技术，进一步进行关键组件技术攻关和地面模拟验证试验，保证月面实际应用有效。 | 2025—2029年实现技术验证；2030年实现应用。 | 突破月面推进剂补加技术，能够保证未来我国月球科研站顺利有序运转。 |
| 火星表面起飞上升技术 | 火星表面起飞上升是火星取样返回任务的难点之一，探测器需在火星表面复杂环境下生存、取样、起飞上升。分析火星表面起飞上升关键环节，通过设计、仿真、分析和试验验证，确定火星表面起飞上升关键环节的技术途径与关键参数，开展火星表面起飞上升多方案比较与优化，是火星取样返回的工程顺利实施的关键。 | 2025—2029年实现技术验证；2030年实现应用。 | 为火星取样返回的工程立项奠定技术基础。 |
| 高效能源与推进技术 | 随着探测目标距离的不断增加，核反应堆能源、同位素热/电源、新型燃料电池等新型能源技术必须突破，并在深空探测中发挥重要作用。推进技术是人类进入空间能力的决定性因素之一，深空探测任务对发射能量的需求很大，往往需要公里级以上的速度增量，研究各种应用新原理和方法的新型先进推进系统是提升深空探测能力的主要方向。 | 2025—2029年实现技术验证；2030年实现应用。 | 发展面向深空探测任务的高效能源与推进技术，能够实现未来深空探测任务耐恶劣环境、长寿命和高功率需求，解决高性能、长寿命、超大功率电推力器技术，提高其工作功率、推力和比冲，满足未来木星以远距离的科学探测任务。 |

续表

| 技术名称 | 技术内涵 | 预计实现时间 | 前景与效益 |
| --- | --- | --- | --- |
| 木星系及行星际穿越飞行策略及轨道优化技术 | 开展轨道设计与优化技术研究，对深空探测任务飞行效率提升、降低燃料消耗等具有重要意义。针对木星系及行星际穿越探测任务复杂、任务约束多、飞行环境因素不确定等问题，突破飞行策略及轨道优化技术。 | 2025—2029年实现技术验证；2030年实现应用。 | 该技术能够解决木星系探测器及行星际穿越器飞行面临的工程难题，为我国首次木星系及行星际穿越探测任务提供全面的技术保障。 |
| 太阳系边际探测器超长寿命保证技术 | 太阳系边际探测计划2024年出发，2049年到达100A.U.，在轨运行超过25年，远远超出目前地球同步轨道卫星15年、遥感卫星8年的在轨使用寿命指标。 | 2025—2029年实现技术验证；2030年实现应用。 | 开展该项技术攻关，能够突破超长寿命探测器研制技术，满足任务要求，拓展我国探测器空间探索能力。 |
| 小行星资源开发利用技术 | 对小行星进行近距离综合探测，以对其资源进行识别、获取并加以利用。探测方式主要包括三类：一是采样返回地球使用，二是原位资源利用，三是将小行星捕获运送到环月、地球或载人空间站的安全轨道上加以利用。 | 2025—2029年实现技术验证；2030年实现应用。 | 小行星具有科研资源和矿产资源。科研资源能够建立小行星与陨石实验室研究成果之间的联系，进一步研究太阳系成因和演化等科学问题。矿产资源具有极高的商业价值，可用作未来深空探测的原材料。 |
| 灾害性空间天气预警与决策技术 | 对太阳活动和其他空间环境扰动持续监测，开展日地空间环境整体关联性模式研究，预报太阳活动扰动在行星际空间的传播，及其驱动磁层、电离层和中高层大气的扰动变化，进行高性能空间天气预报。 | 2025年实现突破。 | 该技术可应对灾害性空间天气对人类生活、生产等活动的影响，大大减少灾害性空间天气对航空航天活动、重要基础设施等的影响，对保障国家安全、防灾减灾等至关重要。 |
| 绝对矢量磁场探测技术 | 开展基于原子相干布居囚禁（CPT）效应的绝对标量磁场探测技术、绝对标量磁场矢量化方法以及相对矢量磁场探测数据校准方法等研究，攻克空间磁场长期稳定、高精度、无死区和方向性误差低探测技术。 | 2025年实现突破。 | 基于CPT效应的绝对矢量磁场探测技术可应用于地磁测绘、空间天气预警、空间物理研究、深空探测、行星科学等领域的研究，为空间磁场监测、地球磁场和空间环境各种物理模式的建立提供支持。 |

续表

| 技术名称 | 技术内涵 | 预计实现时间 | 前景与效益 |
| --- | --- | --- | --- |
| 行星际低频射电暴探测技术 | 开展针对I~V型射电暴射电信号探测技术研究，探测和跟踪日冕驱动激波或耀斑加速的高能粒子，在中高日冕、行星际空间的传播特性以及与行星际介质相互作用的过程，对日冕物质抛射进行高精度大范围预测。 | 2025年实现突破。 | 射电观测是开展日冕物质抛射事件研究的重要途径，将实现对日冕物质抛射射的高精度、大范围观测，提高对日冕物质抛射的观测精度和效率，支持对太阳事件的观测和研究。 |
| 太阳系边际探测技术 | 开展太阳系行星际空间环境、典型天体、邻近恒星际空间环境探测，了解星际侵入物质、太阳系边际结构、恒星际介质特性，揭示日球层动力学演化、星际侵入物质、恒星际介质与太阳风相互作用的效应和机理，揭示太阳系典型天体的起源与演化。 | 2025年实现突破。 | 该技术将围绕太阳系的起源和演化、太阳系边际和邻近恒星际空间的特性及相互作用机理、行星空间物理特性等空间科学重大问题进行突破，满足我国深空探测发展需求。 |
| 地外生命探测技术 | 聚焦太阳系内有液态水证据的类地行星及系外类地行星，实现火星样品采样返回，突破返回样品保存和实验室分析等技术，发展冰卫星、冰下海洋精细分析方法，利用太空望远镜的红外观测识别可能具有宜居环境和生命起源的系外类地行星个体。 | 2025年实现突破。 | 本项技术突破后，将应用于解决"地球之外是否有生命"这一重大科学问题，开展对太阳系内外类地行星生命适存环境与生命迹象的综合探测和研究，探索地外生命存在的可能性，从而更好的理解地球生命的起源和演化过程。 |
| 分布式微纳卫星的日地空间多时空尺度可重构组网探测技术 | 开展基于分离载荷的多尺度立体探测技术研究，突破分离载荷多要素综合探测技术，高效能源、自主定位、星间通信、组网构形和姿态相位调整等分离组网技术，实现多要素综合的模块化集成、智能小型化、轻量低功耗等空间探测技术能力。 | 2025年实现突破。 | 突破该项技术将可实现动态空间环境瞬时图像复现，支持对不同位置在同一时间受太阳活动影响的差异性、瞬时性开展对比研究，为解决空间暴的触发机制等重大科学问题提供关键技术支撑。 |
| 高分辨率星载太阳极紫外光谱成像及宽波段能谱测量技术 | 开展球形精密光栅设计及加工、精密光栅无应力装配技术、光谱标定技术、低噪声高速CCD相机技术、图像解析技术，以及爆发现象自动识别、高性能紧凑型光学系统设计等，应用于高分辨率太阳极紫外光谱成像及太阳辐射宽能谱测量。 | 2025年实现突破。 | 突破该项技术，将帮助人类理解日冕物质抛射及太阳耀斑等重要太阳爆发现象的物理本质，解决日球层物理、太阳物理领域的重要科学前沿问题。 |

续表

| 技术名称 | 技术内涵 | 预计实现时间 | 前景与效益 |
|---|---|---|---|
| 太阳系天体表面穿透器关键技术 | 研发10000G加速度的地外天体表面穿透器技术，突破穿透器的结构减振、电子元器件和电源系统、抗冲击材料、载荷技术、地面验证实验、工程实施方案设计等关键技术，获取天体内部结构和能量信息。 | 2025年实现突破。 | 太阳系天体内部的圈层结构和能量释放是了解该天体的形成与演化的核心要素。太阳系天体表面穿透器关键技术是获取天体内部结构和能量信息等最为直接和有效的手段。该技术将在国内后续的月球、火星、小行星任务等发挥重要作用。 |
| 高分辨伽马射线暗物质探测技术 | 突破大面积成像型量能器、大规模径迹探测器等技术；开展超高能伽马射线探测，用于暗物质粒子探索。 | 2025年实现突破。 | 2015年发射的"悟空"号使我国在基于电子宇宙线的暗物质间接探测方面跻身世界前列，但其有效面积制约了其伽马射线探测能力。突破本项技术可以进行直接示踪辐射源位置的伽马射线探测，对于确定性地发现暗物质信号非常关键。本项技术将使得我国有望在伽马射线波段发现暗物质粒子。 |
| 高精度星载激光干涉测量技术 | 构建年偏差纳米级高精度空间惯性基准，突破多自由度无拖曳控制等技术，用于空间引力波探测研究。 | 2025年实现突破。 | 空间引力波探测为研究早期宇宙、统一场论及宇宙演化提供了无法替代的关键信息。通过开展空间引力波探测，可全面推动我国空间高精度引力参考传感器、星间超高精度激光干涉测量、高精度卫星编队、卫星姿轨控和温控等各方面技术的成熟。对于全球重力场测绘、建立高精度全球空坐标体系、对地观测、大地测量、资源勘探、自主导航以及促进未来的前沿空间科学实验等都具有重要意义。 |

## 四、研发水平与领先国家分析

太空智能机器人技术：目前，国际空间站开展场内试验验证的机器人主要有美国R2和俄罗斯Fedor F850，但两者均未开展舱外验证。美国、俄罗斯和欧洲航天局在面向出舱作业的智能机器人研制方面处于国际先进水平，其产品均已完成了工程样机的开发和地面试验验证。预计2035年前，俄罗斯Teledroid、美国R5等多个出舱作业机器人将完成舱外试验验证。

超大型空间光学装置在轨组装与维护技术：在轨组装涉及的可调控分块镜、波前探测和机械臂组装技术的实验室测试指标接近国际先进水平，但关键技术成熟度和工程可实现性还存在明显不足。通过地面工程样机和在轨演示验证试验攻关，预计 2035 年我国可实现 10 米分块式可组装望远镜的在轨部署。

大型桁架结构在轨构建技术：到 2035 年，我国航天器势必需要进行大型桁架结构的在轨构建，需要掌握大型桁架结构的在轨构建技术。美国和欧洲目前均在开展在轨构建技术的研究，美国树脂和复合材料在轨制造的技术成熟度已经达到 6 级，将要开展在轨试验验证；全自动化装配也已完成地面环境试验，技术成熟度达到 6 级。

在轨充气可展开密封舱技术：目前，我国已经突破充气密封舱的蒙皮结构设计、密封设计等关键技术，具备充气密封舱工程样机研制和在轨试验的能力。预计到 2035 年，技术成熟度达到 9 级。美国已经全面掌握在轨充气可展开密封舱技术，研制了飞行件并在国际空间站上应用，技术成熟度达到 8 级。

弱引力天体表面附着与固定技术：目前，我国暂未实施小行星采样返回探测任务。美国和日本等国家已经实施了小行星采样返回任务，该项技术已经得到突破。预计我国将在 2024 年实施采样返回任务，突破该项技术。

月面推进剂补加技术：该项技术为我国未来月球科研站关键技术的先期攻关，预计到 2035 年，能够有效突破该项技术，在推进剂补给接收量、补给次数、密封性、流量等多方面指标均达到任务要求。

火星表面起飞上升技术：目前，我国已成功实施火星着陆巡视探测任务，为该项技术突破提供先期研究支撑。该项技术为我国未来火星采样返回任务关键技术先期攻关，预计到 2035 年，能够有效突破该项技术。

高效能源与推进技术：太阳能技术方面，我国太阳电池的批产效率、抗辐照性能、重量比功率等方面，与国外同类产品相比，还有一定差距。核电源方面，国内开展 RTG 及其热电材料研究已有近 30 年的历史，也研究出一批采用燃烧天然气为热源的温差发电器供给地面使用，同时计划在未来几年开展填充方钴矿类材料与 BiTe 材料构成的功能梯度温差电材料的研究，以求提高热电转换效率。能量存储方面，与国际上 SAFT、AEA 等先进公司相比，虽然我国锂离子电池的部分性能已经达到或接近国际水平，但产品工程化应用仍相对落后。推进方面，我国高性能双组元推进技术应用范围不广、系统长期工作性能需要进一步验证。电推进技术成熟度低、功率小，性能存在差距，寿命和可靠性尚未验证；核推进技术发展进度落后。预计 2035 年能够突破超高效率太阳电池阵技术、空间核反应堆电源技术等，突破高性能双组元推进技术、双模式混合推进技术、核推进技术等。

木星系及行星际穿越飞行策略及轨道优化技术：目前我国尚未开展木星系及行星际穿越探测任务，该项技术仍在开展技术攻关工作。预计到2035年，突破木星系及行星际穿越探测任务规划及工程约束分析、行星际多次借力天体优选及借力序列规划技术、精确动力学模型下的轨道修正策略、连续推力借力飞行轨道优化技术、木星系环绕轨道精确动力学建模及轨道演化特性分析等多项关键技术，完成木星系及行星际穿越探测任务三维仿真演示验证系统开发。

太阳系边际探测器超长寿命保证技术：目前我国仅在月球探测和火星探测方面取得一定进展，对于太阳系边际探测尚未开展，处于技术攻关阶段。预计在2035年前实现超长寿命保证技术攻关，突破超长寿命探测器研制技术。

小行星资源开发利用技术：目前，我国正在积极开展小行星采样返回探测任务，能够为小行星资源开发利用技术突破提供先期攻关基础，同时与火星探测及载人登月等深空探测任务紧密结合，预计到2035年能够突破小行星资源开发利用技术，构建原位资源利用技术体系。

灾害性空间天气预警与决策技术：我国以地基为基础、天基为主导的监测体系已初步形成。"子午工程"国家重大科技基础设施建设标志着我国空间天气研究和监测能力步入了先进国家之列。加强天基能力建设，至2035年我国在该领域有望达到国际一流水平。

绝对矢量磁场探测技术：传统矢量磁场探测方法是相对的，不具备准确性，数据应用具有一定的局限性。当前磁场探测旨在建立地磁场模型、测量磁场的空间变化、监测空间环境，已经探测到磁场的相对变化和磁场的直流量均与空间现象有密切关系。至2035年我国在该领域有望达到国际一流水平。

行星际低频射电暴探测技术：早期的系列空间低频观测设备已可进行空间超长波观测，本项技术攻克后将突破低频高动态接收技术、大尺度接收天线展开技术、数据处理方法研究和地面标校技术。至2035年我国在该领域有望达到国际一流水平。

太阳系边际探测技术：我国在相关技术方面已有一定基础，该项技术将突破太阳风拾起粒子、高精度矢量原子磁场探测、能量原子成像探测等相关系列先进载荷探测技术，至2035年我国在该领域有望达到国际一流水平。

地外生命探测技术：该技术从轨道遥感、就位探测、采样返回三个层次来发展空间探测新技术，相关技术我国均已具有一定基础。至 2035 年我国在该领域有望达到国际一流水平。

分布式微纳卫星的日地空间多时空尺度可重构组网探测技术：国际上已有多个磁层星座任务，对不同尺度上的空间物理现象（如磁重联）开展了探测。我国在相关技术的研发上也已具有基础。至 2035 年我国在该领域有望达到国际一流水平。

高分辨率星载太阳极紫外光谱成像及宽波段能谱测量技术：高分辨太阳 X 射线成像技术以及极紫外成像技术在国内已经获得突破，但高分辨率星载太阳极紫外光谱成像及宽波段能谱测量技术在国内还是空白。至 2035 年我国在该领域有望达到国际一流水平。

太阳系天体表面穿透器关键技术：除月球外，目前国际上对太阳系其他各天体的内部结构和能量信息的探测和研究最为薄弱，基本均处于理论推导的现状。如能持续开展研究，至 2035 年我国在该领域有望达到国际一流水平。

高分辨伽马射线暗物质探测技术："悟空"号的研制成功，为突破本项技术在 BGO 晶体研制及两端读出技术，以及硅微条径迹探测器技术方面奠定了基础。本项技术将把大面积成像量能器使用的 BGO 晶体尺寸从 600 纳米扩展到 1.2 米；并研制大规模径迹探测器，能够大幅提高探测效率。至 2035 年我国在该领域有望达到国际一流水平。

高精度星载激光干涉测量技术：2019 年 8 月，"太极"1 号的成功发射实现了我国迄今为止最高精度的空间激光干涉测量，在国际上首次完成了射频离子和霍尔双模两种类型电微推技术的全部性能验证，为突破本项技术奠定了重要基础。在持续研究基础上，至 2035 年我国在该领域有望达到国际一流水平。

## 五、产业与技术实现可能性和制约因素分析

太空智能机器人技术：出舱作业机器人产品研制技术难度大，航天五院等国内研制单位在关键技术上有积累，需要开展在轨验证。其技术具有通用性，可应用于大型空间设施在轨建造、载人登月等重大领域。建议国家尽快立项出舱作业机器人的研制，利用举国体制的优势，占领技术的高点，突破出舱作业机器人技术，推动载人登月、深空探测、在轨建造等各领域的发展。

超大型空间光学装置在轨组装与维护技术：通过色散条纹传感和相位恢复方法可实现光学系统在轨检测，需要进行在轨应用与精度验证；开发的宏微致动器可实现毫

米级调整范围、纳米级调整精度，经过地面测试试验。目前分块光学在轨组装技术地面已完成技术验证，但在轨组装过程中温度、光照、微振动、失重、装配控制时延等因素难以同时模拟，需要开展在轨演示验证试验，检验关键技术实现情况，为后续10米望远镜实施奠定基础。

大型桁架结构在轨构建技术：目前，大型桁架结构在轨构建技术面临的制约因素主要是资源投入不够。针对大型桁架结构在轨构建的新技术方向，在未能进行在轨验证时，立项论证无法采用该技术路线；而不采用该技术路线，又导致其无资金支持、成熟度低，更不会投入研制，不能形成一种互相促进、互相牵引的发展状态。

在轨充气可展开密封舱技术：我国正围绕现有的技术难点开展基础性研究和设计工作，从原材料、元器件、设备、加工工艺、装配、测试、试验等方面，没有根本制约本技术发展的瓶颈。以在轨飞行任务需求为牵引，工程设计部门牵头，联合高校和科研院所，加大投入，能加快本技术进展

弱引力天体表面附着与固定技术：该技术攻关属于我国小行星采样返回任务关键技术，任务开展的关键技术先期攻关将能够保证该项技术得到突破，保障任务顺利实施。

月面推进剂补加技术：该技术攻关属于我国月球科研站任务关键技术，任务开展的关键技术先期攻关将能够保证该项技术得到突破，保障任务顺利实施。

火星表面起飞上升技术：该技术攻关属于我国火星采样返回关键技术，结合首次火星探测任务的成功经验，未来任务开展的关键技术先期攻关将能够保证该项技术得到突破，保障任务顺利实施。

高效能源与推进技术：通过研究高效聚光机构设计与制造、高效聚光电池设计与制造、散热技术、聚光电池组装与测试、聚光太阳电池阵展开收拢技术等，突破超高效聚光太阳电池阵技术。针对木星以远探测任务的需求，重点研究核反应堆电源总体技术、热电转换技术、热排放技术、热排放技术、热排放等技术，研制完成寿命6年以上的10kW空间核反应堆电源。电推进技术方向，2030年以前需要重点解决目前相对较成熟的1~2kW量级电推力器的寿命和可靠性问题，以满足我国2030年之前的小型深空探测任务。为了适应未来更复杂的深空任务，着手开发大功率、高性能的电推进技术，如MPD推进技术，实现提高比冲、推力以及要求功率（推力）大范围可调的目标。核推进技术方向，大力发展高安全、高功率（50~150kW）质量比的核反应堆技术，突破高效率、高可靠的热电转换技术，解决高性能、长寿命超大大功率电

推力器技术，提高其工作功率、推力和比冲。

木星系及行星际穿越飞行策略及轨道优化技术：针对木星系及行星穿越探测任务复杂、任务约束多、飞行环境因素不确定等问题，解决木星系探测器及行星际穿越器飞行面临的工程难题，为我国首次木星系及行星际穿越探测任务提供全面的技术保障。

太阳系边际探测器超长寿命保证技术：需要从高稳定性功能材料研究、关键单机加固与地面摸底、系统级自主管理与故障诊断、寿命评估与保证研究等多个层次开展相关工作，保证未来任务关键技术攻关顺利实施。

小行星资源开发利用技术：国际上现有的地外天体资源开发利用的应用领域主要集中在火星探测和月球探测。这两类天体的物理和化学特性相对明确，容易针对性的开展技术的地面试验验证，而小天体探测表面特性与行星区别大，地面试验验证涉及星表状态的动力学、微引力、真空环境等，如何实现星壤特性的等效模拟、机构的高精度微重力模拟都是必须解决的难题，环境的难以模拟是制约小行星资源开发利用关键技术发展的瓶颈之一。总体来看，当前阶段小天体资源利用技术还在前期攻关阶段，距离实际应用尚存在一定差距。

灾害性空间天气预警与决策技术、绝对矢量磁场探测技术、行星际低频射电暴探测技术、太阳系边际探测技术、地外生命探测技术、分布式微纳卫星的日地空间多时空尺度可重构组网探测技术、高分辨率星载太阳极紫外光谱成像及宽波段能谱测量技术、太阳系天体表面穿透器关键技术、高分辨伽马射线暗物质探测技术以及高精度星载激光干涉测量技术等技术，须依托我国相关领域相关科学任务的立项实施，在国家长期稳定的经费支持下，培养出高水平的人才队伍。

# 第四章
# 航天产业与技术发展路线图

本章围绕全面建成航天强国总目标，充分考虑航天产业世界先进技术发展趋势，在产业发展需求与关键技术分析的基础上，按照航天产业链上下游各领域，根据专家调研和相关分析，综合集成各领域发展路线，提出总体思路。

## 第一节　航天产业与技术发展的愿景目标

### 一、航天强国建设愿景

预计2035年，我国航天产业位列航天强国前列：成为世界航天主要科学中心、创新中心和产业中心；全面提升进入空间、利用空间、控制空间的能力，航天运输技术、航天器制造与应用技术有重大原始创新与跨越；空间科学有重大发现；空间应用产业化发展，形成空间经济新业态；航天体制、机制、法制健全，建成先进的航天科技工业体系和创新型航天人才队伍，核心技术自主可控；为建设科技强国、实现中华民族伟大复兴的中国梦提供强大支撑，为世界航天发展及人类文明进步作出重要贡献。

### 二、航天产业与技术发展总目标

2035年构建完善现代航天产业体系，研制生产的自主创新水平显著提高，工业基础能力显著增强，在若干关键领域实现技术突破，达到世界领先水平，切实保障国家安全。航天产业产值保持较快增长，商业航天发展取得成效，形成优势互补、有机衔接、合作共赢的产业发展格局，推动经济社会持续健康发展。成功完成重大标志性工程，创新运营和管理模式，坚持对外开放，共建全球航天产业链。

## 第二节　航天产业与技术发展的总体路线图

航天运输能力先行提升和航天器产业生产制造水平持续提升，才能满足空间基础设施更新换代、月球科研站建设、深空探测重大任务和空间科学任务等多种进入空间、利用空间的需求；而卫星应用、载人航天与空间探索的发展又形成了航天运输产业和航天器系统产业的需求。航天产业形成了内循环与外辐射相结合的健康、有活力的生态环境。

总体路线图以 2021 年、2025 年、2030 年、2035 年为时间横轴，以发展愿景、产业能力水平、重大任务及产品、政策措施为纵轴，其中发展愿景是总牵引，产业能力水平是衡量指标，重大任务及产品是标志性进展，政策措施为保障，各要素统筹谋划，分阶段、分层次向全面建成航天强国的目标推进（图 4-1）。

### 一、2025年，显著缩小与领先国家差距

**航天运输**完成多项重大产品研制，如海上发射运载火箭、新一代无毒无污染中型运载火箭、中型固体运载火箭。**航天器研发制造**进一步完善技术先进、自主可控、布局合理、全球覆盖，由卫星遥感、卫星通信广播、卫星导航定位三大系统构成的国家民用空间基础设施体系，构建完成卫星互联网工程、综合定位导航授时体系，满足行业和区域重大应用需求，同时服务军事转型发展。**卫星应用**商业化发展模式基本形成，产业规模超过 10000 亿元，成为推动经济社会发展的新动能。**载人航天**初步完成核心技术储备。**空间探索**开展"嫦娥"7 号、小行星探测和太阳系边际探测研究任务。

### 二、2030年，产业水平跻身航天强国前列

**航天运输**完成重型运载火箭、大型固体运载火箭、组合动力重复使用运载器、先进轨道转移运载器等重大产品的研制，具备运载火箭批量化生产制造能力。**航天器研发制造**形成网络化、智能化、综合化的空间信息体系，提供 3A 级（任何时间、任何地点、任何终端）空间信息服务。**卫星应用**形成"航天+"战略性新型产业新业态，产业机制体制成熟，自主创新能力、公共服务能力和业务化运行能力显著增强。**载人航天**进入空间站在轨运营阶段，面向在轨建设超大型空间设施以及地外星体原位制造

等前瞻性应用方向。**空间探索**在航天运输系统、航天器系统的支持下，围绕"嫦娥"6号、"嫦娥"8号、火星取样返回和国际月球科研站建设开展科学研究。

### 三、2035年，在部分重要领域领先世界

**航天运输**实现运载火箭智能化、自动化生产制造能力，完成火箭动力重复使用

| | 2021年 | 2025年 | 2030年 | 2035年 |
|---|---|---|---|---|
| 发展愿景 | 显著缩小与领先国家差距 | 产业水平跻身航天强国前列 | | 在部分重要领域领先世界 |
| 产业能力水平 | 新一代运载火箭生产制造能力、大推力发动机生产制造能力 | 运载火箭批量化生产制造能力、重型火箭、重复使用运载器生产制造能力 | 运载火箭智能化、自动化生产制造能力 | |
| | 进一步完善民用空间基础设施 | 提供3A级空间信息服务 | 提供5A级空间信息服务 | |
| | 商业化发展模式基本形成，产业规模超过10000亿元 | 形成"航天+"战略性新型产业新业态，产业自主创新能力、公共服务能力和业务化运行能力显著增强 | 商业化及国际化取得重大发展，产业规模超过30000亿元，国产卫星应用的贡献率达到90% | |
| | 载人航天初步完成核心技术储备 | 进入空间站在轨运营阶段，面向在轨建设超大型空间设施以及地外星体原位制造等前瞻性应用方向 | 突破空间大型设施的在轨组装与建造技术、新型能源技术等，完成推进动力系统一体式集成设计 | |
| | 实现在轨支持与决策支持，实现多任务协同规划 | 具备科学研究与大数据分析能力 | 具备国际任务级联合设计能力 | |
| 重大任务及产品 | 海上发射运载火箭、新一代无毒无污染中型运载火箭 | | | |
| | 中型固体运载火箭 | | | |
| | 重型运载火箭、组合动力重复使用运载器、先进轨道转移运载器 | | | |
| | 完成火箭动力重复使用运载器、空射运载火箭研制 | | | |
| | 卫星互联网工程、综合定位导航授时体系 | 高容积比卫星、超大容量宽带卫星、下一代"北斗"卫星导航系统 | 脉冲星导航系统 | |
| | 与5G/6G融合的卫星互联网系统，高分辨率遥感标准产品等 | | | |
| | 智能频率干扰监测与频谱共享系统，卫星导航与5G、物联网、卫星互联网融合应用终端，高分辨率遥感标准产品等 | | | |
| | 灵活载荷地面管理系统、卫星导航增强服务平台、海量遥感影响管理云平台 | | | |
| | 航天基础新技术、空间制造工艺与装备技术在轨试验 | 在轨建造超大型空间设施、地外星体原位制造 | 空间燃料电池系统与空间站环控生保、推进动力系统一体式集成设计 | |
| | "嫦娥"7号、小行星探测、太阳系边际探测 | "嫦娥"6号、"嫦娥"8号、火星取样返回、国际月球科研站 | 木星系及行星际穿越探测、海王星及其卫星探测、金星探测、彗星采样返回 | |

图 4-1 航天产业与技术发展总体路线图

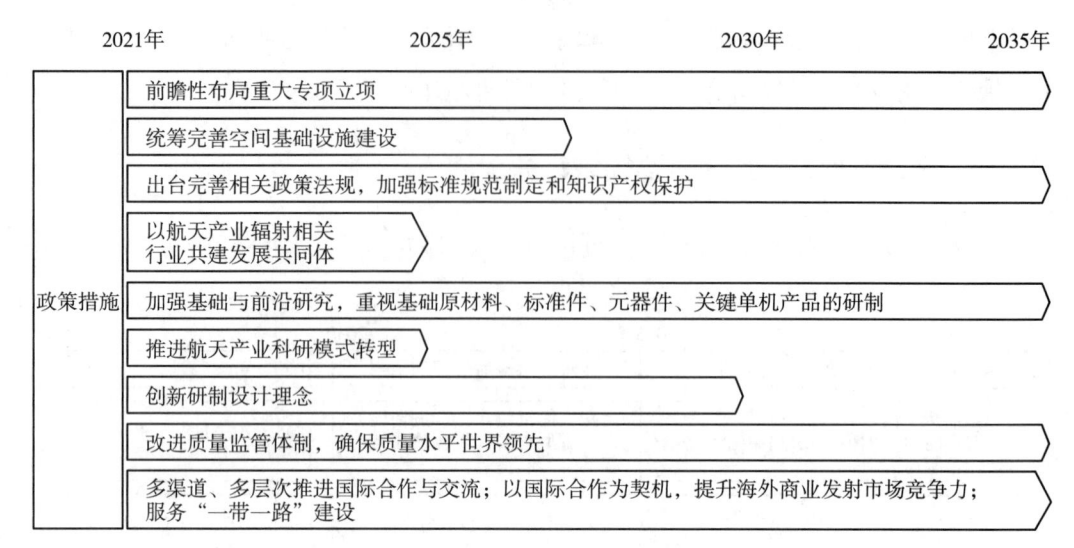

| | 2021年　　　　　　　2025年　　　　　　　2030年　　　　　　　2035年 |
|---|---|
| 政策措施 | 前瞻性布局重大专项立项<br>统筹完善空间基础设施建设<br>出台完善相关政策法规，加强标准规范制定和知识产权保护<br>以航天产业辐射相关行业共建发展共同体<br>加强基础与前沿研究，重视基础原材料、标准件、元器件、关键单机产品的研制<br>推进航天产业科研模式转型<br>创新研制设计理念<br>改进质量监管体制，确保质量水平世界领先<br>多渠道、多层次推进国际合作与交流；以国际合作为契机，提升海外商业发射市场竞争力；服务"一带一路"建设 |

续图 4-1　航天产业与技术发展总体路线图

运载器、空基运载火箭研制，航天运输系统总体能力达到国际一流水平。**航天器研发制造**提供 5A 级（3A+ 任何环境、任何安全级别）空间信息服务，构建完成中轨光学、中轨微波、高轨微波、高轨高光谱综合观测卫星系统、高容积比卫星、超大容量宽带卫星、脉冲星导航系统。**卫星应用**商业化及国际化取得重大发展，产业规模超过 30000 亿元，国产卫星应用的贡献率达到 90%，与经济建设、社会生活深度融合，卫星应用产业在国民经济中的份额和辐射带动作用明显。**载人航天**突破空间大型设施的在轨组装与建造技术、新型能源技术等，完成推进动力系统一体式集成设计。**空间探索**具备国际任务级联合设计能力。

## 第三节　航天产业与技术发展的各领域路线图

根据第三章各子领域研究成果，以 2021 年、2025 年、2030 年、2035 年为时间横轴，以各子领域发展愿景、产业能力水平、重大任务及产品、关键技术为纵轴，绘制了各子领域产业与技术发展路线图。

### 一、航天运输产业与技术发展路线图

1. 2025 年前

空基发射和海上发射小型运载火箭完成演示验证及项目立项，构建快速进出空间

的运输体系，提升快速响应能力。新一代中型火箭完成研制及首飞，实现绿色协调发展的新一代运载火箭成熟应用，并逐步替换常规推进剂运载火箭，满足未来主要任务载荷发射需求。完成重型运载火箭立项研制，开展关键技术攻关。完成中型固体运载火箭研制。开展高性能、智能化低温通用上面级关键技术攻关，开展新型推进（大功率电和核推进）上面级概念研究。实现垂直起降可重复使用运载火箭演示验证飞行，实现常规火箭一子级可控回收；开展垂直起飞/水平降落可重复运载器的关键技术攻关；完成重复使用天地往返飞行器的入轨飞行试验。

具备载人飞行由近地空间向地月空间跨越的能力，航天运输能力跻身世界航天大国前列。

2. 2030 年前

完成重型运载火箭研制，实现"长征"系列运载火箭全面更新换代，航天运输成本大幅降低。完成大型固体运载火箭研制，先进低温上面级首飞，轨道转移运载器实现通用化。完成子级重复使用技术在火箭上的应用和飞行试验；完成火箭动力两级入轨重复使用运载器飞行试验验证和工程应用；完成水平起降两级部分重复使用运载器飞行试验。

具备开展较大规模空间探测的能力，航天运输的内涵及外延更加丰富，产业化、市场化、商业化水平显著提升，综合实力超越俄罗斯、欧盟，跻身航天强国前列。

3. 2035 年前

完成新一代载人运载火箭、重型运载火箭首飞。完成高性能、智能化低温通用上面级研制，并实现工程应用。在轨加注实现工程应用，先进低温上面级和轨道转移运载器实现长时间在轨应用。实现垂直起降可重复使用运载火箭的工程应用；实现垂直起飞/水平降落可重复运载器首飞；开展单级入轨可重复使用运载火箭预先研究；实现复合预冷组合动力可重复使用运载火箭一级飞行试验验证。

全面推广智慧控制、智能制造、自动化生产制造等先进技术在新一代运载火箭中的应用，在运载效率、经济性、使用维护性能等方面达到国际一流（图 4-2）。

| | 2021年 | 2025年 | 2030年 | 2035年 |
|---|---|---|---|---|
| 发展愿景 | 实现由航天大国到航天强国的转变，构建体系完整、分布合理、性能卓越的航班化航天运输系统，满足我国各类空间活动对航天运输系统的使用需求；使我国航天运输系统总体能力达到国际一流水平，迈进航天强国行列，专业领域技术水平进入国际前沿，引领世界航天发展 | | | |
| 产业能力水平 | 新一代运载火箭生产制造能力，大推力发动机生产制造能力 | 运载火箭批量化生产制造能力，重型火箭、重复使用运载器生产制造能力 | 运载火箭智能化、自动化生产制造能力 | |
| 重大任务及产品 | 海上发射运载火箭<br>新一代无毒无污染中型运载火箭<br>中大型固体运载火箭<br>重型运载火箭、组合动力重复使用运载器、先进轨道转移运载器<br>火箭动力重复使用运载器、空基运载火箭、新概念运载器 | | | |
| 关键技术 | 基于模块化的运载火箭总体设计技术<br>运载火箭总体一体化优化设计与评估技术<br>大推力高性能发动机技术<br>大直径箭体设计制造及应用技术<br>智能感知与飞行控制技术<br>核热推进技术<br>低成本高可靠固体火箭总体设计技术<br>空基发射技术<br>天基组装发射技术<br>低温推进剂在轨贮存与传输技术<br>深空电推进技术<br>可重复使用运载器总体设计技术<br>火箭基组合发动机技术<br>无人值守测试发射技术<br>海上发射技术<br>批量化生产及智能制造技术<br>先进材料和智能结构技术 | | | |

图 4-2 航天运输产业与技术发展路线图

## 二、航天器研发制造产业与技术发展路线图

利用太空高远位置优势，提供遥感、通信、导航服务，瞄准先进航天信息领域科

技前沿，探索新原理、新概念、新方法和新系统，建成全域感知、全谱透明、按需保障的天基信息感知能力，全球覆盖、随遇接入、按需服务的天基信息传输能力，无缝覆盖、安全可信、便捷高效的天基时空基准能力，全面抢占军事、科技竞争制高点。

1. 2025年前

建成国家空间基础设施体系，提供连续稳定的业务服务。数据共享服务机制基本完善，标准规范体系基本配套，具备国际服务能力。发展通信导航遥感综合应用能力，提高卫星应用水平。通信、导航、遥感商业化发展模式基本形成，卫星及应用产业大幅度增长。

卫星遥感向地球整体观测和多星组网观测发展，逐步形成立体、多维、高中低分辨率结合的多系列综合观测和资源共享、高效信息服务能力；充分发挥卫星遥感独立、客观、快速的数据优势，卫星遥感应用渗透到更多的行业领域，服务于更广泛和顶层的决策人群。重点探索小卫星商业化形式，验证小卫星商业化模式，牵引社会新型需求遥感卫星市场发展。

加速通信广播空间基础设施的建设，以商业化模式为主，保障公益性发展需求，积极开发利用卫星频率和轨道资源，发展固定、移动和数据中继三大系列通信广播卫星系统，逐步建成覆盖全球主要地区、与地面通信网络融合的综合化天基系统，宽带通信卫星容量超过300Gbps，实现信息贯通，服务宽带中国和全球化战略。

建成"北斗"卫星导航系统的星基和地基增强系统，我国卫星导航系统整体性能达到世界一流水平。我国卫星导航产业创新发展格局基本形成，产业应用规模和国际化水平大幅提升，产业规模超过4000亿元，"北斗"卫星导航系统及其兼容产品在国民经济重要行业和关键领域得到广泛应用，在大众消费市场逐步推广普及，对国内卫星导航应用市场的贡献率达到60%，重要应用领域达到80%以上，在全球市场具有较强的国际竞争力。

打造机制完善、标准规范统一、全球覆盖、重点区域增强的信息共享服务，为广大客户群体服务，激发高分辨率成像系统的新的应用模式和商业模式。

2. 2030年前

2030年前重点推动空间信息系统网络化发展，以通信卫星为核心实现各类卫星互联，同时探索综合型卫星的发展，提供3A级空间信息服务，形成消费型空间信息应用市场。

发展高低轨结合，多手段（光学、微波、电子侦察、电磁、重力）融合的全球综合观测系统，为各行业提供高精度、稳定的、连续的数据源，实现全球资源（含水下资源和目标）实时探测，推动地球资源探测领域从浅地表到深地层、深海层的演进，从分时孤立探测到实时大数据的发展。

互联互通，全面建成全球覆盖的天地一体化信息网络信息体系，空间系统实现互联互通，与地面网络融于一体。以"天基组网、地面跨代、天地互联"为主要思路，完成天基信息网络的部署，支撑自主可控、安全可信、随遇接入的空天体一体化信息网络建设目标，满足"信息引领能力、安全保障能力、全球服务能力、快速响应能力、体系支撑能力、均衡服务能力"需求。

建成基准统一、覆盖无缝、安全可信、高效便捷的以"北斗"系统为核心的国家综合 PNT 体系，跃居世界领先水平，实现车道级导航，为各行业提供精准的时空标签，具备较强的战时抗毁能力，满足国家安全、经济社会时空信息保障需求。导航新技术、新原理、新领域研究取得突破，探索深空导航技术，为卫星导航系统的未来发展奠定基础。

基于多源卫星遥感影像、机器深度学习、云计算和数据科学等技术手段构建信息服务平台，对大规模地理空间数据进行获取、处理、分类和分析，洞察全球发展趋势。

3. 2035 年前

发展智能化空间信息系统，卫星形态出现显著变化（功能模块化、即插即用、在轨自组织），系统高度智能自主，推动空间系信息系统服务范围向深空、地下、水下拓展，提供 5A 级空间信息服务，空间信息产业成为国民经济重要组成部分。

发展次生效应（如光子纠缠状态、磁、放射性、密度等物理、化学性质）的改变的观测，利用地面系统反演目标信息特征，使遥感探测的范围也拓展至地下，利用遥感实现地震预报、地壳运动活动记录、矿物资源勘探等。全面建立我国的综合要素观测系统，实现由天空至地表，再至地下的全方位三维立体透视观测，为人类未来的生存和发展提供有价值的信息数据。

深度融合，形成智能化融合化空天地海信息传输系统。为海上、地面、空中、空间、深空各类应用终端提供全域无缝覆盖、全维均衡服务和全元随遇接入信息保障。

针对深空探测及星际航行需求，开发统一的空间通信和导航网络基础构架，突破适用深空的时间频率保持和分配技术、多飞行器相关联的导航技术，完成太阳系内星际航行导航网络建设，满足月球、火星以及其他太阳系内行星探测任务需求，为地外航天器的自主精确编队飞行、自主近进和着陆、信号采集返回等任务提供导航服务。发展基于拉格朗日点的近地空间导航定位系统、专项任务导航系统，初步完成X射线脉冲星导航与通信系统建设，突破基于微中子的导航和跟踪、量子通信技术，逐步支持太阳系外的星际航行任务。具备覆盖深空、近地及地表的体系化的PNT服务能力。

建设全息虚拟地球深层次认知系统，以对地观测数据、导航数据为基础，综合汇聚空、地、海等多源异构数据，构建虚拟化、数字化、智能化的虚拟地球，形成对真实地球自然界和人类社会主要特征及其变化过程的虚拟映射，为全球经济社会运行监测预估、地球系统科学研究等提供全方位支持（图4-3）。

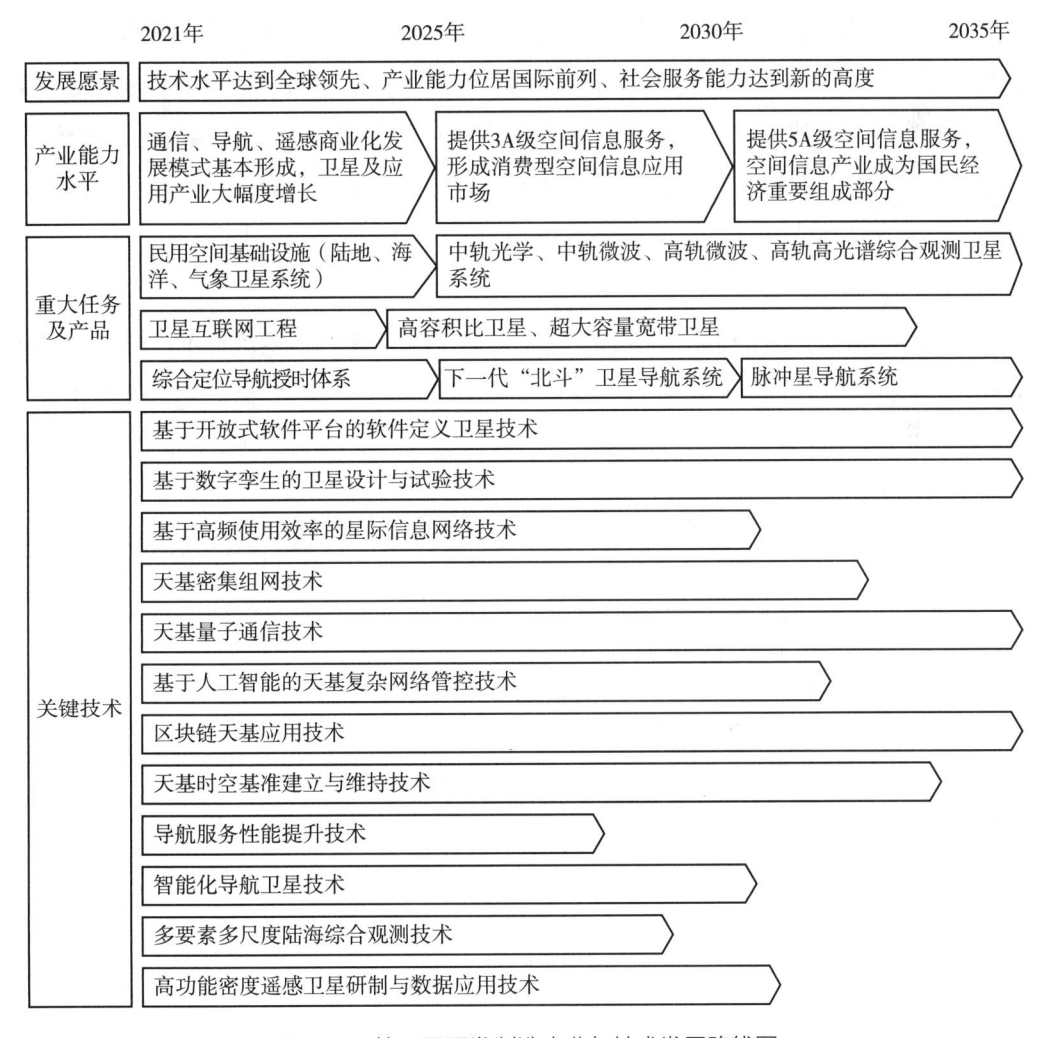

图4-3 航天器研发制造产业与技术发展路线图

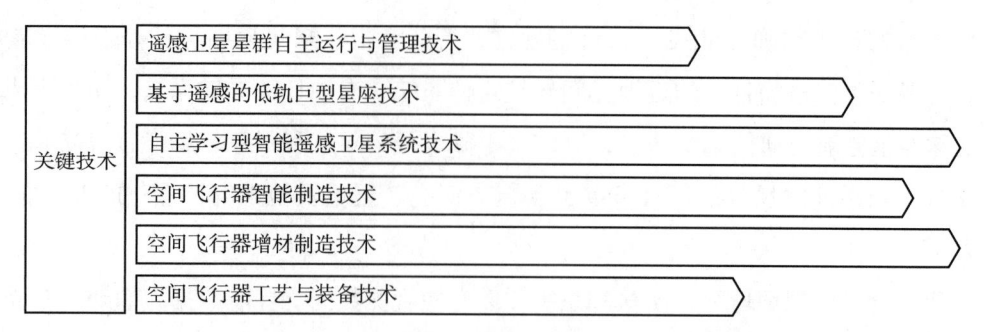

```
                ┌─ 遥感卫星星群自主运行与管理技术
                ├─ 基于遥感的低轨巨型星座技术
关键技术 ──────┤─ 自主学习型智能遥感卫星系统技术
                ├─ 空间飞行器智能制造技术
                ├─ 空间飞行器增材制造技术
                └─ 空间飞行器工艺与装备技术
```

续图 4-3 航天器研发制造产业与技术发展路线图

## 三、卫星应用产业与技术发展路线图

完善空间基础设施应用，满足国民经济、社会发展和公共安全重大需求，实现业务化和规模化发展。形成覆盖全球的新一代天地一体化信息网络，具备全球无缝覆盖的泛在服务能力。建成具备全球服务能力的卫星应用基础平台和公共信息服务体系。全面开展卫星通信、导航与遥感融合化服务，实现空间信息与新一代信息技术的高度融合，重构卫星应用模式。

1. 2025 年前

构建与 5G/6G 融合的卫星互联网系统，升级以高分辨率遥感高标准产品为代表的重大产品项目，突破以大型低轨星组网技术、遥感大数据整合与预处理技术为代表的关键技术。适时调整遥感数据保密政策。卫星应用产业总产值超过 10000 亿元。

2. 2030 年前

促进"航天+"战略新兴产业新业态，卫星应用企业集群和产业链，传统行业领域全面深度应用，新兴应用市场充分发展。具备为"一带一路"沿线国家提供卫星应用基础设施建设与服务能力。

3. 2035 年前

推进我国进入卫星广泛应用的时代，卫星应用与经济建设、社会生活深度融合，卫星应用产业总产值超过 30000 亿元，国产卫星应用率超过 90%，卫星应用产业在国民经济中的份额和辐射带动作用明显。卫星应用产品与服务国际市场占有率达到国际领先（图 4-4）。

# 第四章 航天产业与技术发展路线图

| | 2021年 | 2025年 | 2030年 | 2035年 |
|---|---|---|---|---|
| 发展愿景 | 满足国民经济、社会发展和公共安全重大需求，实现业务化和规模化发展；形成覆盖全球化的新一代天地一体化信息网络，具备全球无缝覆盖的泛在服务能力；建成具备全球服务能力的卫星应用基础平台和公共信息服务体系；全面开展卫星通信、导航与遥感融合化服务，实现空间信息与新一代信息技术的高度融合，重构卫星应用模式 | | | |
| | 打造商业航天、"航天+"战略性新兴产业新业态 | | 进入卫星广泛应用时代 | |
| 产业能力水平 | 卫星应用产业总体产值超过10000亿元 | | 卫星应用产业总体产值超过30000亿，国产卫星贡献率超过90% | |
| | 培育卫星应用企业集群和产业链，传统行业领域全面深度应用，新兴应用市场充分发展 | | 卫星应用于经济建设、社会生活深度融合，卫星应用产业在国民经济中的份额和辐射带动作用明显 | |
| | 产业机制体制成熟，自主创新能力、公共服务能力和业务化运行能力显著增强 | | | |
| | 具备为"一带一路"沿线国家提供卫星应用基础设施建设与服务能力 | | 卫星应用产品与服务国际市场占有率达到国际领先 | |

## 重大任务及产品

### 卫星通信

- 灵活载荷地面管理系统
- 与5G/6G融合的卫星互联网系统 → 与6G融合的卫星互联网系统
- 智能频率干扰监测与频谱共享系统
- 卫星量子保密通信系统
- 太赫兹卫星传输系统

### 卫星导航

- "北斗+5G"融合的通导一体化芯片（14nm） → 北斗新体制与未来新型通信手段融合
- 卫星导航与5G、物联网、卫星互联网融合应用终端
- 卫星导航信号、信息处理核心处理软件实现亚纳秒级时间同步
- 卫星导航性能监测与评估平台
- 卫星导航增强服务平台

### 卫星遥感

**高分辨率遥感标准产品**
- 最高分辨率0.25m，应急成像时间3h
- 最高分辨率0.15m，应急成像时间10min
- 最高分辨率0.1m，应急成像时间10s

**高价值遥感增值产品**
- 0.5m分辨率DOM货架产品全国覆盖、年度更新；1:10000比例尺DEM/DSM全国覆盖
- 0.3m分辨率DOM全国覆盖、季度更新；优于0.5m分辨率DOM货架产品洲际覆盖、年度更新；1:10000比例尺DEM/DSM洲际覆盖，1:5000比例尺DEM/DSM省级覆盖
- 0.1m分辨率DOM货架产品全国覆盖、季度更新；优于0.5m分辨率DOM货架产品全球覆盖、季度更新；1:10000比例尺DEM/DSM全球覆盖，1:1000比例尺DEM/DSM省级覆盖

**面向不同行业的海量卫星遥感信息消费产品**
- 满足十万用户、周级变化监测
- 满足百万用户、天级变化监测
- 满足千万用户、小时级变化监测

**海量遥感卫星影像自动处理系统**
- 每天新增300TB图件的全流程快速生产
- 每天新增1PB卫星遥感影像高性能的自动化生产
- 每天新增10PB卫星遥感影像高性能的自动化生产

**生态化海量卫星遥感数据共享云服务平台**
- 服务用户到50万
- 建立面向特定应用的海量卫星遥感数据共享应用体系，服务用户到100万
- 建立面向特定应用的海量卫星遥感数据共享应用体系，服务用户到100万

**海量遥感卫星数据存储云平台**
- 1EB遥感数据存储能力
- 5EB遥感数据存储能力
- 30EB遥感数据存储能力

- 海量遥感卫星影像管理云平台

图 4-4 卫星应用产业与技术发展路线图

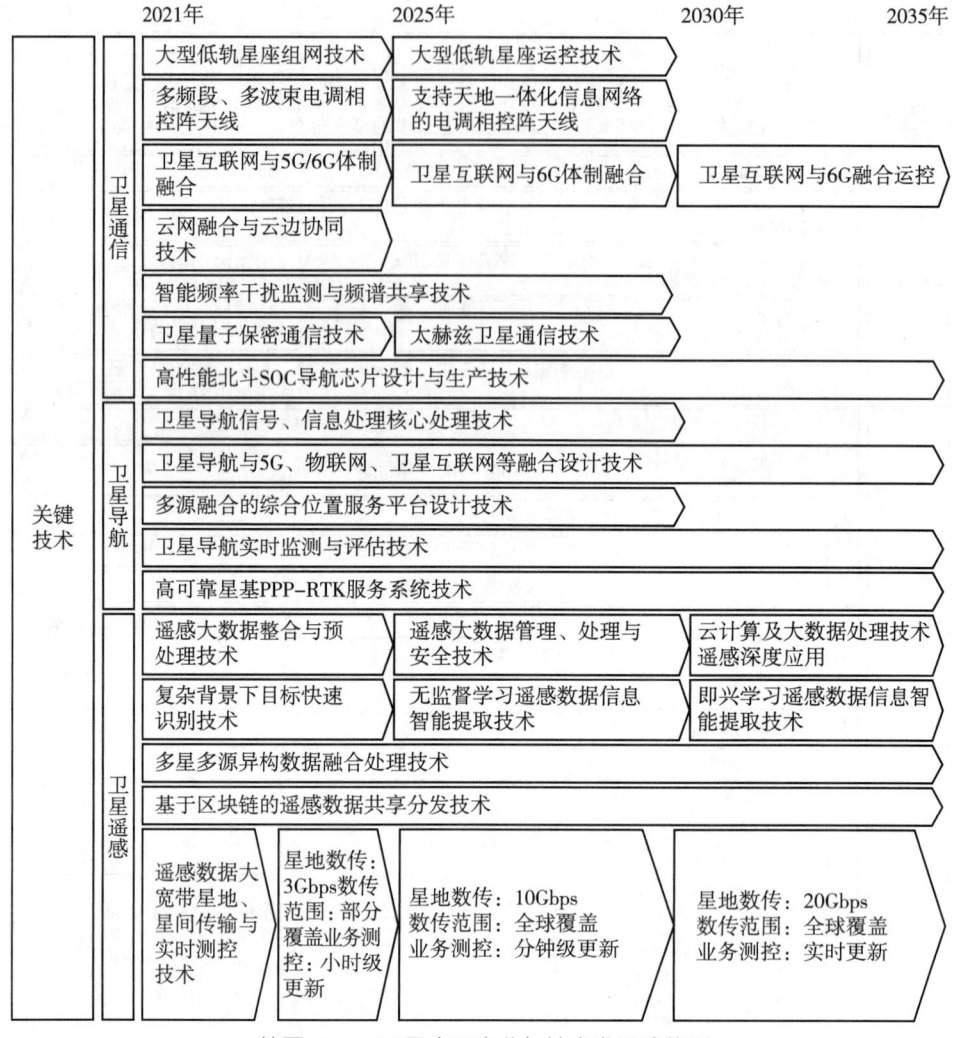

| | | 2021年 | 2025年 | 2030年 | 2035年 |
|---|---|---|---|---|---|
| 关键技术 | 卫星通信 | 大型低轨星座组网技术 | 大型低轨星座运控技术 | | |
| | | 多频段、多波束电调相控阵天线 | 支持天地一体化信息网络的电调相控阵天线 | | |
| | | 卫星互联网与5G/6G体制融合 | 卫星互联网与6G体制融合 | 卫星互联网与6G融合运控 | |
| | | 云网融合与云边协同技术 | | | |
| | | 智能频率干扰监测与频谱共享技术 | | | |
| | | 卫星量子保密通信技术 | 太赫兹卫星通信技术 | | |
| | 卫星导航 | 高性能北斗SOC导航芯片设计与生产技术 | | | |
| | | 卫星导航信号、信息处理核心处理技术 | | | |
| | | 卫星导航与5G、物联网、卫星互联网等融合设计技术 | | | |
| | | 多源融合的综合位置服务平台设计技术 | | | |
| | | 卫星导航实时监测与评估技术 | | | |
| | | 高可靠星基PPP-RTK服务系统技术 | | | |
| | 卫星遥感 | 遥感大数据整合与预处理技术 | 遥感大数据管理、处理与安全技术 | 云计算及大数据处理技术遥感深度应用 | |
| | | 复杂背景下目标快速识别技术 | 无监督学习遥感数据信息智能提取技术 | 即兴学习遥感数据信息智能提取技术 | |
| | | 多星多源异构数据融合处理技术 | | | |
| | | 基于区块链的遥感数据共享分发技术 | | | |
| | | 遥感数据大宽带星地、星间传输与实时测控技术 | 星地数传：3Gbps数传范围：部分覆盖业务测控：小时级更新 | 星地数传：10Gbps数传范围：全球覆盖业务测控：分钟级更新 | 星地数传：20Gbps数传范围：全球覆盖业务测控：实时更新 |

续图 4-4　卫星应用产业与技术发展路线图

## 四、载人航天与空间探索产业与技术路线图

在载人航天领域，以创新航天应用为驱动，分阶段实现航天核心技术战略储备、新型航天系统演示验证，进一步推广应用在轨试验成果，从而实现航天技术跨越式发展。

在空间探索领域，实现在轨支持与决策支持，实现多任务协同规划，具备科学研究与大数据分析能力，具备国际任务级联合设计能力。

### 1.2025年前

载人航天领域论证并部署一批先进装备/子系统项目、先进空间任务系统航天技术试验项目，初步实现航天技术的自主可控和持续提升。完成新型元器件级原材料等航天基础技术、空间制造工艺与装备技术在轨试验；载人航天相关储备型技术与装备、航天器平台和应用载荷跨带技术与装备在轨试验。

空间探索领域完成"嫦娥"7号、小行星探测、太阳系边际探测等重大任务。到达能力方面突破近地+主带多、行星际多目标小推力/借力轨道设计技术。测控通信方面达到100A.U.超远距离通信、月面组网及月球南极对地中继通信；能源与推进方面，突破高效长寿命同位素电源技术、10kWe级空间堆等能力。具体在弱引力天体表面附着与固定技术、灾害性空间天气预警与决策技术、绝对矢量磁场探测技术等关键技术上实现突破。

2. 2030年前

载人航天领域开展在轨组装与建造关键技术研究，完成空间大型天线单元、光学单元模块、模块化可重构航天器等空间设施的在轨组装、在轨调试和在轨运行、在轨维护等技术试验验证，为发展下一代大口径/超大口径空间光学系统等空间大型基础设施的在轨建造与组装技术奠定基础。实现面向在轨建造超大型空间设施以及地外星体原位制造等前瞻性应用方向。突破月面科研试验站结构及构建关键技术等相关技术。

空间探索领域开展"嫦娥"6号、"嫦娥"8号任务，完成火星取样返回，开展国际月球科研站建设。到达能力方面实现木星系及行星际穿越轨道设计与优化；测控通信方面分布分别实现10亿及30亿千米距离测控通信。突破火星月面起飞上升技术、高效能源与推进技术、木星系及行星穿越飞行策略及轨道优化技术、太阳系边际探测器超长寿命保证技术、小行星资源开发利用技术等关键技术。

3. 2035年前

载人航天领域以空间站运营阶段积累的在轨组装技术为基础，突破空间大型设施的在轨组装与建造技术、新型能源技术、受控生态生保等技术。完成空间燃料电池系统与空间站环控生保、推进动力系统一体式集成设计。

空间探索领域开展木星系及行星际穿越探测、海王星及其卫星探测、金星探测、彗星采样返回等重大任务。到达能力方面形成地月空间往返运输能力；测控通信方面，实现月球科研站中枢控制系统、金星轨道高精度定位与中继通信能力等。突破高分辨伽马射线暗物质探测技术、高精度星载激光干涉测量技术等关键技术（图4-5，图4-6）。

|  | 2021年 | 2025年 | 2030年 | 2035年 |
|---|---|---|---|---|
| 发展愿景 | 航天基础技术和部分先进装备取得阶段性成果，初步实现航天核心技术的战略储备 | 以创新航天应用为驱动，论证并部署一批新型航天系统演示验证项目，取得阶段性演示验证成果 |  | 在轨试验成果在航天领域实现推广和应用，实现航天技术的跨越式发展，进一步突破下一代新型航天技术，为我国从航天大国迈向航天强国提供强有力的技术支撑 |
| 产业能力水平 | 论证并部署一批先进装备/子系统项目、先进空间任务系统航天技术试验项目，取得阶段性试验成果，初步实现航天技术的自主可控和持续提升；形成完备的领域试验项目和持续运行的规范与体系，为后续项目的实施奠定良好的基础 |  | 开展在轨组装与建造关键技术研究，完成空间大型天线单元、光学单元模块、模块化可重构航天器等空间设施的在轨组装、在轨调试和在轨运行、在轨维护等技术试验验证，为发展下一代大口径/超大口径空间光学系统等空间大型基础设施的在轨建造与组装技术奠定基础 | 以空间站运营阶段积累的在轨组装技术为基础，突破空间大型设施的在轨组装与建造技术、新型能源技术、受控生态生保等技术 |
| 重大任务及产品 | 完成航天用新型元器件及原材料等航天基础新技术、空间制造工艺与装备技术在轨试验；载人航天相关储备型技术与装备、航天器平台和应用载荷跨代技术与装备在轨试验 |  | 面向在轨建造超大型空间设施以及地外星体原位制造等前瞻性应用方向 | 空间燃料电池系统与空间站环控生保、推进动力系统一体式集成设计 |
| 关键技术 | 太空智能机器人技术<br>超大型空间光学装置在轨组装与维护技术<br>大型桁架结构在轨构建技术<br>在轨充气可展开密封舱技术<br>月面推进剂补加技术<br>月面科研试验站结构及构建关键技术<br>月面科研试验站生命保障关键技术<br>月面科研站安全防护关键技术<br>月面大范围移动技术 ||||

图 4-5 载人航天产业与技术发展路线图

## 第四章 航天产业与技术发展路线图

| | 2021年 | 2025年 | 2030年 | 2035年 |
|---|---|---|---|---|
| 发展愿景 | 在空间探索领域，能够实现在轨支持与决策支持，能够实现多任务协同规划 | 在空间探索领域，能够进行科学研究与大数据分析能力 | | 在空间探索领域，能够具备国际任务级联合设计能力 |
| 产业能力水平 | 到达能力：突破近地+主带多、行星际多目标小推力/借力轨道设计技术；<br>测控通信能力：100A.U.超远距离通信、月面组网及月球南极对地中继通信；<br>进入与返回能力：弱引力天体表面附着与固定、高精度软着陆（100m量级）、13.3km/s超高速再入返回；<br>能源与推进：高效长寿命同位素电源技术、10kWe级空间堆；<br>先进载荷：小天体质谱、光谱原位分析、水分子和氢同位原位分析；<br>自主导航与管理控制：弱引力自主导航与控制、弱引力天体表面取样、适应极区环境机器人及长期自主运行与管理能力；<br>环境适应：100A.U.深远空间热控管理技术 | 到达能力：木星系及行星际穿越轨道设计与优化；<br>测控通信能力：分步分别实现10亿及30亿千米距离测控通信；<br>进入与返回能力：大承载月面软着陆、火星辅助变轨、有大气天体表面起飞上升能力；<br>能源与推进：具备低温推进适应能力及100kWe级空间堆；<br>先进载荷：木星强磁场探测载荷、宽视场轻量化光学载荷研制能力；<br>自主导航与管理控制：火星多点移动取样、环火轨道样品容器捕获与转移、月球极区探测及火星表面智能操作机器人；<br>环境适应：极端高低温自适应热控制、面向反应堆的大功率热管理及具备木星强磁场防护能力 | | 到达能力：地月空间往返运输能力；<br>测控通信能力：月球科研站中枢控制系统、金星轨道高精度定位与中继通信能力；<br>进入与返回能力：金星稠密大气高速进入能力；<br>能源与推进：长期能源供给能力、1000ke级空间堆；<br>先进载荷：基于3D打印的原位资源开发利用技术、极端热环境下太阳直接成像技术；<br>环境适应：极端热环境下探测器热防护技术、0.05A.U.近日环境防护能力 |
| 重大任务及产品 | "嫦娥"7号、小行星探测、太阳系边际探测 | "嫦娥"6号、"嫦娥"8号、火星取样返回、国际月球科研站 | | 木星系及行星际穿越探测、海王星及其卫星探测、金星探测、彗星采样返回 |
| 关键技术 | 弱引力天体表面刚着与固定技术<br>灾害性空间天气预警与决策技术<br>绝对矢量磁场探测技术<br>行星际低频射电暴探测技求<br>太阳系边际探测技术<br>高分辨率星载太阳极紫外光谱成像及宽能谱测量技术<br>地外生命探测技术<br>分布式微纳卫星日地空间对多时空尺度可重构组网探测技术<br>太阳系天体表面穿透器关键技术<br>火星月面起飞上升技术<br>高效能源与推进技术<br>木星系及行星穿越飞行策略及轨道优化技术<br>太阳系边际探测器超长寿命保证技术<br>小行星资源开发利用技术<br>高分辨伽马射线暗物质探测技术<br>高精度星载激光干涉测量技术 | | | |

图 4-6 空间探索产业与技术发展路线图

# 第五章
# 促进航天产业与技术发展的政策建议

## 第一节　优化产业政策环境，扶持商业化发展

### 一、出台完善相关政策法规，保障产业发展

开展航天法规政策体系的设计与建设，逐步形成完备、配套的法规政策体系。当前，应着力推进航天法的立法进程，保障航天强国的建设。在此基础上，优先安排军民深度融合、航天产业发展、商业航天等法规政策的设计与制定，适时适度调整卫星应用商业化数据政策，及时满足市场的发展需求。

### 二、加强标准规范制定和知识产权保护，规范产业活动

针对国产卫星技术的薄弱环节，应采取差异化技术路线和竞争策略，避免与强手的正面竞争，组织编写相关技术、产品和行业标准，提高知识产权保障力度，争取在细分市场形成自主核心优势。涉及国家安全及国民经济命脉的应用领域和政府投资项目，应优先使用或采购自主知识产权卫星数据、产品和系统；在涉及卫星应用各领域政府投资项目评审中，相关评审机构要增加对应用国产卫星数据与产品的可行性评价。各级政府主管部门和行业主管部门应加紧研究卫星数据知识产权有关政策，把知识产权工作纳入卫星应用项目的评定和管理活动中，把知识产权保护工作作为管理的重要内容。

加快卫星互联网网络标准制定，促进融合创新应用，推动空间互联网服务能力提升。统筹推动卫星互联网标准体系的建设，结合 3GPP、5G、NTN 等相关标准化工作，加强国际标准参与和自主标准制定与推广。依托卫星互联网，结合下一代互联网、移动通信网及工业制造、智能交通、智慧城市等领域发展需求，创新卫星互联网

多元化、智能化应用，促进金融、物流等现代服务业快速发展与供给侧改革，拓展卫星互联网应用的深度与广度，发挥产业带动力，提升我国卫星互联网应用产业的全球竞争。

从"北斗"标准顶层进行规划，与行业标准化组织合作，完善"北斗"行业标准体系；加强标准规范对"北斗"的支持力度，提升"北斗"国际化标准工作效率；培养和巩固我国"北斗"国际标准化人才专家队伍，提升企业开展"北斗"国际标准化工作的积极性。

## 第二节 夯实航天产业理论基础与制造基础

### 一、加强基础与前沿研究，超前部署核心关键技术攻关

重视并强化航天技术基础理论、空间科学、深空探测科学理论及创新技术机理研究，率先提出新颖、先进的创新科学问题及目标，超前部署有效载荷、探测平台及科学数据指标体系搭建及创新关键技术攻关，丰富健全技术体系并不断提升水准，充分运用产学研用相结合的协同创新体制，迭代夯实基础理论研究、科学发现及工程实施基础。

### 二、重视基础原材料、元器件、关键单机、标准件、产品的研制

为夯实航天产业未来发展基础，需重视基础原材料研究，持续开展基础学科研究；为补足生产制造短板，降低复杂航天产品实现难度，需加大元器件、关键单机、标准件的研制力度，尤其是功能复合、可靠性高、精度与效率俱佳的加工及检测设备，改变大量需要引进高端装备的状况；为提高设计制造水平，保障生产安全，需加强关键工业软件研制，为未来可持续发展提供支持。

## 第三节 务实推进研制模式转型，推动高质量发展

### 一、推进航天产业科研模式转型

我国现有运载火箭、航天系统研制、生产、测发仍然沿用传统的科研模式，已经难以满足未来规模化、高效化进出空间、利用空间的需求。必须充分利用运载火箭的

技术优势、航天系统技术优势和基础工业的规模优势，推动社会化配套，逐步建立面向市场、面向社会的航天产业研发制造生态体系，提升运载火箭、航天器制造的产业化水平，加速数字化、智能化及先进设施建设及应用，完善基于系统工程的管理体系建设，降低研发制造和服务成本，提高可靠性，保证质量。

## 二、创新研制设计理念，推进重复使用工程研制

重复使用运载火箭研究领域新、技术跨度大，许多复杂问题的机理目前国内外均缺乏足够认识，采用传统研制设计理念将导致周期长、投入大、效率低。面对重复使用火箭的工程应用亟需和市场竞争态势，借鉴国内外研制经验，充分发挥总体集成验证优势、优化单机研制流程，强化系统仿真和飞行演示验证，按照一次性确定目标、分步实施验证、关键技术逐项突破的发展思路，稳步开展重复使用火箭的工程研制和产品应用。

# 第四节　构建国际合作新模式，拓展航天产业发展广度

## 一、以重大航天项目为抓手，多渠道、多层次地推进实质性国际合作与交流

积极参与相关国际组织和国际协调，扩大在国际组织和机构的话语权，为我国航天发展赢得更好的生存和发展空间。以我国为主牵头实施国际重大空间科学和深空探测项目，通过共同建设实现科学成果及数据共享，助力构建人类命运共同体。

## 二、以国际合作为契机，提升我国海外商业发射市场竞争力

开展国外发射场建设论证，寻求低纬度优质发射场；开展大推力发动机关键技术、运载火箭智能自主飞行控制技术、运载火箭自动化海上发射技术等先进技术的技术引进和国际合作，推动相关关键领域技术跨越，实现合作共赢。

## 三、加强国际合作和海外推广，服务"一带一路"

充分利用"一带一路"国际合作的战略机遇，大力推动重型运载火箭、空间站、月球探测、深空探测、空间科学以及空间基础设施等方面与"一带一路"国家的合

作，创新合作模式、应用模式与商业模式，扩大应用共享效益。

将"北斗"系统作为我国对外基础设施援助和技术输出的重要组成部分，以区域性的海外"北斗"中心为抓手，面向区域布局，建设海外"北斗"中心；加快海外"北斗"基础设施和服务体系建设，推广"北斗"海外应用服务；多渠道并举，开展宣传教育活动，提升"北斗"海外知名度和影响力。

遥感产业发展以国际市场主体为战略导向，不断加大国际交流和合作力度，根据"一带一路"国际太空合作的指导性政策，开展广泛的国际科学技术交流和合作，开拓广阔的国际应用市场，推动广泛的遥感卫星和其他应用产品和服务出口，提高遥感卫星和其他应用行业发展的国际化程度。使我国遥感产业同我国国际太空合作一道，从被动"突围"向主动"布局"转变。

# 参考文献

[1] 中华人民共和国国务院新闻办公室. 2016 中国的航天 [EB/OL]. [2016-12-27]. http://www.cnsa.gov.cn/n6758824/n6758845/c6772477/content.html.

[2] 王礼恒. 中国航天系统工程 [J]. 航天工业管理, 2006 (10): 60-64.

[3] 王礼恒. 我国航天的成就与发展 [J]. 中国工程科学, 2008, 10 (12): 10-12, 35.

[4] 王礼恒, 周晓纪. 航天工程知识体系与运用特性 [J]. 工程研究——跨学科视野中的工程, 2019, 11 (5): 472-481.

[5] "中国工程科技 2035 发展战略研究"项目组. 中国工程科技 2035 发展战略: 航天与海洋领域报告 [M]. 北京: 科学出版社, 2020.

[6] 栾恩杰, 王礼恒, 王崑声, 等. 航天领域培育与发展研究报告 [M]. 北京: 科学出版社, 2015.

[7] 栾恩杰. 关于"商业航天"有关问题的讨论 [J]. 国防科技工业, 2018 (8): 28-35.

[8] 栾恩杰. 关于航天未来发展的几点思考 [J]. 国防科技工业, 2020 (9): 28-33.

[9] 栾恩杰, 王崑声, 袁建华, 等. 我国卫星及应用产业发展研究 [J]. 中国工程科学, 2016, 18 (4): 76-82.

[10] 栾恩杰, 袁建华, 满璇, 等. 中国经济社会发展对工程科技 2035 的需求分析 [J]. 中国工程科学, 2017, 19 (1): 21-26.

[11] 栾恩杰, 王崑声, 袁建华, 等. 卫星应用产业: 千亿、万亿市场等你来挖 [N]. 中国航天报, 2017-03-22.

[12] 张泽根, 张拯宁, 李媛, 等. 面向"十四五"的卫星综合应用产业发展研究 [J]. 卫星应用, 2020 (9): 8.

[13] 智研咨询. 2019 年全球及中国卫星市场现状与主要环节市场分析 [EB/OL]. [2020-07-07]. https://www.chyxx.com/industry/202007/879970.html.

[14] 前瞻产业研究院. 2021 年中国卫星通信行业市场规模及发展趋势分析 [EB/OL]. https://xw.qianzhan.com/trends/detail/506/210714-27964c7d.html.

[15] 前瞻产业研究院. 2020 年中国遥感卫星行业市场现状与发展前景分析 [EB/OL]. https://xw.qianzhan.com/report/detail/300/210421-315dfa8b.html.

[16] 中商产业研究院. 2020 年中国卫星通信市场现状及发展趋势预测分析 [EB/OL]. https://m.askci.com/news/chanye/20200720/1656281164361.shtml.

[17] 国家制造强国建设战略咨询委员会, 中国工程院战略咨询中心.《中国制造 2025》重点领

域技术创新绿皮书——技术路线图（2017）[M]. 北京：电子工业出版社，2018.

[18] 徐晓帆，王妮炜，高璎园，等. 陆海空天一体化信息网络发展研究[J]. 中国工程科学，2021，23（2）：7.

[19] 杨冬梅，杜凯，唐舟进. 卫星通信与5G的融合[J]. 卫星应用，2018（5）：5.

[20] 吴正鹏，奚歌. Pixel Factory影像数据处理系统介绍与应用探讨[J]. 城市勘测，2012（5）：67-71.

[21] 周思怡，周茂春. 基于Inpho摄影测量系统数字正射影像图的制作[J]. 江西科学，2015，33（6）：847-850.

[22] 乔燕英. 基于像素工厂制作数字正射影像图研究[J]. 数字技术与应用，2018，36（12）：70-71.

[23] 龚燃. 国外军方采购商业对地观测卫星数据的现状和趋势[J]. 卫星应用，2014（9）：37-40.

[24] 焦雯雯. 基于Google Earth的遥感图像信息获取[J]. 科学技术创新，2020（5）：76-77.

[25] 李卓键. 美国卫星产业组织研究[D]. 长春：吉林大学，2019.

[26] 霍超，刘颖真，吕蓬，等. 基于WorldWind的三维地理信息系统[J]. 地理空间信息，2015，13（5）：38-40，8.

[27] 霍树民. 基于Hadoop的海量影像数据管理关键技术研究[D]. 北京：国防科学技术大学，2010.

[28] 池子文，张丰，杜震洪，等. 一种基于影像块组织的遥感数据分布式存储方法[J]. 浙江大学学报（理学版），2014，41（1）：95-99，112.

[29] 龚健雅. 3维虚拟地球技术发展与应用[J]. 地理信息世界，2011，9（2）：15-17.

[30] 陈阳. 国内外云计算产业发展现状对比分析[J]. 北京邮电大学学报（社会科学版），2014，16（5）：77-83.

[31] 张博，吕璐成，王燕鹏，等. 计算机视觉全球专利计量分析[J]. 科学观察，2021，16（2）：72-83.

[32] 黄鲁成，薛爽. 机器学习技术发展现状与国际竞争分析[J]. 现代情报，2019，39（10）：165-176.

[33] Fomferra N，Bottcher M，Zuhlke M，et al. Calvalus: Full-mission EO cal/val, processing and exploitation services [C]// Geoscience & Remote Sensing Symposium. IEEE, 2012.

[34] 李树涛，李聪妤，康旭东. 多源遥感图像融合发展现状与未来展望[J]. 遥感学报，2021，25（1）：148-166.

[35] 李燕，马海英，王占君. 区块链关键技术的研究进展[J]. 计算机工程与应用，2019，55（20）：13-23.

[36] 唐文剑. 区块链国内外发展快速扫描[J]. 金融电子化，2016（3）：66-68.

[37] 李忠宝. 遥感卫星系统及其应用的发展与思考[J]. 卫星应用，2014（11）：23-28.

[38] 朱凼凼. 航天遥感产业化改革和政府规制政策研究[D]. 武汉：武汉大学，2017.